T0381308

Studienbücher Informatik

Reihe herausgegeben von

Walter Hower, Hochschule Albstadt-Sigmaringen, Albstadt-Ebingen, Deutschland

Die Reihe Studienbücher Informatik wird herausgegeben von Prof. Dr. Walter Hower. Die Buchreihe behandelt anschaulich, systematisch und fachlich fundiert Themen innerhalb einer großen Bandbreite des Informatikstudiums (in Bachelor- und Masterstudiengängen an Universitäten und Hochschulen für Angewandte Wissenschaften), wie bspw. Rechner-Architektur, Betriebssysteme, Verteilte Systeme, Datenbanken, Software-Engineering, Programmierung, Interaktive Systeme, Multimedia, Internet-Technologie oder Sicherheit in Informations-Systemen, ebenso Grundlagen sowie Künstliche Intelligenz und Operations Research.

Jeder Band zeichnet sich durch eine sorgfältige und moderne didaktische Konzeption aus und ist als Begleitlektüre zu Vorlesungen sowie zur gezielten Prüfungsvorbereitung gedacht.

Karsten Weicker

Wissenschaftliches Schreiben in der Informatik

Effektive Präsentation und Strukturierung wissenschaftlicher Arbeiten

 Springer

Karsten Weicker
Hochschule für Technik, Wirtschaft und Kultur
Leipzig (HTWK)
Leipzig, Deutschland

ISSN 2522-0640   ISSN 2522-0659   (electronic)
Studienbücher Informatik
ISBN 978-3-662-69871-6   ISBN 978-3-662-69872-3   (eBook)
https://doi.org/10.1007/978-3-662-69872-3

Die Deutsche Nationalbibliothek verzeichnet diese Publikation in der Deutschen Nationalbibliografie; detaillierte bibliografische Daten sind im Internet über https://portal.dnb.de abrufbar.

Planung/Lektorat: Leonardo Milla
Springer ist ein Imprint der eingetragenen Gesellschaft Springer-Verlag GmbH, DE und ist ein Teil von Springer Nature.
Die Anschrift der Gesellschaft ist: Heidelberger Platz 3, 14197 Berlin, Germany

Wenn Sie dieses Produkt entsorgen, geben Sie das Papier bitte zum Recycling.

In Erinnerung an meine Tante, die Fachjournalistin Karin Jung, die mich trotz ihres von der Informatik weit entfernten Fachgebietes „Bauen und Wohnen" stets inspiriert, gefördert und gefordert hat, was gutes Schreiben und Publizieren betrifft.

Einleitung

Während des Studiums bearbeitet jede Studentin und jeder Student zahlreiche kleinere und größere Projekte im Rahmen von Lehrveranstaltungen, als Prüfungsleistung oder im privaten Kontext. Dabei wird mehr oder weniger wissenschaftlich vorgegangen – meist weniger. Nach mehreren Semestern mit eher kleinteiligen Prüfungsleistungen werden sie relativ unvermittelt mit der Anfertigung einer Bachelorarbeit konfrontiert. Spätestens zu diesem Zeitpunkt werden gewisse Fähigkeiten im wissenschaftlichen Schreiben und Arbeiten erwartet.

Das Verfassen einer umfangreicheren wissenschaftlichen Arbeit überfordert viele Studentinnen und Studenten, da die meisten keine klare Vorstellung davon haben, was *wissenschaftlich* konkret bedeutet. Auch die zugehörige Fachsprache bereitet Probleme, obwohl sie aus den Lehrveranstaltungen des Informatikstudiums bekannt ist. Dennoch fällt es den Prüflingen am Ende des Studiums schwer, die selbst erarbeiteten Inhalte zu strukturieren, eine geeignete Darstellung zu finden und die Ergebnisse für die Abschlussarbeit aufzubereiten.

Lange Zeit galt das geschriebene Wort als Kern des Wissens, und das Verfassen von schriftlichen Ausarbeitungen war für Studierende eine Selbstverständlichkeit. Mit der nahezu unbegrenzten Verfügbarkeit jeglichen Wissens im Internet und dem wohl unaufhaltsamen Aufstieg der generativen künstlichen Intelligenz agieren angehende Akademiker heute unter völlig veränderten Bedingungen. Und so fällt die Entstehung dieses Buches in eine dynamische Zeit, deren Strömungen es aufgreift und einordnet. Es soll heutigen Studierenden eine Hilfe sein und vermittelt in den verschiedenen Kapiteln die wichtigsten grundlegenden Schritte des zeitgemäßen wissenschaftlichen Schreibens.

Zu allen Teilaspekten des wissenschaftlichen Arbeitens und Schreibens gibt es hervorragende Bücher, mit denen dieses Studienbuch in keiner Weise konkurrieren will. Lesenswert soll es vor allem durch den konkreten Bezug zur Informatik sein, da es die Besonderheiten und Gepflogenheiten des Fachgebiets berücksichtigt. So wird die Affinität des Informatikers zu anderen Textsatzprogrammen als den Office-Lösungen berücksichtigt – einschließlich einfacher Notationen wie Markdown, die in jüngster Zeit zum Standard bei der Dokumentation innerhalb der Softwareentwicklung wurden.

Als „Ratgeber" könnte ein solches Buch normative Vorgaben machen und die einsamen Ansichten und das Dogma eines Professors vermitteln, der es besser weiß. Tatsächlich soll das Buch selbst als Beispiel für gutes wissenschaftliches Schreiben funktionieren und viele Merkmale wissenschaftlicher Arbeiten in der Informatik illustrieren. Wissenschaftliche Erkenntnisse werden auch in Zukunft in Form von schriftlichen Arbeiten, Vorträgen oder Postern präsentiert – und für alle Formen zeigen konkrete Beispiele, was im Detail und in der übergeordneten Gesamtschau gelungen und was verbesserungswürdig ist.

Geschlechtergerechte Sprache Voranstellen möchte ich zunächst eine Bemerkung zum sprachlichen Gebrauch von geschlechtsspezifischen Bezeichnungen. Das Gendern hat seinen Grund darin, dass alle Menschen unabhängig von ihrem Geschlecht angesprochen werden sollen. Ein zweiter, für mich als Autor sogar noch wichtigerer, Grund sind jedoch die problematischen geschlechtsspezifischen Bilder, die Sprache beim Lesen im Kopf erzeugt: Wenn ich vom „Professor" schreibe, haben die wenigsten Leserinnen und Leser eine dynamische, junge Frau vor Augen, sondern einen älteren Herrn mit verwirrtem Blick und weißem Haar. Folglich muss ein Text nicht nur gut lesbar sein und die Leserinnen und Leser mitnehmen, sondern auch diese Bilder im Kopf aufbrechen. Dies kann durch geschlechtsneutrale Formulierungen wie „Studierende" oder vollständige Aufzählungen („Studentinnen und Studenten") erreicht werden, die einen längeren Text jedoch schnell sperrig werden lassen. Auch der Gender-Doppelpunkt oder das Sternchen funktionieren nur bedingt, da sie oft der deutschen Grammatik widersprechen und damit dem Textverständnis abträglich sind. Der folgende Kompromiss soll gut lesbar sein und dennoch meinen persönlichen Ansprüchen an eine geschlechtergerechte Sprache genügen:

- Die Begriffe *Student, Autor* oder *Bearbeiter* sind in diesem Buch als geschlechtsneutrale, status- oder tätigkeitsbezogene Bezeichnungen zu lesen und umfassen im Sinne des generischen Maskulinums jede weibliche, diverse oder männliche Person, die im Rahmen ihres Studiums eine wissenschaftliche Arbeit verfassen möchte.
- Die Begriffe *Professorin, Dozentin* oder *Betreuerin* bezeichnen in diesem Buch im Sinne des generischen Femininums eine beliebige männliche, diverse oder weibliche Person, die die Arbeit des Studenten betreut. Die weibliche Bezeichnung soll dabei den üblichen Stereotypen entgegenwirken und auch ein Zeichen gegen den derzeit leider noch zu geringen Frauenanteil von 15 % in der Fächergruppe der Ingenieurwissenschaften setzen (Quelle: Statistisches Bundesamt, Pressemitteilung Nr. 559 vom 22. Dezember 2022), zu der seit der Neuordnung der Fächersystematik des Statistischen Bundesamts 2015/16 auch die Informatik gehört.

Für weitere, sporadisch vorkommende Rollenbezeichnungen wird ebenfalls das generische Femininum benutzt.

Hinweise zum Satz des Buchs In Darstellung und Layout folgt das Buch gewissen Konventionen, die der Leserin die Orientierung im Buch erleichtern soll. Die wichtigsten Elemente werden hier kurz vorgestellt.

> Größere Texte als Beispiele wissenschaftlicher Schriften werden grau hinterlegt.

Der graue Hintergrund wird sowohl bei größeren Beispielen im Text als auch in Abbildungen und Tabellen eingesetzt.

Hinweise zur Umsetzung

Anleitungen und Verweise, wie man bestimmte Notationen und Effekte in LaTeX, Office-Lösungen und Markdown erreichen kann, werden durch diese Umgebung hervorgehoben.

In der Titelzeile der Umgebung wird immer das jeweilige Textsatzsystem angegeben. So können die Hinweise für ein vom Leser nicht favorisiertes Satzsystem leicht übersprungen werden.

```
1    % Quelltextbeispiele in LaTeX oder Markup
2    % werden durch eine spezielle Umgebung mit
3    % Zeilennummern dargestellt
```

In diesen Quelltext-Auszügen kommt eine spezielle Schriftart zur Anwendung, die auch bei kleinen Beispielen mit Quelltext im Fließtext der Arbeit benutzt wird. Ist in den größeren Beispielen eine Programmzeile zu lang für eine Zeile im Buch, signalisiert das Zeichen ↵ am Zeilenende, dass sie in der nächsten Zeile fortgesetzt wird.

Inhaltsverzeichnis

Wissenschaftlichkeit

Wissenschaftliches Arbeiten bzw. wissenschaftliches Schreiben muss sich in irgendeiner klar abgrenzbaren Weise vom normalen Arbeiten und Schreiben unterscheiden. Um sich der Frage zu nähern, was den Kern einer wissenschaftlichen Vorgehensweise ausmacht, werden zunächst allgemeingültige Definitionen aus zwei Nachschlagewerken betrachtet. Dort wird *Wissenschaft* definiert als

- „das System des durch Forschung, Lehre und überlieferte Literatur gebildeten, geordneten und begründeten, für gesichert erachteten Wissens einer Zeit" (Brockhaus, 2002) bzw. als
- „eine (organisierte) Form der Erforschung, Sammlung und Auswertung von Kenntnissen" (Pfeifer, 1997, S. 1575).

Das erste Zitat verdeutlicht die folgenden wichtigen Eigenschaften wissenschaftlicher Artefakte: Sie sind

- logisch nachvollziehbar – ist Information *begründet,* dann kann jeder die logischen Schlussfolgerungen überprüfen oder Experimente/Untersuchungen zumindest grundsätzlich reproduzieren –,
- von anderen überprüft – Erkenntnisse können erst dann als *gesichert* erachtet werden, wenn andere Fachleute sie überprüft und validiert haben –,
- konsistent mit anderen Erkenntnissen – die eigene Arbeit muss in die *überlieferte Literatur* eingebettet werden, welche sie erweitert, differenziert oder widerlegt – und
- konform mit Konventionen – ist Wissen *geordnet,* muss es sich an gängigen Kategorien, Theorien, Bezeichnungen etc. orientieren und diese für sich nutzen, einschränken oder erweitern.

© Der/die Autor(en), exklusiv lizenziert an Springer-Verlag GmbH, DE, ein Teil von Springer Nature 2025
K. Weicker, *Wissenschaftliches Schreiben in der Informatik*, Studienbücher Informatik, https://doi.org/10.1007/978-3-662-69872-3_1

Das zweite Zitat legt seinen Fokus auf den Prozess des wissenschaftlichen Arbeitens, der im ersten Teil dieses Kapitels (Abschn. 1.1) etwas genauer ausgeführt wird. Dabei bezieht sich der Aspekt der *Auswertung* auch auf den Schritt der Veröffentlichung von Ergebnissen – in schriftlicher Form oder als Vortrag.

Jede Wissenschaftsdisziplin hat im Laufe ihrer Geschichte ihre eigenen Konventionen bzw. ihre eigene Wissenschaftssprache entwickelt. Aus diesem Grund wird in Abschn. 1.2 genauer untersucht, was die Sprache der Informatik ausmacht.

1.1   Wissenschaftliches Arbeiten

Ziel wissenschaftlichen Arbeitens ist immer die Suche nach neuen Erkenntnissen. Die Grundlage dafür ist das bereits vorhandene Wissen, auf das sich ein Autor bezieht, um eigene Erkenntnisse mit diesem Wissen zu verknüpfen. Diese Auseinandersetzung ist ein analytischer und kreativer Prozess, der letztlich zu verständlichen und nachvollziehbaren Präsentationen und Publikationen führen soll.

1.1.1   Vorgehensweise

Erfolgreiche Forschung passiert nur in seltenen Ausnahmefällen zufällig, sondern muss gut geplant werden. Angelehnt an die Ausführungen von Balzert et al. (2008, S. 52 ff.) schlagen wir die folgende Vorgehensweise als Blaupause für die Schritte des wissenschaftlichen Arbeitens vor:

1. Initialer Zündfunke
2. Formulierung des Forschungsziels
3. Abgrenzung und Einbettung des Forschungsziels
4. Konzeption des Forschungsvorhabens
5. Durchführung des Vorhabens
6. Auswertung und Validation der Forschungsergebnisse

Wir führen im Weiteren die einzelnen Teilschritte genauer aus.

Initialer Zündfunke Der erste Impuls für ein Forschungsvorhaben ist am Anfang wenig ausgeprägt, was in der Natur der Wissenschaft liegt – Forschung ist ergebnisoffen im Gegensatz zu vielen Aspekten konstruktiver Arbeit, z. B. als Ingenieur im Rahmen klarer Standards und Normen. Studentische Arbeiten beruhen anfangs oft auf Vorschlägen einer Professorin, auf noch vagen eigenen Ideen oder sie ergeben sich aus einem Praktikum oder der Tätigkeit in einem Unternehmen. Eine eher skizzenhafte Aufgabenstellung ist all diesen Varianten gemeinsam. Es fehlt meist eine präzise formulierte wissenschaftliche Fragestellung. Handelt es sich um Themenvorschläge von Dritten, fehlt auch noch die dringend notwendige eigene Auseinandersetzung.

Formulierung des Forschungsziels Ausgehend von der ersten noch vagen Idee muss das konkrete Forschungsziel formuliert werden. Ein zentraler Aspekt ist hierbei die möglichst genaue Beschreibung, was durch den erfolgreichen Abschluss des Forschungsprojekts erreicht werden soll. Da dieser Schritt oft entscheidend dafür ist, ob das Vorhaben überhaupt durchgeführt werden kann, behandeln wir ihn ausführlich in Abschn. 1.1.2.

Abgrenzung des Forschungsziels Aus der jetzt feingranular formulierten Fragestellung erschließt sich noch nicht, ob es sich tatsächlich um etwas Neues handelt oder ob schon viele Forscher die Frage beantwortet oder zumindest Teile zu einer Antwort beigetragen haben. Diese Rahmenbedingungen werden bei der Abgrenzung des Forschungsziels geklärt. Dazu gehört eine intensive Literaturrecherche zur Beschreibung des aktuellen Stands der Forschung und der Praxis. Es sind Beziehungen zu sowie die Abgrenzung von vorhandenen Erkenntnissen aufzubereiten. Gibt es schon ähnliche Forschungsansätze? Dann muss begründbar sein, inwieweit das eigene Vorhaben darüber hinausgeht oder den Schwerpunkt anders setzt.

Konzeption des Forschungsvorhabens In der nächsten Phase wird eine Vorgehensweise festgelegt und die Forschungsmethode gewählt. Diese ist in ihrer konkreten Ausprägung stark vom jeweiligen Forschungsthema abhängig. Der Plan sollte überprüfbare Zwischenergebnisse vorsehen, sodass Probleme frühzeitig erkannt werden und die Vorgehensweise oder gar die Ausrichtung des Forschungsziels angepasst werden kann. In einem Projekt mit einer empirisch ausgerichteten Validierung könnten Teilschritte wie folgt lauten: Erhebung, Vorverarbeitung und statistische Analyse der Daten.

Durchführung des Vorhabens Nun beginnt die eigentliche Forschungsarbeit und das Vorhaben wird durchgeführt. Dazu wird der Plan umgesetzt und ggf. an unerwartete Zwischenergebnisse angepasst, die genauere Untersuchungen in bisher nicht geplante Richtungen erzwingen.

Auswertung und Validation der Ergebnisse Im vorherigen Schritte wurden Erkenntnisse und Ergebnisse gewonnen. Diese werden nun im letzten Schritt des eigentlichen wissenschaftlichen Arbeitens ausgewertet und validiert. Die Ergebnisse werden interpretiert und in den Zusammenhang des größeren Kontextes gestellt. Insbesondere steht dabei das zu Beginn formulierte Forschungsziel im Fokus und es wird geprüft, inwieweit die Ergebnisse die dort formulierten Hypothesen und Theorien stützen. Auch erfolgt eine Einordnung und ein Vergleich mit den aus der Literatur bekannten Ergebnissen.

1.1.2 Kommunikation der Forschungsziele

Forschung ist teuer und daher hängt die Durchführung eines Forschungsprojekts in der Regel davon ab, dass Dritte von der Sinnhaftigkeit des Unterfangens überzeugt werden. Im großen Wissenschaftsbetrieb müssen Ressourcen bereitgestellt werden, was meist über Forschungsanträge auf Förder- und Drittmittel geschieht. Bei studentischen Projekten muss eine Professorin überzeugt werden und zusichern, dass das Projekt zumindest grundsätzlich als Prüfungsleistung geeignet ist. In der Anfangsphase einer wissenschaftlichen Arbeit fällt daher der Kommunikation der Forschungsziele eine existenzielle Bedeutung zu.

Ergebnisoffenheit Als zentraler Punkt sollten dabei Forschungsziele klar verständlich und eindeutig als offene Probleme formuliert werden. Da der Forscher am Ende eines Forschungsprojekts selbst aufzeigen muss, ob die Forschungsziele erreicht wurden, ist es hilfreich, bereits bei der ersten Kommunikation der Forschungsziele mögliche Kriterien für die spätere Bewertung des Ergebnisses zu benennen.

Überzeugungskraft Einer möglichen Betreuerin oder Drittmittelgeberin sollten geeignete Argumente für eine Zusammenarbeit geliefert werden. Gemäß der Ausführungen von Dupré (1998, S. 283 ff.) sind Antworten auf die folgenden Fragen in einem Projektvorschlag oder Exposé hilfreich:

- Warum ist die Arbeit wichtig und unterstützenswert?
- Was soll konkret selbst durchgeführt werden?
- Werden die Erfolgschancen des Projekts realistisch bewertet?
- Auf welchen eigenen Erfahrungen und welchen Arbeiten anderer Wissenschaftler baut das Projekt auf?
- Warum ist der Autor qualifiziert dafür, diese Arbeiten durchzuführen?
- Wie soll der Erfolg des Projekts am Ende beurteilt werden?

Es kann nützlich sein, bereits an dieser Stelle mit konkreten Hypothesen oder Forschungsfragen in die Diskussion zu gehen.

Zeitplan In jedem Projektvorschlag ist ein konkreter Zeitplan sinnvoll oder wird erwartet. In Drittmittelprojekten ergibt sich daraus der Finanzierungsbedarf und bei Abschlussarbeiten erlaubt der Zeitplan eine Diskussion über die Vorgehensweise und mögliche Zwischenergebnisse als Meilensteine.

1.1.3 Grundsätze guter wissenschaftlicher Praxis

Die Deutsche Forschungsgemeinschaft e. V. (DFG), Europas größte Organisation zur finanziellen Förderung von Wissenschaft und Forschung, hat 1998 einen Empfehlungskatalog veröffentlicht, der Wissenschaftlerinnen hilft, unlautere Methoden und damit zweifelhafte Ergebnisse zu vermeiden. Fünfzehn Jahre später wurde ein überarbeiteter Katalog publiziert (DFG, 2013), zu dessen Einhaltung sich DFG-geförderte Projekte verpflichten.

Diese Handlungsanweisungen an Wissenschaftler ergeben sich teilweise bereits aus den am Anfang dieses Kapitels angeführten Eigenschaften der Wissenschaftlichkeit:

- logische Argumentation,
- Nachvollziehbarkeit in dem Sinne, dass alles so genau beschrieben wird, dass eine Leserin den Ausführungen folgen kann,
- Relevanz der eigenen Arbeit, was hier bedeutet, dass neues Wissen erzeugt wird – der Nachweis erfolgt durch die Einbettung in das Wissen und die Konventionen anderer –, und
- Überprüfbarkeit der wissenschaftlichen Ergebnisse als Voraussetzung für den Einsatz von Gutachterinnen; so müssen beispielsweise alle Rahmenbedingungen bei Experimenten beschrieben oder der Quelltext veröffentlicht werden.

Als wichtigste Leitgrundsätze lassen sich die Eigenschaften der

- Ehrlichkeit – nichts darf durch Verfälschen oder Weglassen beschönigt werden – und der
- Objektivität – sprich: einer kritischen Haltung zu den eigenen Ergebnissen –

in den Vorgaben identifizieren.

Eine differenziertere Auseinandersetzung mit allen Grundsätzen des Empfehlungskatalogs kann dem Buch von Balzert et al. (2008, S. 9 ff.) entnommen werden.

1.1.4 Veröffentlichung der Ergebnisse

Die im Abschn. 1.1.1 beschriebene Produktion von wissenschaftlichen Erkenntnissen ist der erste Schritt des wissenschaftlichen Arbeitens. Danach müssen die Ergebnisse von anderen kontrolliert und verifiziert werden. Hierfür verschriftlicht der Forscher seine Erkenntnisse und reicht diese zur Veröffentlichung ein. Die anschließende Prüfung und Diskussion des Manuskripts ist ein wesentlicher Bestandteil der wissenschaftlichen Qualitätskontrolle.

Wissenschaftliche Kommunikationskanäle Es gibt zwei anerkannte Kommunikationskanäle für die wissenschaftliche Veröffentlichung von Ergebnissen: als Artikel (engl. *paper*) in einer Fachzeitschrift (engl. *journal*) und als Beitrag auf einer Fachtagung, der in der

Regel mit einer schriftlichen Ausarbeitung im Tagungsband (engl. *proceedings*) sowie der direkten Vorstellung in Form eines Vortrags oder eines Posters einhergeht. Beiden Kommunikationskanälen gemein ist die Begutachtung durch Fachkolleginnen nach der Einreichung des Manuskripts.

Begutachtung   Der Begutachtungsprozess ist aus der Sicht des Autors in Abb. 1.1 dargestellt. Das Gutachtergremium besteht aus anderen Wissenschaftlern, die im selben Fachgebiet arbeiten. Da gleichrangige Forscherinnen, sog. *peers,* begutachten, wird der Prozess auch als Peer-Review bezeichnet. Das Gutachtergremium kommt zu einem Urteil entsprechend der folgenden Kategorien:

• Ablehnung des Beitrags,
• Forderung nach größeren Überarbeitungen, die dann Gegenstand einer weiteren Begutachtung sind, oder
• Akzeptanz des Beitrags, verbunden mit Hinweisen bzw. konkreten Auflagen.

Wird ein Beitrag letztlich akzeptiert, erkennt ihn die Wissenschafts-Community als originäre Erweiterung des State of the Art der Informatik an.

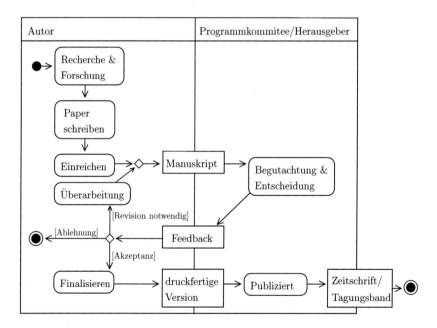

Abb. 1.1 Veröffentlichung der Ergebnisse: Ablauf und Tätigkeiten aus der Sicht des Autors

1.2   Kennzeichen der Wissenschaft Informatik

Dieser Abschnitt ergründet genauer, was die Informatik als Wissenschaft ausmacht und wie sich die Eigenschaften der Wissenschaftlichkeit in Arbeiten der Informatik wiederfinden. Den Kern der Informatik definiert die Association of Computing Machinery (ACM) wie folgt.

Definition 1.1 (Informatik, nach Denning et al., 1988, 1989) Die Informatik ist definiert als die systematische Untersuchung algorithmischer Prozesse, welche Informationen beschreiben und umwandeln: ihre Theorie, Analyse, Entwurf, Effizienz, Realisierung und Anwendung. Die grundlegende, der gesamten Informatik zugrunde liegende Frage lautet: Was kann (effizient) automatisiert werden?

Die in dieser Definition geforderte Systematik unterstreicht den wissenschaftlichen Anspruch der Informatik.

Der Philosoph Bütemeyer (1995, S. 102) hat die Informatik als „Ingenieurwissenschaft auf formalwissenschaftlicher Grundlage" charakterisiert. Dies impliziert, dass die verwendeten Methoden empirisch, d. h. Gesetzmäßigkeiten aus Beobachtungen ableitend, und axiomatisch/rational wie in der Mathematik und Logik sind. Weitere Schnittstellen bestehen z. B. zu anderen Disziplinen wie der Psychologie bei der Betrachtung von Usability-Aspekten, der Pädagogik bei Themen des E-Learnings und der Elektrotechnik bei eingebetteten Systemen.

Ausgehend von dieser grundsätzlichen Einordnung der Wissenschaft Informatik beleuchten die folgenden Abschnitte die Konventionen der zugehörigen Wissenschaftssprache der Informatik.

1.2.1   Methoden der Informatik

Die methodische Vorgehensweise einer Wissenschaft bestimmt maßgeblich auch die Sprache zur Kommunikation der Ergebnisse. So ist beispielsweise die Psychologie durch die empirische Herangehensweise geprägt: Aus Beobachtungen werden mit Mitteln der Statistik Gesetzmäßigkeiten abgeleitet. Im Gegensatz dazu muss in der Mathematik jede Aussage mit den strengen Mitteln des mathematischen Beweises zweifelsfrei belegt werden.

Die junge Wissenschaft der Informatik nimmt hinsichtlich der Methodik eine sehr spannende Rolle ein, da hier viele unterschiedliche Methoden zum Einsatz kommen. Die folgende Diskussion basiert auf den Ausführungen von Bütemeyer (1995, S. 102–115).

Formale Methoden Wie in der Mathematik werden Symbole und Variablen herangezogen, um von Einzelfällen zu abstrahieren. Beispielsweise kann die „Menge aller Studenten" mit S und die „Menge aller Professorinnen" mit P bezeichnet werden, was dann erlaubt, alle aktuellen Betreuungsverhältnisse bei Abschlussarbeiten als $G \subset P \times S$ zu beschreiben. Ein konkretes Paar $(p, s) \in G$ entspricht der Information, dass Professorin p den Studenten s in seiner Abschlussarbeit betreut. Über die Mittel der Logik können dann Zusammenhänge beschrieben und analysiert sowie Schlussfolgerungen abgeleitet werden. Diese Art der Modellierung findet beispielsweise in der Spezifikation einer Softwareanforderung als Teilaspekt der Softwaretechnik praktische Anwendung. Für einzelne Teilgebiete wie Automatentheorie, Graphgrammatiken, formale Verifikation oder Schaltungen haben sich eigene formale Sprachen gebildet, deren Analyse ganze Theorien in der Informatik begründen. Ein anderes Beispiel für formale Verfahren ist die Verwendung von Pseudocode, um Algorithmen für abstrakte Maschinenmodelle zu beschreiben.

Axiomatische Methode Aussagen (sog. Sätze oder Theoreme) sind ausschließlich durch die logische Ableitung aus Voraussetzungen und den Axiomen möglich – letztere sind Grundsätze einer Theorie, die als wahr erachtet werden, aber nicht beweisbar sind. Ein Beispiel aus der Mathematik ist das Peano-Axiom „jede natürliche Zahl n hat genau einen Nachfolger $n + 1$". Ein anderes Beispiel ist das Axiom $(\neg X \rightarrow \neg Y) \rightarrow (Y \rightarrow X)$ aus der Aussagenlogik. Diese Axiome der Mathematik bilden eine Grundlage der Informatik neben weiteren spezifischen axiomatischen Kalkülen. Beispielsweise müssen bei der formalen Definition eines abstrakten Datentyps nach Guttag (1977) als offensichtlich wahr erachtete Grundsätze durch Axiome beschrieben werden: Das Axiom `isStackEmpty(newStack())` legt fest, dass ein neu erzeugter Stack anfangs leer ist.

Empirische Methoden Aus Beobachtung, Experiment und Induktion werden allgemeingültige Erkenntnisse abgeleitet. Dabei kommen statistische Testmethoden wie Hypothesentests zur Anwendung, um zu verhindern, dass Einzelbeobachtungen als allgemeine Gesetzmäßigkeit missinterpretiert werden. In der Informatik können zugrunde liegende Daten beispielsweise Laufzeitmessungen, Antworten auf Fragebögen oder Metriken aus Quellcode bzw. aus Usability-Studien sein. Das Buch von Endres und Rombach (2003) enthält zahlreiche Beispiele für empirisch abgeleitete Gesetzmäßigkeiten in der Disziplin der Softwareentwicklung.

Konstruktive Methode Im Gegensatz zu Existenz- oder Nichtexistenzbeweisen der axiomatischen Methode oder den ebenfalls gut fundierten Erkenntnissen der empirischen Methode geht es bei der konstruktiven Methode um nutz- oder einsetzbare Lösungskonzepte für Probleme. Aus bekanntem Wissen wird etwas Neues konstruiert, ohne dass dessen Überlegenheit thematisiert wird. Ein Beispiel sind die Entwurfsmuster der Softwaretechnik als wiederverwendbare Best-Practice-Beispiele. Ein weiteres Beispiel ist die Entwicklung einer Datenstruktur für positive rationale Zahlen: Diese kann konstruktiv über Äquivalenzklassen von Paaren natürlicher Zahlen definiert und auch genauso implementiert werden. Die konstruktive Methode ist ein inhärentes Prinzip in der angewandten Informatik.

Die verschiedenen Herangehensweisen an die Wahrheitsfindung in der Wissenschaft sollen abschließend durch eine Metapher aus der Küche illustriert werden. Angenommen ich habe eine ungewöhnliche Zusammenstellung an Zutaten und möchte damit ein Gericht auf den Tisch bringen. Bei der konstruktiven Methode nehme ich ein bewährtes Rezept und übertrage es auf die veränderten Rahmenbedingungen, indem ich beispielsweise fehlende Zutaten durch vorhandene ersetze. Beim empirischen Ansatz könnte man sich durch Experimente der Frage nähern, in welcher Reihenfolge und Mischung die verschiedenen Zutaten zu einem akzeptablen Ergebnis führen. Beim axiomatischen Ansatz würde man das Kochen bis auf biochemische Prozesse herunterbrechen, um so ein logisch und naturwissenschaftlich nachvollziehbares Rezept zu erhalten – ein Ansatz, welcher der sog. Molekularküche nahe kommt. Während beim Kochen die Akzeptanz jenseits der konstruktiven Methode stark nachlässt, schätzt der Informatikforscher die axiomatische Herangehensweise.

1.2.2 Aussagen

Ein wissenschaftlicher Text ist logisch nachvollziehbar, d. h., Aussagen bauen in Argumentationsketten aufeinander auf. Die wissenschaftliche Methodik bestimmt die Art der Aussagen, die in einem wissenschaftlichen Text zu finden sind. Daher ist es sinnvoll, sich mit den verschiedenen möglichen Aussagearten und ihrem Wahrheitsgehalt zu beschäftigen.

Die folgende Typisierung von Aussagen orientiert sich an der Arbeit von Kornmeier (2007, S. 45 ff.) und überträgt diese in die Informatik.

Logische Aussagen Wenn sich gemäß der axiomatischen Methode der Wahrheitsgehalt einer Aussage mit den Regeln der Logik überprüfen lässt, handelt es sich um eine logische Aussage. Beispielsweise kann aus einer bewiesenen Aussage „Ein binärer Baum mit n Elementen hat mindestens die Tiefe $\log_2 n$." (*) und der zusätzlichen Feststellung, dass der Einfügealgorithmus pro Ebene des Baums ein Element mit konstanter Laufzeit inspiziert, bis er auf einen Nullzeiger trifft (**), die folgende logische Aussage (***) geschlossen werden: „Die Worst-Case-Laufzeit, um ein Element in den Baum einzufügen, ist in $\Omega(\log n)$." Logische Aussagen sind wahrheitsfähig, da sie überprüft und ggf. mit einem Gegenbeispiel widerlegt werden können. [Beweis für (***): Aus (*) wissen wir, dass es mindestens einen Knoten mit Tiefe $\lfloor \log_2 n \rfloor$ im Baum gibt. Wird an einem Nullzeiger dieses Knotens oder seiner Unterbäume eingefügt, werden wegen (**) $m \geq \lfloor \log_2 n \rfloor$ Knoten mit konstanter Laufzeit inspiziert. Es ist also nicht möglich, dass alle möglichen Einfügeoperationen in diesem Baum mit weniger inspizierten Knoten auskommen, weswegen die Funktion $\log_2 n$ eine untere Grenze für den Worst-Case beim Einfügen darstellt. Die Basis des Logarithmus verschwindet in der asymptotischen Laufzeit als vernachlässigbare Konstante.]

Empirische Aussagen Aussagen über reale, beobachtbare Sachverhalte werden allgemein als empirische Aussagen bezeichnet. Sie sind ebenfalls wahrheitsfähig und lassen sich überprüfen, indem man sie mit der Realität konfrontiert. Die verschiedenen Kategorien der empirischen Aussagen unterscheiden sich durch ihre Aussagekraft.

- **Deskriptive Aussagen** beschreiben einen singulären Sachverhalt bzw. ein Ereignis. Hieraus lässt sich keine allgemeingültige Wahrheit ableiten. Ein Beispiel ist die Aussage „Beim Erstflug der Ariane 5 stürzte das Lenksystem durch einen Softwarefehler ab." Das Problem der deskriptiven Aussagen wird bei der Aussage „Mein Programm hat für die Eingabe $n = 1$ das richtige Ergebnis berechnet." deutlich: Sie kann zwar überprüft und für richtig befunden werden, macht aber keine Aussage über die Korrektheit des Programms jenseits der geprüften Eingabe $n = 1$.

- **Explikative Aussagen** sind Generalisierungen aus einzelnen Beobachtungen. Dazu gehören insbesondere statistisch belegte Zusammenhänge, für die immer gilt, dass sie mit einer geringen Wahrscheinlichkeit falsch sein können. Die folgende Aussage ist ein Beispiel hierfür: „Der Hypothesentest zeigt mit hoher Signifikanz (d. h. mit einer Irrtumswahrscheinlichkeit von $<1\%$), dass Algorithmus A schneller als Algorithmus B ist." Aber auch wenn kein eindeutiger ursächlicher Zusammenhang besteht, können Tendenzaussagen als Prognosen formuliert werden. Ein Beispiel ist das Mooresche Gesetz über die Zunahme der Komplexität integrierter Schaltkreise. Während statistische Aussagen durch Hypothesentests direkt überprüfbar sind, können Prognosen erst zu einem späteren Zeitpunkt mit der Realität abgeglichen werden.

- **Technologische Aussagen** benennen ein Mittel, um ein spezifisches Ziel zu erreichen – es sind sog. Ziel-Mittel-Aussagen. Sie sind zumeist als konkrete Handlungsanleitungen zur Konstruktion formuliert und können durch praktisches Umsetzen der Anleitung überprüft werden. Beispielsweise kann man die Aussage *„Mit dem Entwurfsmuster Model-View-Controller kann die grafische Nutzungsoberfläche leicht ausgetauscht werden."* durch Implementation in einer Anwendung auf ihre Sinnhaftigkeit prüfen. Dabei hat die technologische Aussage keinen Anspruch auf unbeschränkte Allgemeingültigkeit. Abhängig von anderen Architekturentscheidungen kann die praktische Prüfung positiv oder negativ ausfallen.

Normative Aussagen   Soll-Aussagen legen einen Standard fest und sind damit nicht wahrheitsfähig, da sie im Vergleich zu den technologischen Aussagen mangels eines Ziels nicht überprüft werden können. Dazu gehören Empfehlungen, DIN-/ISO-Standards und jegliche Aussage, die bestimmte Verhaltensweisen (Stellungnahmen, Entscheidungen, Handlungen etc.) als gerechtfertigt deklariert. Ein Beispiel sind die Akzeptanzkriterien für die Umsetzung von Softwareanforderung: *„Der Quelltext muss eine Termüberdeckung mit Unit-Tests von mindestens 90 % aufweisen."* Dies ist eine reine Festlegung, während eine Aussage zum Zusammenhang zwischen Softwarequalität und hoher Überdeckung mit Testfällen empirisch geprüft werden könnte. Auch ist in der Aussage die Angabe „90 %" zunächst nicht logisch begründbar.

Metaphysische Aussagen   Als weitere Klasse der nichtwahrheitsfähigen Aussagen werden hier alle Aussagen zusammengefasst, die wissenschaftlich (derzeit) nicht prüfbar sind. Solche Aussagen können durchaus in der Motivation einer Arbeit benutzt werden, um durch ein neues Weltbild eine alternative Problemlösung anzustoßen (Beispiel: *„Die Welt ist objektorientiert."*). Vermeiden sollte man überspitzte, manchmal fast schon ins Religiöse reichende Schlussfolgerungen, die in ihrer Konsequenz unwissenschaftlich sind (Beispiel: *„Codevererbung zwischen den Klassen einer objektorientierten Sprache ist böse."*). Im Beispiel wäre es besser, konkrete Nachteile der Codevererbung als logische oder empirische Aussagen anzuführen.

In einer wissenschaftlichen Schrift kann es hilfreich sein, den Text genauer zu analysieren und die einzelnen Aussagen zu kategorisieren. So kann festgestellt werden, ob die Argumentation logisch begründet und überprüfbar ist. Argumentationsketten sind nur so stark wie ihr schwächstes Glied. Ebenso können unbegründete Übergänge zu nichtwahrheitsfähigen Aussagen lokalisiert und hinterfragt werden. Grundsätzlich sind Arbeiten mit rein deskriptiven und normativen Aussagen unwissenschaftlich, da ihnen die analytische Auswertung und Interpretation der Beobachtungen fehlt.

1.2.3   Definitionen

Definitionen sind keine Aussagen im Sinne des vorhergehenden Abschnitts, sondern legen als Regelungen zum Sprachgebrauch eindeutige Begriffe oder Zeichen fest. In der formal-axiomatischen Welt der Informatik spielen Definitionen eine kritischere Rolle als in vielen anderen Wissenschaftszweigen, da die definierten Begriffe häufig mathematisch-logisch eingeführt werden. Sie müssen daher auf Widerspruchsfreiheit und Konsistenz geprüft werden.

Definition 1.2 (Definition, nach Bütemeyer, 1995, S. 120 ff.**)** Eine *Definition* ist eine Festlegung und besteht aus drei Teilen:

- definiertes Zeichen bzw. definierter Begriff, das sog. Definiendum,
- zuordnende Wendung (z. B. „…ist …", „…heißt …", „…nennt man …" oder „…$=_{def}$ …") und
- eindeutige Umschreibung, was mit dem Begriff bezeichnet wird, das sog. Definiens.

Die vorangestellte Definition ist selbst ein Beispiel für eine Definition. Aus dem Bereich der theoretischen Informatik wird nachfolgend eine Definition angeführt, in der das Definiendum „NP-Vollständigkeit" durch die Wendung „genau dann …wenn" dem Definiens zugeordnet wird.

Definition 1.3 (**NP-Vollständigkeit**) Ein Problem p heißt genau dann *NP-vollständig,* wenn es in NP enthalten ist und es für jedes Problem $p' \in$ NP eine in polynomieller Zeit berechenbare Abbildung der Probleminstanzen aus p' auf Probleminstanzen aus p gibt, sodass man von der Lösung des Problems p auf die Lösung für p' schließen kann.

Eindeutigkeit Für jeden Begriff gibt es nicht nur eine richtige Definition. Tatsächlich kann ein und derselbe Begriff auf sehr unterschiedliche Weise definiert werden, wodurch sich seine Bedeutung verschieben kann. Dennoch sollten bekannte Begriffe mit einer gewissen Kohärenz zum allgemein üblichen Verständnis des Begriffs eingeführt werden, wie wir später ausführlich diskutieren werden.

Wichtig ist, dass jede Definition eindeutig und zweckmäßig im Rahmen der eigenen Arbeit ist. Es besteht kein Anspruch, dass sie allumfassend und vollständig konsistent mit allen anderen Definitionen der Literatur ist. Allerdings darf jeder Begriff innerhalb einer wissenschaftlichen Arbeit nur einmal definiert werden.

Die Bildung einer Fachsprache geht insbesondere auch damit einher, dass viele Informatikbegriffe Metaphern zu Objekten und Sachverhalten der realen Welt sind, z. B. „Baum", „Speicher" oder „Vererbung" (Busch, 1995). Als fester Teil der Fachsprache muss im Rahmen einer Definition gängiger Informatikbegriffe nicht auf den abweichenden generellen Sprachgebrauch verwiesen werden.

Synonyme Klare Definitionen zielen darauf ab, Missverständnisse zu vermeiden. Wenn ein bestimmter Gegenstand, Sachverhalt oder Konzept mit einem Bezeichner verknüpft wird, dann muss dieser Bezeichner als Fachbegriff auch im Weiteren konsistent verwendet werden. Vielen im wissenschaftlichen Schreiben weniger erfahrenen Autoren erscheint das beständige Wiederholen derselben Begriffe zu langweilig, weswegen sie auf Synonyme zurückgreifen wollen. Dies führt dann allerdings zu einer Unschärfe. Der Leser kann rasch zu interpretierenden Bewertungen gelangen, wenn beispielsweise neben der definierten Eigenschaft „nebenläufig" die Adjektive „gleichzeitig" und „parallel" benutzt werden. Je nach Perspektive und Vorwissen könnte eine Teilmenge oder eine Verallgemeinerung gemeint sein. Aus diesem Grund gibt es im wissenschaftlichen Schreiben keine Synonyme.

Unscharfe Formulierungen Betrachten wir beispielhaft die folgende Definition: „Ein Algorithmus ist *partiell korrekt,* wenn in allen Fällen, in denen der Algorithmus terminiert, seine Ausgabe der Spezifikation genügt." Umgangssprachlich ist dies verständlich, aber in der streng logisch-axiomatischen Welt der Informatiker ist die Aussage zu schwach formuliert. Der Grund hierfür ist die im Wort „wenn" versteckte logische Implikation, die dahinter nur eine von evtl. mehreren möglichen Bedingungen angibt, unter der ein Algorithmus als partiell korrekt bezeichnet wird. Zur Definition wird es erst, wenn andere Bedingungen ausgeschlossen werden, z. B. mit der Formulierung *„genau dann, wenn"*.

Das einfache „wenn" wird in partiellen Definitionen benutzt, bei denen der Aussagebereich der Definition eingeschränkt werden soll. Diese Definitionen haben dann die Form „Wenn C, dann gilt: A genau dann, wenn B.", wobei die Bedingung C eine Voraussetzung angibt, unter der die eigentliche Definition benutzt werden darf. Beispiel: „Wenn $a, b \in \mathbb{N}$ und $b \neq 0$, dann gilt: b ist genau dann ein Teiler von a, wenn $a = b \cdot c$ für ein $c \in \mathbb{N}$ gilt." Häufig wird statt einer Bedingung mit „Wenn ..." die Voraussetzung über das Schlüsselwort „Sei ..." als Annahme beschrieben.

Rekursive Definitionen Grundsätzlich darf eine Definition im Definiens nur bekannte Grundbegriffe oder bereits zuvor definierte Begriffe benutzen. Insbesondere darf das Definiendum nicht im Definiens benutzt werden – die einzige Ausnahme sind die in der Informatik häufig verwendeten rekursiven Definitionen.

> **Definition 1.4 (Binärbaum, nach Knuth, 1997, S. 312)** Ein *Binärbaum T* ist eine endliche Menge verknüpfter Knoten. Diese Menge kann entweder
>
> - leer sein oder
> - einen Knoten als Wurzel enthalten, der mit zwei Binärbäumen T_{links} und T_{rechts} als Unterbäumen verknüpft ist.

In diesem Beispiel wird gegen die Forderung „Definiendum nicht im Definiens" verstoßen, weil das Definiendum „Binärbaum" ebenfalls zur Charakterisierung der Unterbäume im Definiens benutzt wird. Allerdings ist es durch diese rekursive Definition möglich, alle Binärbaumstrukturen zu erfassen, da die Unterbäume beliebig geformt sein können, die Unterbäume kleiner werden und jeder Pfad im Rekursionsabbruch in einem leeren Binärbaum endet (vgl. Abb. 1.2).

Rekursive Definitionen sind nicht automatisch eindeutig und sinnvoll. Deshalb wird von ihnen erwartet, dass sie wohlgeformt sind (Meyer, 2009, S. 474). Das bedeutet, dass es mindestens einen nichtrekursiven Zweig in der Definition gibt, dass sich der Kontext beim rekursiven Abstieg ändert und dass man sich durch den Kontextwechsel einem nichtrekursiven Zweig nähert. Diese Bedingungen sind bei der obigen Definition des Binärbaums erfüllt: Der leere Baum entspricht dem nichtrekursiven Zweig und bei der Rekursion wird die Anzahl der Knoten durch den Übergang auf einen Unterbaum reduziert, was der Änderung des Kontextes einschließlich einer Bewegung in die Richtung des leeren Baums entspricht.

Rekursive Definitionen haben sich in der Informatik vornehmlich dort bewährt, wo potenziell beliebig große, aber einem klaren Reglement folgende Strukturen definiert werden (Hoare, 1975). Auch bei der Beschreibung von Algorithmen zur Lösung von Problemen

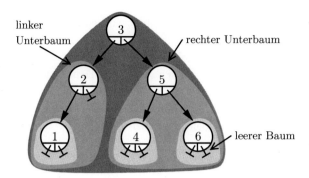

Abb. 1.2 Veranschaulichung, wie ein beispielhafter Binärbaum mittels der rekursiven Definition auf leere Bäume als Unterbäume zurückgeführt wird

über solchen (realen oder gedanklichen) Strukturen bieten sich rekursive Beschreibungen an (van den Hove, 2015).

Definition im Kontext Nach Bütemeyer (1995, S. 128 ff.) lassen sich Definitionen in drei Klassen einteilen, welche sich im Ziel unterscheiden, mit dem das Definiendum abgegrenzt wird:

- *Feststellende Definition.* Ein gebräuchlicher Begriff wird so (in dem Formalismus bzw. der Begriffswelt der eigenen wissenschaftlichen Arbeit) beschrieben, dass genau diejenigen Sachverhalte darunter fallen, die auch außerhalb der Arbeit unter dem Begriff verstanden werden. Das Ziel der feststellenden Definition ist die Übereinstimmung bzgl. des Gehalts eines Begriffs.
- *Festsetzende Definition.* Für neue Konzepte oder Eigenschaften werden neue Begriffe eingeführt. Diese können beliebig gewählt werden – meist als abkürzende Bezeichnungen für ausgewählte komplexe Sachverhalte. Hier ist eine neue Sprachregelung das Ziel.
- *Regulierende Definition (oder Explikation).* Wird ein gebräuchlicher Begriff benutzt, findet man häufig Definitionen in der Literatur, welche die eigene Intention nicht ganz treffen, sondern breiter oder enger gefasst sind. Dies gilt insbesondere für unscharfe Begriffe (wie „Informationssystem") mit uneinheitlichen bzw. in der Präzisierung widersprüchlichen Definitionen. Durch eine regulierende Definition verfolgt der Autor das Ziel, einen Begriff in seiner Bedeutung einzuschränken bzw. in einer Explikation zu erweitern. Bei der Explikation darf sich die Erweiterung nicht zu weit von der sonst üblichen Bedeutung entfernen, sodass der erweiterte Begriff in Texten mit der eingeschränkten Bedeutung weitestgehend funktioniert.

Markant hat der britische Schriftsteller Samuel Butler das Wesen der Definition wie folgt charakterisiert:

„A definition is the enclosing a wilderness of idea within a wall of words."

Samuel Butler (zitiert von Jones, 1912, S. 221)

1.2.4   Schrittweise Erweiterung des Wissens

Wichtige Ergebnisse und Theorien werden nicht in einem Schritt oder im Alleingang erarbeitet und veröffentlicht. Selbst im streng logisch-axiomatischen Teil der Informatik, der theoretischen Informatik, bauen viele veröffentlichte Ergebnisse aufeinander auf, werden Laufzeitschranken verbessert, algorithmische Ideen übertragen etc.

Rolle von Hypothesen In empirischen Arbeiten und bei Ergebnissen, für die der letzte logische Beweis fehlt, spielen Hypothesen eine wichtige Rolle bei der schrittweisen Erweiterung des Wissens. *Hypothesen* sind Aussagen, die noch nicht bewiesen (oder widerlegt) sind. Oft stellen Hypothesen einen Zusammenhang zwischen zwei oder mehr Variablen her (z. B. wenn/dann oder je/desto).

Es gibt zwei verschiedene Prinzipien, nach denen Hypothesen aus anderen Aussagen hergeleitet werden können:

- *Deduktion,* d. h. abgeleitet aus vorliegenden theoretischen Erkenntnissen oder Ergebnissen in der Literatur (als logische oder explikative Aussage), und
- *Induktion,* d. h. durch Verallgemeinerung von Einzelbetrachtungen (in der Form deskriptiver Aussagen).

Hypothesen beschreiben einen Zusammenhang, der beobachtet werden kann und dadurch grundsätzlich widerlegbar ist. Die Voraussetzung hierfür ist eine hinreichend präzise und eindeutige Formulierung, z. B. indem bei empirischen Aussagen quantifizierbare Größen angeführt werden. Eine ausführliche Diskussion der Rolle von Hypothesen in der Informatik kann dem Buch von Zobel (1997, S. 110 ff.) entnommen werden.

Bildung einer Theorie Durch zahlreiche wissenschaftliche Beiträge entsteht aus einzelnen Ergebnissen eine sog. *Theorie* als ein System bestehend aus

- Grundannahmen (Axiomen),
- definierten Grundbegriffen und
- Aussagen in der Form logisch bewiesener Sätze und/oder empirisch gestützter Hypothesen.

Bekannte Beispiele für Theorien in der Informatik sind die Automatentheorie (Hopcroft & Ullman, 1979), die Theorie der Schaltnetzwerke (McCluskey, 1962), die Spurentheorie (Diekert & Rozenberg, 1995) und der Calculus of Communicating Systems (Milner, 1980).

Struktur und Form eines Papers

2

Studenten werden im Laufe ihre Ausbildung mit der Anfertigung unterschiedlicher Schriftstücke konfrontiert, die in Umfang und Anspruch immer größer werden. Während Seminararbeiten der Übung dienen, schließt die Abschlussarbeit das Bachelor- bzw. Masterstudium ab. Spätestens von der Masterarbeit wird ein wissenschaftlicher Anspruch bzgl. der Methodik und der Einbettung in die Wissenslandschaft erwartet.

Dieses Kapitel illustriert die Grundsätze wissenschaftlichen Schreibens am Artefakt des Papers. Damit ist ein kompaktes Manuskript gemeint, das formalen Kriterien genügt und auf die Veröffentlichung als Tagungs- oder Zeitschriftenbeitrag abzielt. Auch wenn das Schreiben eines Papers nur selten Gegenstand im Studium ist, hat es in diesem Kapitel aus didaktischer Sicht den Vorteil, die Kürze der Seminararbeit mit dem Anspruch der Masterarbeit zu verknüpfen. Die hier vermittelten Grundlagen lassen sich zu großen Teilen auf alle studentischen Werke übertragen. Die Form des Papers sollte den Studenten aus Lehrveranstaltungen vertraut sein, da das aktuellere wissenschaftliche Informatikwissen in dieser Form als Originalarbeiten vorliegt.

Ein Paper ist die komprimierte Darstellung einer wissenschaftlichen Arbeit, die von Dritten begutachtet und nach einer positiven Einschätzung veröffentlicht wird (vgl. Abschn. 1.1.4). Im Falle der Veröffentlichung gibt es meist klare Formatierungsvorgaben durch die Herausgeber. Aus studentischer Sicht kann das Verfassen eines Papers mit dem Ziel der Veröffentlichung durchaus interessant sein – beispielsweise als Destillat der wichtigsten Erkenntnisse einer Bachelor- oder Masterarbeit. Unter dem Dach der Gesellschaft für Informatik hat sich die Studierendenkonferenz Informatik (SKILL)[1] als eine Plattform etabliert, in welcher Studenten in die Welt der wissenschaftlichen Fachtagungen hineinschnuppern können.

---

[1] https://skill.gi.de/

K. Weicker, *Wissenschaftliches Schreiben in der Informatik*, Studienbücher Informatik,
https://doi.org/10.1007/978-3-662-69872-3_2

Die weiteren Abschnitte behandeln die typischen Gliederungseinheiten (Abschn. 2.1), den formalen Aufbau eines Papers (Abschn. 2.2), die inhaltliche Struktur in der Form eines roten Fadens (Abschn. 2.3), Anforderungen bzgl. der äußeren Form (Abschn. 2.4) sowie das Abstract als besonderen Bestandteil eines Papers (Abschn. 2.5).

2.1   Gliederungseinheiten

Um im weiteren Verlauf dieses Buches über die Struktur einer wissenschaftlichen Arbeit kommunizieren zu können, benötigen wir eindeutige Bezeichner für die verschiedenen Gliederungseinheiten der Arbeit. Dies ist insbesondere wichtig, da im deutschen Sprachgebrauch die Begriffe nicht eindeutig belegt sind.

Die Gliederungseinheiten werden in den folgenden Abschnitten mit abnehmender Granularität kurz vorgestellt.

Kapitel In Büchern oder Abschlussarbeiten ist das Kapitel (engl. *chapter*) üblicherweise die höchste Gliederungsebene – dies ist beispielsweise das zweite Kapitel dieses Buches. Sie sind fortlaufend nummeriert und haben jeweils eine Überschrift. Kapitel werden in kurzen wissenschaftlichen Schriften wie Papers oder Seminararbeiten nicht benutzt. In umfangreichen Lehr- und Fachbüchern können mehrere Kapitel gruppiert werden, wodurch noch eine Gliederungsebene über den Kapiteln entsteht. Diese sog. Teile (engl. *parts*) werden meist mit großen römischen Ziffern nummeriert.

Abschnitte In einem Paper stellt der Abschnitt (engl. *section*) die höchste Gliederungsebene dar. Wie die Kapitel sind auch Abschnitte fortlaufend nummeriert und mit Überschriften versehen. In Büchern umfasst ein Kapitel meist mehrere Abschnitte, welche dann innerhalb des Kapitels nummeriert werden. Im vorliegenden Buch ist der aktuelle Abschn. 2.1 Teil von Kap. 2.

Unterabschnitte Soll ein Abschnitt noch weiter strukturiert und unterteilt werden, können Unterabschnitte (engl. *subsections*) benutzt werden. In diesem Kapitel ist Abschn. 2.2.1 ein Beispiel für diese Vorgehensweise. Eine so feingliedrige Unterteilung des Textes durch Zwischenüberschriften bietet sich nur dann an, wenn sich ein Abschnitt über viele Seiten erstreckt. In Arbeiten mit sehr umfangreichen Abschnitten und nur wenigen Unterabschnitten kann es sogar sinnvoll sein, die Unterabschnitte noch durch weitere *Unterunterabschnitte* (engl. *subsubsections*) zu gliedern.

Absätze Mehrere Sätze, die eine logische Einheit bilden, werden in einem Absatz (engl. *paragraph*) zusammengefasst. Sie beginnen immer in einer neuen Zeile, sind häufig durch einen Abstand von einem anderen Absatz abgesetzt oder werden durch Einrückung des

```
1  Titel des ersten Abschnitts
   Einleitender Absatz
   1.1 Titel des ersten Unterabschnitts
       Absatz i
       Absatz ii
   1.2 Titel des zweiten Unterabschnitts
       Absatz iii
       Absatz iv
       Absatz v
2  Titel des zweiten Abschnitts
   . . .
```

Abb. 2.1 Beispielhaftes Schema für die Gliederung einer wissenschaftlichen Arbeit

ersten Worts kenntlich gemacht. Manchmal wird Absätzen wie in diesem Beispielabsatz eine Überschrift vorangestellt.

Abb. 2.1 zeigt anhand eines beispielhaften Schemas, wie aus den verschiedenen Gliederungseinheiten die Struktur eines Papers zusammengestellt wird. Dabei gelten zwei Regeln:

- Es sollen nie direkt zwei Überschriften aufeinander folgen (Balzert et al., 2008, S. 174), weswegen ein einleitender Text die Lücke zwischen Überschrift 1 und der Überschrift 1.1 der nächsttieferen Gliederungsebene füllt. In diesem Buch zeigt dies auch der Anfang des folgenden Abschn. 2.2.
- Ein nummerierter Unterabschnitt darf nie allein in einem Abschnitt stehen, da sonst die Gliederungstiefe nicht gerechtfertigt ist (Balzert et al., 2008, S. 196). Im folgenden Abschnitt des Buches folgt deswegen auf Abschn. 2.2.1 ein weiterer Abschn. 2.2.2.

2.2 Aufbau eines Papers

Beim Aufbau eines Papers gibt es Konventionen (Abschn. 2.2.1), denen die meisten Veröffentlichungen gehorchen, wie an drei Beispielen (Abschn. 2.2.2) demonstriert wird. Hinweise zur Gliederung des Hauptteils (Abschn. 2.2.3) schließen die Diskussion des Aufbaus eines Papers ab.

2.2.1 Formaler Aufbau

Nahezu alle veröffentlichten Paper folgen dem folgenden formalen Aufbau, welcher nicht als Strukturvorgabe im Sinne von Überschriften, sondern als logisches Grundgerüst zu verstehen ist (vgl. Balzert et al., 2008, S. 171 f.; Deininger et al., 1992, S. 31 f.):

1. Titel und Autor
2. Abstract
3. Einleitung
4. Einbettung der Arbeit
5. Hauptteil
6. Fazit & Ausblick
7. Literaturverzeichnis

Ein Paper enthält kein Inhaltsverzeichnis, Abbildungsverzeichnis, Glossar oder Abkürzungsverzeichnis. In Ausnahmefällen findet man einen Anhang nach dem Literaturverzeichnis. Die nachfolgenden Absätze beschreiben die einzelnen Teile des Grundgerüsts.

Titel und Autor Statt eines Deckblatts nehmen der Titel der Arbeit und der Name des Autors bzw. die Namen der Autoren den oberen Teil der ersten Seite ein. Dazu gehören die Informationen zur eigenen Organisation (Name der Hochschule, des Forschungsinstituts oder des Unternehmens) sowie als Kontaktinformation die E-Mail-Adresse des Autors und evtl. die Adresse der Organisation. Ein Datum ist nur bei nicht veröffentlichten Manuskripten enthalten; bei veröffentlichten Arbeiten steht das Jahr der Veröffentlichung des Tagungsbands bzw. der Ausgabe der Zeitschrift meist nicht explizit im Paper.

Abstract Auf Titel und Autor folgt ein Absatz, der im Deutschen mit „Zusammenfassung" und im Englischen mit „Abstract" überschrieben ist. Dabei handelt es sich um eine Kurzfassung der Arbeit. Es wird so kurz wie möglich, informativ, spezifisch und verständlich der Kern des Manuskripts einschließlich der Ergebnisse und gewonnenen Erkenntnisse zusammengefasst. Genauere Hinweise zum Verfassen des Abstracts folgen in Abschn. 2.5.

Einleitung Das Portal der Arbeit soll zur weiteren Lektüre einladen. Viele Leserinnen treffen in der Einleitung die bewusste Entscheidung, ob es sich lohnt weiterzulesen. Laut Zobel (1997, S. 4 f.) sollte daher die Einleitung eine erweiterte Version des Abstracts sein, die analog zum Abstract auch wieder die Schlussfolgerungen aus dem Hauptteil der Arbeit enthält und auch hier auf die logische Beweisführung verzichtet. Die Einleitung motiviert die betrachtete Fragestellung und beschreibt das behandelte Problem ohne Formalismen. Im Gegensatz zu Prosatexten werden keine Spannungsbögen angelegt oder Ergebnisse vorenthalten – diese werden bereits in der Einleitung kurz beschrieben, sodass die Leserin alle Informationen erhält, warum das Paper interessant und lesenswert ist. Gemäß Raibert (1985) lässt man die Katze schnell aus dem Sack („spill the beans fast"). Zusätzlich wird in der Einleitung ein Überblick über den Aufbau des restlichen Papers gegeben. Die Einleitung sollte maximal 1/6 des Papers (bzw. zwei Seiten bei einem langen Paper) ausmachen. Wenn der Autor mehr Platz für die Einleitung benötigt, sollte er prüfen, ob alle Detailinformationen und Literaturreferenzen an dieser Stelle notwendig sind. Zu ausschweifende

Ausführungen sollten besser in einen anderen Abschnitt verschoben und dadurch die Einleitung verschlankt werden.

Einbettung der Arbeit Bevor die eigenen Konzepte, Hypothesen und Ergebnisse präsentiert werden, zeigt eine Übersicht über Literatur und Hintergrundwissen den Stand der Forschung zum Thema auf. Diese Literatureinbettung verfolgt drei Ziele:

- *Abgrenzung* der eigenen Leistung von der Arbeit anderer,
- Demonstration der *Kompetenz* des Autors durch sein Wissen um den Forschungsstand und -kontext sowie
- *Bedeutung* der eigenen Ergebnisse im Kontext.

Grundsätzlich muss dieser Abschnitt (oder die entsprechende detaillierte Diskussion im Hauptteil) dafür sorgen, dass die vorliegende Arbeit auch ohne die Kenntnis der zitierten Arbeiten verständlich und nachvollziehbar ist. In einem kurzen Paper kann die Einbettung auch innerhalb der Einführung statt in einem eigenen Abschnitt erfolgen (Zobel, 1997, S. 5).

Hauptteil Der eigenständige Forschungsbeitrag umfasst mindestens 70 % der Arbeit und ist üblicherweise auf mehrere gleichrangige Abschnitte verteilt. Dort findet die exakte Darstellung der Problemstellung (meist mit formalen Definitionen) ebenso ihren Platz wie die ausführliche Problemlösung und die Präsentation der Ergebnisse.

Fazit & Ausblick Der abschließende Abschnitt hat laut Goldberg (1999) zwei wichtige Funktionen: Zusammenfassung der wichtigsten Ergebnisse („Zusammenfassung" oder „Fazit") und die Schlussfolgerungen aus der Arbeit, wie sich das Denken und Handeln der Leserinnen als Ergebnis der Arbeit ändern kann („Diskussion" oder „Ausblick"). Die zweite Funktion umfasst insbesondere die kritische Bewertung des Ansatzes, einschließlich seiner Grenzen und des Vergleichs mit Lösungen aus der Literatur. Außerdem sollten die Ergebnisse in einem größeren Kontext (z. B. der Bedeutung für Anwendungsgebiete) diskutiert werden, um den Mehrwert der Arbeit für die Wissenschaft zu verdeutlichen. Abgerundet wird der finale Abschnitt durch offene Fragen, die sich aus der Arbeit ergeben haben, sowie möglichen nächsten Schritten oder Erweiterungen des Ansatzes.

Literaturverzeichnis Das Verzeichnis listet alle benutzten Quellen nach einem konsistenten, strukturierten und oft von außen vorgegebenen Schema. Über Zitierschlüssel wird im Text der Arbeit auf die Einträge im Verzeichnis verwiesen.

2.2.2 Beispiele für den Aufbau eines Papers

Oberflächlich betrachtet widerspricht das strenge Schema aus Abschn. 2.2.1 der sichtbaren Struktur von vielen veröffentlichten Papers. Daher veranschaulichen im Weiteren drei Beispielpaper, wie sich deren Aufbau auf das vorgegebene Schema abbilden lässt.

Das erste Beispiel von Zscheyge und Weicker (2016) in Abb. 2.2 besitzt eine Struktur, die sich eng an die Vorgabe hält. Der Hauptteil erstreckt sich über drei Abschnitte, während Einleitung, Einbettung und Fazit jeweils einen Abschnitt umfassen.

Abb. 2.3 zeigt das zweite Beispiel von Waldschmidt (2009). Dort enthält der zweite Abschnitt mit den Grundlagen bereits einen eigenen Formalismus und damit Eigenleistung im Sinne eines Hauptteils. Durch die Betrachtung einer historischen Skizze von Konrad Zuse liefert der dritte Abschnitt, der eigentlich zum Hauptteil gehört, auch noch Teile der Einbettung.

Beim dritten Beispielpaper von Olderog und Meyer (2009) in Abb. 2.4 ist die Einbettung komplett in einzelne Teile zerlegt, die in allen Abschnitten des Hauptteils und der Einleitung eingeflochten sind. Dies ist eine mögliche Strukturierung bei sehr kurzen Papers, bei denen

Abb. 2.2 Aufbau des Papers „Werkzeugunterstützung bei der Vermittlung der Grundlagen wissenschaftlichen Schreibens" von Zscheyge und Weicker (2016)

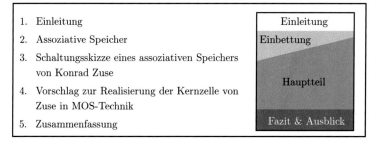

Abb. 2.3 Aufbau des Papers „Assoziativspeicher und eine erste Skizze von Konrad Zuse aus dem Jahre 1943" von Waldschmidt (2009)

Abb. 2.4 Aufbau des Papers „Automata-Theoretic Verifications based on Counterexample Specifications" von Olderog und Meyer (2009)

zudem der Aufbau der Einbettung in die Literatur die Struktur des Hauptteils reproduzieren würde.

Gemeinsam sind allen drei Beispielen die Einleitung und das Fazit – auch wenn die unterschiedliche Benennung der Abschnitte auffällt. Passend zum Inhalt des Papers können diese auch wesentlich individuellere Namen haben – in einem Paper von Diekert und Hertrampf (2009) ist der einleitende Abschnitt mit „Das Spiel Geographie" und der abschließende Abschnitt mit „Millionenspiel" überschrieben.

2.2.3 Hinweise zur Gliederung des Hauptteils

Für die inhaltliche Gliederung des Hauptteils gibt es keine Regeln. Vielmehr ergibt sich die Struktur aus dem roten Faden, der in Abschn. 2.3 genauer diskutiert wird. Nur bei sehr kurzen Papers, z. B. ein- bis zweiseitigen Kurzfassungen bzw. ausführlichen Zusammenfassungen (engl. *extended abstract*), kann ein Abschnitt als Hauptteil ausreichen. Solche Kurzfassungen werden bei einigen Tagungen für akzeptierte Posterpräsentationen statt eines vollständigen Papers im Tagungsband aufgenommen.

Passende Überschriften Die Überschriften der Abschnitte fassen deren Inhalt klar und präzise zusammen. Generische Überschriften wie „Grundlagen" oder „Ergebnis" können bei Papers als durchgängiges Stilelement noch funktionieren, jedoch sind spezifische Überschriften wie „Ergebnis des Stresstests" aussagekräftiger (Dupré, 1998, S. 306 f.).

Keine Redundanz Überschriften sollten sich – auch in Teilen – nicht wiederholen (Dupré, 1998, S. 307 f.). So sind zwei Überschriften „3. Rahmenbedingungen der Experimente" und „4. Ergebnis der Experimente" unglücklich gewählt. Besser wäre es, bereits in der Überschrift die inhaltliche Besonderheit des Abschnitts herauszustellen. Ein weiteres Negativbeispiel für wiederholte Teilüberschriften ist die Gliederung „2. Grundlagen", „2.1 Grundlagen des Bin-Packings" und „2.2 Algebraische Grundlagen".

Auch wenn Wiederholungen von Wortgruppen nicht gewünscht sind, sollten die Überschriften dennoch stilistisch einheitlich sein. Das bedeutet konkret, dass Überschriften nicht gemischt aus Fragen, Substantiven oder Halbsätzen bestehen sollten, sondern ein gemeinsamer Stil alle Überschriften eint (Dupré, 1998, S. 343).

2.3   Roter Faden

Die im vorigen Abschnitt vorgestellte formale Struktur gibt lediglich den üblichen Aufbau einer wissenschaftlichen Arbeit vor. Wesentlich wichtiger ist die inhaltliche Struktur, wie der Autor seine Erkenntnisse präsentieren möchte – der sog. rote Faden.

Mit dem *roten Faden* ist die logische Abfolge der einzelnen Bestandteile des Papers gemeint, die einerseits gut aufeinander aufbauen und andererseits den Bezug zum Fokus der Arbeit jederzeit transparent herausstellen. Dics bedeutet bezogen auf die formalen Abschnitte:

Einleitung: Das zu lösende Problem wird präsentiert und der Weg zur Lösung skizziert.

Einbettung der Arbeit: Was macht das Problem so wichtig oder interessant und welche Lösungsansätze gibt es schon?

Hauptteil: Jeder Abschnitt der Arbeit liefert einen Baustein für die Problemlösung oder bewertet selbige.

Fazit: Zum Abschluss wird die Bedeutung der Erkenntnisse der Arbeit für die Wissenschaft und die Leserinnen diskutiert.

Die Gestaltung des roten Fadens wirft im Einzelfall eine ganze Reihe an Fragen auf, die sich durch eine frühzeitige Planung (Abschn. 2.3.1), die konkrete Gestaltung der einzelnen Abschnitte und ihrer Schnittstellen (Abschn. 2.3.2) sowie Kreativitätstechniken bei größeren Gliederungsproblemen (Abschn. 2.3.3) beantworten lassen.

2.3.1   Vorüberlegungen des Autors

Wissenschaftliche Texte sollten sich nicht in einem evolutionären Prozess entwickeln, bei dem der Autor selbst vom Ergebnis überrascht wird. Vielmehr profitiert ein Text davon, wenn der Autor von Anfang an den Fokus richtig setzt.

Zielpublikum Damit ein roter Faden entsteht, der für die typische Leserin des Papers funktioniert, ist es unabdingbar, dass der Autor vorab genau analysiert, wie sein Zielpublikum beschaffen ist. Für umfangreiche Schriften wie Abschlussarbeiten oder Lehrbücher mag dies noch relativ einfach sein: Die Abschlussarbeit wird von den beiden Gutachterinnen gelesen, während das Lehrbuch den Studenten mit dem Kenntnisstand nach zwei Semestern Informatikstudium adressiert. Bei Papers hängt dies essenziell von der Tagung oder der Zeitschrift ab, für die das Paper eingereicht werden soll. Wenn es sich beispielsweise um eine Theorietagung handelt, sind andere Kenntnisse und Erwartungen gefragt als bei einer Veranstaltung der Hochschuldidaktik der Informatik oder gar einer studentischen Konferenz.

Vorwissen   Der Autor sollte sich vorab überlegen, wo die typische Leserin steht. Von wie viel Vorwissen kann er ausgehen? Wie viel Formalismus und Mathematik wird erwartet? Was kann die Leserin an dem Ergebnis begeistern? Insbesondere ein falsch eingeschätztes Vorwissen kann sich verheerend auf die Arbeit auswirken. Wird das Vorwissen unterschätzt, können Definitionen von selbstverständlichen Begriffen wie „Software" entweder zu langweiligen Durststrecken oder fehlerhaft geraten. Überschätztes Vorwissen kann ein zu technisches Niveau der Arbeit nach sich ziehen, welches für die Leserin über weite Strecken unverständlich bleibt.

Klare Aussagen   Bevor man beginnt, das Paper zu schreiben, ist es sinnvoll, nochmal explizit zusammenzutragen, was man zu sagen hat. Hier können die folgenden Fragen helfen: Warum ist das Thema für die Welt der Informatik wichtig? Was ist mir persönlich wichtig daran? Wie kann ich mit Beispielen meine Ideen verdeutlichen?

In jedem Fall ist ein gewisser Enthusiasmus des Autors für das Thema und das in der Entstehung befindliche Schriftstück eine wichtige Voraussetzung für erfolgreiches wissenschaftliches Schreiben.

2.3.2   Verknüpfung der Einzelteile

Der rote Faden entsteht dadurch, dass alle Einzelteile des Papers logisch aufeinander aufbauen. Die einzelnen Abschnitte und auch die einzelnen Absätze eines Abschnitts werden inhaltlich miteinander verbunden.

B-P-R-Regel   Um die einzelnen Bestandteile logisch abzuschließen und miteinander zu verknüpfen, empfiehlt Goldberg (1999) die von ihm formulierte B-P-R-Regel *(background – purpose – roadmap)*: Jeder Abschnitt und Absatz muss unabhängig vom restlichen Text ein Verständnis dafür liefern,

- warum dies jetzt behandelt wird – es ist die Lücke, die durch die Zäsur zwischen den Abschnitten entsteht, zu schließen *(background)* –,
- welche Information dieser Abschnitt beiträgt *(purpose)* und
- wie sich der Beitrag in die Lösung/Logik der gesamten Arbeit bzw. den weiteren Verlauf der Arbeit einordnet *(roadmap)*.

Bei Abschnitten kann dies explizit durch einen einleitenden Satz oder Absatz geschehen.

Anwendung in einem Absatz Die die drei Aspekte der B-P-R-Regel können innerhalb eines einzelnen Absatzes nur knapp, präzise und subtil berücksichtigt werden. Das nachfolgende Beispiel stammt aus dem Buch von Zobel (1997, S. 35) und ist ein gutes Beispiel dafür, wie die Brücke zum vorherigen Absatz hergestellt werden kann. Angenommen der vorherige Absatz hat einen schnellen Sortieralgorithmus vorgestellt, dann ist der Einstieg „Dieser Algorithmus…" in den neuen Absatz nur im Kontext des vorherigen Absatzes verständlich. Der Hintergrund kann im Absatz selbst durch die Formulierung „Der schnelle Sortieralgorithmus…" hergestellt werden.

Einbettung der Arbeit Beim logischen Aufbau des gesamten Papers nimmt die Einbettung der Arbeit, also der Abschnitt mit den Grundlagen und der Arbeit anderer Wissenschaftler, eine wichtige Sonderrolle ein, da er die Basis für das gesamte restliche Paper liefert. Im Idealfall werden die dort präsentierten Inhalte an verschiedenen Stellen wieder aufgegriffen. Daher dürfen die Grundlagen nicht zu breit angelegt werden: Nur diejenigen Informationen haben eine Berechtigung, die im Weiteren auch benötigt werden.

2.3.3 Lösungsansätze bei Gliederungsproblemen

Unerfahrenen Autoren fällt es teilweise schwer, eine Struktur in das Chaos der eigenen Arbeit zu bringen und einen roten Faden zu entwickeln. Das beginnt damit, dass sich der Anwendungskontext einer praktischen Arbeit nur schlecht vom inhärent enthaltenen Informatikproblem trennen lässt. Und es hört nicht damit auf, dass sich die verschiedenen technischen Quellen und Inspirationen nur schwer mit dem eigenen Ergebnis verknüpfen lassen. Studenten verfallen dann gerne in das Muster der Softwaredokumentation, bleiben damit auf der Ebene der Softwareanwendung und hangeln sich an Anforderungen, Entwurf etc. entlang – ein denkbar schlechter Aufbau für ein wissenschaftliches Paper, da er ausschließlich der konstruktiven Methode folgt.

Kreativitätstechniken Treten Schwierigkeiten bei der Gliederung der Arbeit auf, helfen Brainstorming-Techniken wie *Mindmaps* dabei, sich einen Überblick über die involvierten Aspekte zu verschaffen. Anschließend hat sich die Arbeit mit *Karteikarten* bewährt: Wichtige Stichpunkte und mögliche Überschriften werden auf den Karteikarten notiert, die dann flexibel unterschiedlich angeordnet werden, um auf der Suche nach dem roten Faden die denkbaren Reihenfolgen auszuprobieren. Wenn man die Karteikarten mit zusätzlichen farbigen Anmerkungen für Querbezüge versieht, z. B. rot für Voraussetzungen und grün für Folgerungen, wird die Sinnhaftigkeit einer Reihenfolge schnell deutlich.

Zirkuläre Abhängigkeiten Bei der Suche nach einem logischen Aufbau der Struktur stößt man oft auf *zirkuläre Abhängigkeiten:* Ein Konzept oder Begriff lässt sich nur mit tiefem Verständnis der Details einführen, die allerdings nur im Kontext des Begriffs selbst sinnvoll erläutert werden können. Zumeist liegt dies daran, dass man im logischen Aufbau nicht so tief bis zu dem Punkt vordringen möchte, ab dem sich alle Begriffe logisch aufbauend erklären lassen.

Wie zirkuläre Abhängigkeiten aufgelöst werden können, soll an einem kleinen Beispiel illustriert werden. Angenommen ein Paper bewegt sich im Umfeld der Clean-Architecture und beleuchtet bestimmte Aspekte der losen Kopplung von Komponenten, dann sind die Begriffe „Clean-Architecture" und „Abhängigkeitsbeziehungen zwischen Komponenten" von essenzieller Bedeutung und müssen adäquat eingeführt werden. Allerdings hängt das Verständnis der „Clean-Architecture" stark von der Idee ab, dass „Abhängigkeitsbeziehungen zwischen Komponenten" reduziert werden, und diese ist wiederum nur im Rahmen von Überlegungen der Softwarearchitektur erklärbar. Es bieten sich zwei mögliche Strategien zum Umgang mit dem Dilemma an:

1. Wie in einem Lehrbuch werden die Konzepte schrittweise entwickelt, im Beispiel über die Zwischenstationen: allgemeiner Begriff der Softwarearchitektur, Abhängigkeitsbeziehungen und deren Implikationen, Prinzip der losen Kopplung und schließlich Clean-Architecture als ein möglicher Ansatz. Dabei gerät allerdings der Hauptbegriff der Clean-Architecture aus dem Fokus des Papers – er wird erst spät eingeführt und die Leserin mit zu vielen Grundlagen überfrachtet.
2. In der Einleitung des Papers nimmt man eine gewisse Unschärfe in Kauf. Dort führt man bereits den Begriff der „Clean-Architecture" ein, nutzt eine informelle Definition der Abhängigkeitsbeziehungen und legt hier mehr Gewicht auf das Ziel, welches man mit den Konzepten verknüpft. Vor diesem Hintergrund kann die These des Papers dargelegt werden. Anschließend werden in einem nachfolgenden Abschnitt die „Abhängigkeitsbeziehungen zwischen Komponenten" exakt definiert, vor diesem Hintergrund die relevanten Aspekte der „Clean-Architecture" im Detail beleuchtet und das detaillierte Fundament für die weiteren Ausführungen gelegt. Dabei entspricht der Detailgrad der eingeführten Begriffe in den verschiedenen Abschnitten der dortigen inhaltlichen Tiefe, was ein großer Vorteil dieser Vorgehensweise ist.

Jeder Autor sollte sich die Flexibilität bewahren, seine Struktur zu einem späteren Zeitpunkt zu ändern. Bestimmte Probleme im Aufbau der Arbeit treten erst dann zutage, wenn die Details ausgearbeitet werden.

2.4   Äußere Form

Dieser Abschnitt fasst einige Hinweise zur äußeren Form der Arbeit zusammen. Damit sind insbesondere die Aspekte des Titels der Arbeit (Abschn. 2.4.1), des Layouts (Abschn. 2.4.2), des Leseflusses (Abschn. 2.4.3) und der Rechtschreibung (Abschn. 2.4.4) gemeint.

2.4.1   Titel und Autorenangaben

Wissenschaftliche Arbeiten beginnen mit den formalen Angaben, bestehend aus dem Titel und den Autoren. Bei Papers nimmt dies in der Regel nicht mehr als ein Viertel der ersten Seite ein, bei größeren Werken wie Abschlussarbeiten wird eine ganze Seite als Titelblatt investiert.

Titel Der Titel eines Papers (oder jeder anderen wissenschaftlichen Arbeit) sollte einpräg-sam und so kurz wie möglich sein, gleichzeitig aber den Inhalt hinreichend genau beschrei-ben (vgl. Zobel, 1997, S. 32). Er sollte das Thema so genau wie möglich umreißen, um das Interesse der potenziellen Leserinnen zu wecken. Es ist nicht notwendig, alle Aspekte der Arbeit im Titel wiederzugeben.

Unerfahrene Autoren tendieren manchmal dazu, die eigene Tätigkeit (z. B. „Entwicklung eines schnellen Algorithmus zur Platzierung von Label auf Straßenkarten") zum Titel zu machen. Wenn nicht tatsächlich die Methodik zur Entwicklung des Algorithmus das Hauptthema ist, sollte auf „Entwicklung" im Titel verzichtet werden. Im Beispiel würde die Überschrift „Laufzeiteffiziente Platzierung von Label auf Straßenkarten" das Kernthema wesentlich präziser erfassen.

Die Länge eines Titels sollte im Satz der Arbeit höchstens zwei Zeilen umfassen. Per-sönlich rate ich auch von Untertiteln ab, in denen dann weitere Details nachgeliefert werden – dafür ist das Abstract der Arbeit ein geeigneterer Ort. Untertitel werden in den bibliogra-fischen Metadaten als Teil des Titels aufgefasst, was die spätere Referenzierung der Arbeit durch einen überlangen Titel unhandlich macht.

Angabe der Autoren Wird ein Paper von mehreren Personen geschrieben, sollte die Rei-henfolge der Autoren gründlich überdacht werden (Dupré, 1998, S. 563 ff.). So ist der erste Autor derjenige, der das Projekt durchgeführt und wesentliche Ideen beigetragen hat. Die weiteren Autoren müssen etwas Substanzielles zu den wissenschaftlichen Erkenntnissen des Papers beigetragen haben und nicht aus Dankbarkeit dort stehen. Die Position des letzten Autors ist wiederum von größerer Bedeutung, da sie demjenigen vorbehalten ist, der die Verantwortung im Sinne einer schützenden Hand über das Projekt hatte – als betreuende Professorin, als diejenige, die Drittmittel dafür eingeworben hat oder die grobe Idee für das Projekt vorgegeben hat.

Der Forschungsort eines Autors wird meist nur mit dem Namen der Organisation ohne eine genauere Anschrift angegeben. Es sollte von mindestens einem Autor eine offizielle, noch für längere Zeit gültige E-Mail-Adresse enthalten sein.

2.4.2 Layout

Auch wenn die Inhalte einer wissenschaftlichen Arbeit entscheidend sind, sollten Fragen des Satzes nicht unterschätzt werden. Mit einer ansprechenden Gestaltung des Textes wird Professionalität vermittelt und die Leserin zur Lektüre eingeladen.

Nummerierte Gliederung Um Bezüge zwischen einzelnen Abschnitten herstellen zu können, sind diese zu nummerieren. Dabei sollte nicht zu feingliedrig strukturiert werden (Zobel, 1997, S. 32) – so sind drei Überschriften auf einer Seite (oder bei zweispaltigen Papers in einer Spalte) bereits zu viel. Bei Papers sollten maximal zwei Ebenen, d. h. Abschnitte und Unterabschnitte, benutzt werden – bei größeren Schriftwerken maximal drei Ebenen, da dort die Kapitel hinzukommen.

Blocksatz vs. Flattersatz Bei der Gestaltung der einzelnen Absätze hat der Autor die grundsätzliche Gestaltungsfreiheit, die Zeilen nur links oder an beiden Seiten bündig zu setzen.

Mit den heutigen technischen Mitteln ist auch der *Blocksatz* Standard für alle wissenschaftlichen Arbeiten, d. h., alle Zeilen in einem Absatz gehen bis zum rechten Rand des Textbereichs. Der Flattersatz oder linksbündige Satz, wie er in diesem Abschnitt als Negativbeispiel gewählt wurde, ist ein Relikt der Schreibmaschinenzeiten und sollte zugunsten der besseren Lesbarkeit und Erkennbarkeit der Struktur vermieden werden.

Wahl der Schriftart Als Schriftart wird ein Serifenfont für schriftliche Ausarbeitungen empfohlen, da er leichter lesbar sein soll (Balzert et al., 2008, S. 177). In jedem Fall sollte nur eine Schriftart für den Haupttext einschließlich der Überschriften gewählt werden. In der Informatik bietet es sich an, für Programmbeispiele einen zusätzlichen nichtproportionalen Zeichensatz `typewriter` zu benutzen (Deininger et al., 1992, S. 42).

Der Haupttext wird in einer einheitlichen Schriftgröße gesetzt, wobei für Texte in Tabellen, Beispielen, Tabellenüberschriften und Abbildungsunterschriften eine etwas kleinere Schriftgröße benutzt werden kann. Überschriften hingegen werden gemäß ihres Rangs etwas größer gesetzt. Dabei haben alle Überschriften des gleichen Rangs dieselbe Schriftgröße.

Hervorhebungen im Text Sollen im Text einzelne Wörter oder Wortgruppen hervorgehoben werden, kann dies *kursiv* oder **fett** geschehen. Die fette Schreibweise kann bei übermäßigem Einsatz als zu dominant empfunden werden und sollte für Stellen reserviert sein, an denen ein Begriff definiert wird. Vermeiden sollte man die Techniken GROSSSCHREIBUNG, S p r e i z u n g , KAPITÄLCHEN oder Unterstreichung (vgl. Balzert et al., 2008, S. 182 f.; Deininger et al., 1992, S. 42), die heute befremdlich wirken und aus einer Zeit stark eingeschränkter Layoutmöglichkeiten stammen.

Bei Arbeiten der Usability oder verwandter Bereiche, die verstärkt Nutzerinteraktionen beschreiben, bietet es sich an, diese über andere Gestaltungsmerkmale für Tastaturzeichen, Bezeichner von Schaltflächen, Menünamen, Nutzereingaben, Mausaktionen etc. hervorzuheben (vgl. Dupré, 1998, S. 450 ff.). So kann beispielsweise eine Schaltfläche als solche dargestellt werden: Ok . Dabei sollte sich der Autor fragen, ob die Gestaltung die Leserin unterstützt oder ob der Text dadurch überfrachtet wird.

2.4.3 Lesefluss

Im Gegensatz zu guten Romanen werden wissenschaftliche Arbeiten meist nicht gemütlich mit einem Glas Wein in einem Sessel gelesen, stattdessen gelten enge Zeitrestriktionen. Als Konsequenz möchten Leserinnen einerseits schnell einen Überblick über die einzelnen Seiten durch Querlesen bekommen und andererseits die interessanten Stellen schnell wiederfinden. Die Voraussetzungen hierfür muss der Autor schaffen.

Struktur durch Lücken Leere Stellen im Text helfen der Leserin, die Struktur zu erfassen, die der Autor beim Schreiben im Sinn hatte. Die Leserin orientiert sich an Lücken zwischen Absätzen, freigestellten Formeln, abgesetzten Definitionen etc. Daher gilt die Faustregel, dass jede Seite mindestens zwei neue Absätze aufweisen sollte. Auch Formeln sollten vom Text abgesetzt und nicht im Fließtext dargestellt werden. Wichtige Aussagen sollten als Hypothese, Satz, Regel etc. mit einer besonderen Formatierung herausgestellt werden.

Fußnoten In den Geisteswissenschaften (Balzert et al., 2008, S. 197 f.) sowie den Fachgebieten Jura und Wirtschaft werden Fußnoten[2] genutzt, um den Haupttext mit Literatur- und Querverweisen anzureichern. So können in Fußnoten grundsätzlich Informationen platziert werden, die sich schlecht im Haupttext unterbringen lassen (Dupré, 1998, S. 593), weil sie beispielsweise den Lesefluss zu sehr unterbrechen (Balzert et al., 2008, S. 197f). Sinnvoll

---

[2] Bei Fußnoten wird die Ziffer für den Verweis auf die Fußnote und die Fußnote selbst auf derselben Seite platziert.

erscheint dies nur, wenn Fußnoten massiv genutzt werden, da sie bei sparsamem Einsatz tatsächlich selbst den Lesefluss unterbrechen.

In der Informatik werden Fußnoten komplett vermieden oder wenigstens sparsam eingesetzt (Balzert et al., 2008, S. 198). Ist eine Information unentbehrlich, gehört sie in den Haupttext, ist sie entbehrlich, kann man sie komplett weglassen. Eine typische Ausnahme bilden Webadressen (URLs) für Quellen, die Softwareprodukte betreffen und damit keine wissenschaftliche Literatur darstellen – diese können in Fußnoten ohne Zeilenumbruch angeführt werden, was meist weder im Text noch im Literaturverzeichnis möglich ist. Auch Quellenverweise auf persönliche Kommunikation sollten besser in einer Fußnote als im Literaturverzeichnis (Dupré, 1998, S. 591) untergebracht werden.

2.4.4 Rechtschreibung

Jeglicher Text, der für andere Personen geschrieben wird, sollte keine Rechtschreib-, Worttrennungs- und Zeichensetzungsfehler enthalten. Daher ist ein Autor angehalten, regelmäßig Werkzeuge zur Rechtschreibprüfung (engl. *spell checker*) zu benutzen und das Dokument selbst Korrektur zu lesen. Bei großen persönlichen Defiziten in diesem Bereich oder auch bei längeren Texten sollte eine externe Korrekturleserin beteiligt werden.

Studentische Arbeiten unterliegen als Bestandteil der Ausbildung zumeist keinen so strengen Kontrollen wie Veröffentlichungen in Zeitschriften oder auf Fachtagungen. Typische Mängel studentischer Arbeiten sind

- Zeichensetzungsfehler, insbesondere Kommata bei Nebensätzen,
- Verwechslung von „dass" (als Konjunktion zur Einleitung von Nebensätzen, die nicht weglassbar sind) und „das" (als Relativ- oder Demonstrativpronomen) und
- fehlerhafte Groß-/Kleinschreibung.

Ein weiterer typischer Fehler betrifft inkonsistente Schreibweisen. So werden häufig Begriffe aus dem Englischen mit ihrer Schreibweise übernommen (z. B. „Software Engineering"), was in zusammengesetzten Begriffen nicht mehr funktioniert („Software Engineering-Studium"). Mit den Schreibweisen „Softwareengineering" oder „Software-Engineering" (vgl. Abschn. 5.2.6) erhält man die gleiche Schreibweise für einfache und zusammengesetzte Begriffe. Bei Fachbegriffen muss sich der Autor für eine Schreibweise entscheiden und beispielsweise nicht „Softwarearchitektur" und „Software-Architektur" in einem Text benutzen. Auch bei einem Fachbegriff wie „evolutionärer Algorithmus" muss der Autor klären, ob er den Terminus als Eigenname auffasst, groß schreibt („Evolutionärer Algorithmus") und dann einheitlich benutzt.

2.5   Abstract

Die amerikanische Normierungsorganisation (ANSI, 1997) definiert das *Abstract* (bzw. die Kurzzusammenfassung) als *„a brief and objective representation of a document or an oral presentation"*, also eine kurze und objektive Darstellung eines Dokuments oder einer mündlichen Präsentation.

2.5.1   Inhalt eines Abstracts

Das Abstract ist zwar ein Teil des gesamten Papers, welcher direkt nach dem Titel und den Autoren platziert wird; seine innere Logik versteht man allerdings besser, wenn man das Abstract als isoliertes Dokument auffasst (Dupré, 1998, S. 405). Ein Blick in die Webportale der Wissenschaftsverlage offenbart den Grund: Dort werden die Paper zum Kauf per Download angeboten und die sichtbare Information ist neben dem Titel das Abstract. Die Kurzzusammenfassung fungiert potenziellen Leserinnen als Entscheidungsgrundlage und sollte Appetit auf das Gesamtpaket machen. Ist das Abstract langweilig oder zu vage, kauft (und liest) keiner das Paper.

Der Zweck des Abstracts besteht folglich darin, die Leserin soweit zu informieren, dass sie (ANSI, 1997)

- schnell den Inhalt des Dokuments erfassen kann,
- feststellt, wie relevant es für sie ist, und
- entscheidet, ob sie es komplett lesen möchte.

Konkret folgt aus dem beschriebenen Zweck, dass der Fokus auf dem Gesamtbild liegt (Dupré, 1998, S. 402). Das Abstract beschreibt nicht nur eine Motivation, sondern auch das Erreichte ohne die technischen Details (Zobel, 1997, S. 33). Die Sprache sollte kurz, klar und auf den Punkt sein (Dupré, 1998, S. 401).

Beim Inhalt darf das Abstract insbesondere keinen Cliffhanger bzgl. der Ergebnisse enthalten, sondern muss diese klar benennen. Das Abstract liefert die folgenden Informationen (Dupré, 1998, S. 403; ANSI, 1997):

- Zweck des Papers: Welches Problem wird betrachtet bzw. gelöst? Was ist die Hypothese?
- Methodik: Wie wurde die Hypothese untersucht und getestet?
- Ergebnisse: Was sind die Resultate?
- Schlussfolgerungen: Was bedeuten die Ergebnisse konkret im Gesamtbild der Informatik?

Als Länge des Abstracts empfiehlt Zobel (1997, S. 4) 50–200 Wörter. Die Richtlinien der Standardisierungsorganisation (ANSI, 1997) geben differenzierter die Obergrenze von 250

Wörtern für Paper, 100 Wörtern für Short-Paper (mit bis zu vier Seiten) und 300 Wörtern bzw. eine Seite für Abschlussarbeiten vor. In Anbetracht der Platzbeschränkungen eines Papers sollte insbesondere dem ersten Satz ausreichend viel Sorgfalt und Zeit gewidmet werden. Formulierungen wie „Dieses Paper beschreibt…" oder „In diesem Paper…" erscheinen zu umständlich, kommen nicht auf den Punkt und wirken eher langweilig (Zobel, 1997, S. 33 f.). Stattdessen sollte der Autor die betrachtete Problemstellung direkt und in einfachen Worten adressieren.

Daher empfiehlt es sich, das Abstract erst ganz am Ende des Schreibprozesses nach der Fertigstellung des Papers zu verfassen (Dupré, 1998, S. 405 f.).

2.5.2 Diskussion beispielhafter Abstracts

Zwei Abstracts aus dem Fundus wissenschaftlicher Arbeiten des Autors dieses Buches sollen im Weiteren als positives und negatives Beispiel für Abstracts herangezogen werden.

Negativbeispiel Im Konferenzbeitrag „Analyse des Kompetenzerwerbs im Softwarepraktikum" (Weicker & Weicker, 2009b) wird der Inhalt im Abstract wie folgt zusammengefasst:

> Angelehnt an Hierarchien in Projekten der realen Welt wird eine neue Organisationsform des Softwarepraktikums vorgestellt, in der Bachelor- und Masterstudenten gemeinsam Projekte bearbeiten. Das Ziel ist, Lernen im Projekt auf zwei Ebenen aufzuteilen. Der Ansatz wird anhand von Fragebögen analysiert und entsprechend bewertet.

Diese Zusammenfassung ist nicht aussagekräftig – es wird weder das betrachtete Problem definiert, noch die neue Organisationsform, die „Ebenen im Projekt" oder das Ergebnis der Analyse beschrieben. Anstatt Fakten zu präsentieren, werden Tätigkeiten adressiert, was den Text langweilig erscheinen lässt. Eine Leserin kann zudem nicht abschätzen, welchen Wissensgewinn sie von dem Paper erwarten kann.

Formulieren wir das Abstract um, indem wir die Hinweise aus Abschn. 2.5.1 konsequent anwenden.

> Softwareengineering-Projekte des Informatikstudiums bereiten die Studierenden oft nur unzureichend auf reale Projekte in Unternehmen vor. Durch das hier präsentierte Konzept, in dem Bachelor- und Masterstudenten gemeinsam ein Projekt bearbeiten, sollen reale Projekthierarchien besser abgebildet werden. Über Fragebögen

wird der Kompetenzerwerb und insbesondere der Einfluss der Vorkompetenz unter-sucht. Begünstigend für die Entwicklung der Fach- und Methodenkompetenz erweist sich eine frühzeitige Stärkung von Sozial- und Selbstkompetenzen vor dem Projekt sowie die Vermeidung von Spezialisten im Softwareprojekt.

Der erste Satz beschreibt das betrachtete Problem. Das Lösungskonzept wird im zweiten Satz erläutert. Der dritte Satz beschreibt die Methodik. Und der vierte Satz beschreibt einige konkrete Maßnahmen, die im Rahmen der Analyse abgeleitet werden. Das jetzt längere Abstract ist mit 70–80 Wörtern immer noch im akzeptablen Rahmen.

Positivbeispiel Das Abstract des zweiten Beispiels „Einsatz von Softcomputing-Techniken zur Kennfeldoptimierung elektronischer Motorsteuergeräte" (Weicker et al., 2000) lautet wie folgt.

Die Applikation von elektronischen Motorsteuergeräten wird durch die hohen Anforderungen an die zukünftigen Motorgenerationen und die damit verbundene Erhöhung der Anzahl der Motorstellgrößen zunehmend komplexer. Bestehende Tech-niken zur Applikationsunterstützung geraten an ihre Grenzen. Diese Arbeit stellt einen alternativen Ansatz unter der Verwendung von Softcomputing-Techniken vor. Er ver-bindet die datengetriebene Modellbildung mit der modellgestützten Optimierung. Die Vorteile dieses Ansatzes werden ausführlich diskutiert. Ebenso werden Resultate einer Steuergeräteapplikation anhand eines konkreten Beispiels vorgestellt.

Dies ist ein gelungeneres Exemplar eines Abstracts. Die ersten beiden Sätze beschreiben das Problem, die nächsten beiden das Lösungskonzept. Danach wird es weniger präzise. Die Methodik der Erfolgsmessung fehlt komplett – da könnte ein Hinweis auf den Vergleich mit einem Serienmotor am Motorprüfstand angeführt werden. Statt des letzten Satzes soll-ten konkrete Ergebnisse präsentiert werden (z. B. „Bei der Applikation eines Serienmotors konnten unter Einhaltung aller Randbedingungen durchschnittlich 2,8 % Treibstoff einge-spart werden.").

Wahl des Textsatzsystems

3

Für die Einreichung wissenschaftlicher Arbeiten bei Zeitschriften und auf Fachtagungen ist in der Regel ein bestimmtes Format vorgeschrieben, was die Wahl des Textsatzsystems maßgeblich einschränkt. Erwartet werden die Formate Office Open XML mit der Endung `.docx` und/oder LaTeX, deren Dateien mit dem Haupttext auf `.tex` enden.

Dieselben Möglichkeiten eröffnen sich einem Studenten beim Schreiben einer Abschlussarbeit. Da dort in der Regel die externen Vorgaben fehlen, kann der Autor frei zwischen den Alternativen wählen, wobei diese nicht auf die gängigen und offensichtlichen Lösungen beschränkt sind.

In diesem Kapitel werden die unterschiedlichen Systeme mit ihren Grundkonzepten in Abschn. 3.1 vorgestellt. Es folgen Ausführungen zur Unterstützung einiger typischer Merkmale wissenschaftlicher Schriften (Abschn. 3.2) sowie ein abschließender Vergleich der Systeme (Abschn. 3.3).

3.1 Systeme für den Textsatz

Ein Autor muss beim Schreiben eines Papers gleichermaßen inhaltlich korrekten Text verfassen und Vorgaben in der Gestaltung und Formatierung gerecht werden – beiden Zielstellungen sollte die genutzte Software gerecht werden. Die Wahl des Systems hängt ab von Vorkenntnissen, Pragmatismus und visuellen Ansprüchen des Autors. Soll auf Vorkenntnisse früherer einfacher Schreibaufgaben gesetzt werden, liegt der Einsatz einer Office-Lösung nahe. Wird eine bessere Unterstützung wissenschaftlicher Notationen gewünscht, kann LaTeX favorisiert werden. Die komplette Bandbreite an Möglichkeiten wird in den weiteren Unterabschnitten mit ihren Konzepten vorgestellt.

© Der/die Autor(en), exklusiv lizenziert an Springer-Verlag GmbH, DE, ein Teil von Springer Nature 2025
K. Weicker, *Wissenschaftliches Schreiben in der Informatik*, Studienbücher Informatik, https://doi.org/10.1007/978-3-662-69872-3_3

3.1.1 Office-Lösungen

Office-Lösungen sind auf jedem Computer verfügbar und sie sind dafür entwickelt, typische Bürotätigkeiten zu unterstützen. Dabei bietet die darin enthaltene Textverarbeitung deutlich mehr Funktionalität, als der immer wieder abschätzig benutzte Vergleich mit einer „besseren Schreibmaschine" vermuten lässt. Neben der Anordnung des Textes auf den einzelnen Seiten mit einem automatischen Zeilenumbruch ergänzen Grammatik- und Rechtschreibprüfung, Silbentrennung, Einbindung von Abbildungen in den Text und automatisch platzierte Fußnoten die Basisfunktionen.

WYSIWYG Die markanteste Eigenschaft, mit der sich Office-Lösungen von den anderen hier präsentierten Alternativen unterscheiden, ist die Darstellung der Seiten des Dokuments im druckfertigen Layout. Alle Änderungen im Dokument werden direkt in dieser Darstellung vorgenommen. Dieses Prinzip wird „What You See Is What You Get" (WYSIWYG) genannt, womit gemeint ist, dass der Autor während des Schreibens sieht, wie der spätere Druck aussehen wird.

Office-Lösungen: Kleines Beispiel

Abb. 3.1 zeigt Word 365 als eine typische Office-Lösung. Deutlich erkennt man den WYSIWYG-Ansatz, bei dem das Paper im zentralen Fenster im druckfertigen Layout angezeigt wird. Mit den verschiedenen Menüs und Toolbars am oberen Rand kann das Schriftstück bearbeitet werden.

Marktüberblick Die bekanntesten Vertreter der Textverarbeitungsprogramme in Office-Lösungen sind:

- Word in Microsoft Office bzw. Microsoft 365 als kostenpflichtige Variante für die Betriebssysteme Microsoft Windows, macOS, iOS und Android,
- Writer in LibreOffice als frei verfügbare Open-Source-Software für Linux, Microsoft Windows, macOS und Android sowie
- Google Docs aus der Google Docs Editors Suite, einer webbasierten Office-Lösung, die per Browser auf allen Plattformen genutzt werden kann.

Die Unterschiede zwischen den verschiedenen Anbietern erscheinen marginal. Während die Microsoft-Lösung bei speziellen Features (Grammatikprüfung etc.) mehr bietet als die Mitbewerber, ist die Weiterentwicklung von Google Docs so dynamisch, dass jegliche Featureliste bei Drucklegung wieder veraltet wäre. Für das gemeinsame Erstellen eines Dokuments durch mehrere Autoren liefert Google Docs die besten technischen Möglichkeiten, was für individuell zu erstellende Abschlussarbeiten allerdings weniger interessant ist als für Konferenzpaper.

Abb. 3.1 Word 365 als Beispiel einer Office-Lösung beim Satz eines Beispielpapers

Speicherformate Intern nutzen die Textverarbeitungsprogramme verschiedene Formate zur Speicherung. LibreOffice und Microsoft 365 setzen auf XML-Formate: OpenDocument (ISO/IEC 26300-1:2015, Endung: .odt) bzw. Office Open XML (ISO/IEC 29500-1:2012, Endung: .docx). Die Programme können inzwischen auch das jeweils andere Format lesen und schreiben, wobei sich dabei Formatierungen leicht verändern können. Google Docs hingegen nutzt ein JSON-Format für die interne Speicherung eines Dokuments – möchte man das Dokument auf dem eigenen Rechner speichern, nutzt man eines der beiden vorgenannten Dateiformate.

Rolle der Formatvorlagen Der WYSIWYG-Ansatz geht mit großen Freiheiten bei der Textgestaltung einher. Um mit diesen Freiheiten einheitlich strukturierte und gestaltete Arbeiten verfassen zu können, kann der Autor Formatvorlagen nutzen. Abb. 3.2 zeigt, wie in Word 365 für einen Abschnitt die zugewiesene Formatvorlage geprüft werden kann. Da es wenig automatische Unterstützung für die Verwendung von Formatvorlagen gibt, hängt deren konsistente Verwendung von der Selbstdisziplin des Autors ab.

Die Gliederung einer Arbeit erfolgt in der Standardkonfiguration beispielsweise durch die Verwendung der Formatvorlagen *Überschrift 1* für Kapitelüberschriften, *Überschrift 2* für Abschnitte etc. Werden Überschriften mit der passenden Formatvorlage gesetzt, werden sie einerseits in ein mögliches Inhaltsverzeichnis aufgenommen und sind andererseits alle einheitlich in Schriftart und -größe gesetzt. Probleme entstehen, wenn Text zwar gleich formatiert aussieht, aber nicht dieselbe Formatvorlage benutzt wurde, was einer oberflächlichen Kontrolle leicht entgehen kann.

Formatvorlagen können selbst erstellt werden bzw. wissenschaftliche Zeitschriften oder Verlage halten in ihren Beispieldokumenten eigene Formatvorlagen vor. Dort sind beispiels-

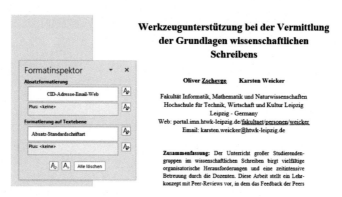

Abb. 3.2 In Word 365 lassen sich für einzelne Textabschnitte die zugewiesenen Formatvorlagen mit dem Formatinspektor prüfen – hier für die Kontaktinformation der Autoren

weise spezielle Formatvorlagen für die Gestaltung des Titels eines Papers vorgesehen – einschließlich der Autorenliste sowie des Abstracts.

3.1.2 LATEX als Textsatzsystem

Aus Unzufriedenheit mit den Möglichkeiten des Textsatzes und der Erstellung von Druck-vorlagen, entwickelte Donald E. Knuth (1984) das Satzprogramm TEX, welches im wissen-schaftlichen Buchsatz schnell Standards gesetzt hat. Durch die Makros von Leslie Lamport (1985) wurde daraus LATEX, eine leichter benutzbare Auszeichnungssprache, die in der Informatik und Mathematik weit verbreitet ist.

Konzept LATEX trennt Inhalt und Darstellung, womit gemeint ist, dass der Autor das druck-fertige Layout nicht in Echtzeit angezeigt bekommt und keine Änderungen in dieser Dar-stellung möglich sind. Stattdessen wird der bloße Text ohne Rücksicht auf Zeilenumbrüche und ähnliche Darstellungsfragen geschrieben. Neue Absätze werden durch eine Leerzeile eingeführt. Über spezielle Auszeichner, sog. Tags, lassen sich Textfragmenten zusätzliche Informationen bezüglich Darstellung oder Struktur zuweisen.

Das Übersetzungsprogramm LATEX überführt eine so erstellte Datei in das fertig gesetzte PDF-Dokument – Informatiker kennen das Prozedere von vielen Programmiersprachen, bei denen mit einem Compiler Quelltextdateien in ausführbare Dateien übersetzt werden. Der Dokumentenfluss bei LATEX ist in Abb. 3.3 vereinfacht dargestellt.

Über den Befehl pdflatex wird aus den Quelldateien die PDF-Datei erzeugt, z. B. durch die Eingabe

```
pdflatex bsp.tex
```

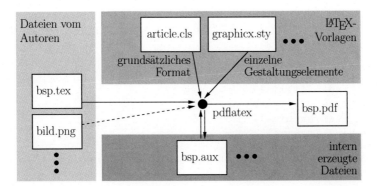

Abb. 3.3 Dokumentenfluss beim Erzeugen einer PDF-Datei aus den LaTeX-Quellen

Listing 3.1 Aufbau der Haupt-LaTeX-Datei

```
1  \documentclass[10pt,a4paper]{article}
2  % Dokumentenpraeambel
3  % Hier stehen Definitionen und Einstellungen
4  \begin{document}
5  % Der sog. Body (Koerper) des Dokuments.
6  % Hier steht der darzustellende Text
7  \end{document}
```

in der Konsole. Neben der Hauptdatei mit der Endung .tex können in dieser Datei Bilder und weitere tex-Dateien eingebunden werden. Das Layout wird von den Dateien der LaTeX-Vorlagen mit den Endungen cls und sty bestimmt.

Dateiaufbau Den grundsätzlichen Aufbau einer LaTeX-Datei zeigt Listing 3.1. Die erste Zeile bestimmt die Art des Dokuments – im Beispiel ist es ein Paper aufgrund der Option article. Für etwas größere Dokumente wie technische Berichte oder Whitepaper wäre report eine passende Dokumentenart, für Bücher book. In der sich anschließenden Dokumentenpräambel können Zusatzpakete für neue Befehle bzw. zur Änderung des Layouts eingebunden, eigene Befehlsmakros definiert und viele Einstellungen konfiguriert werden. Der eigentliche Text des Papers steht innerhalb der document-Klammer.

LaTeX-Makros Die zur Auszeichnung von Textfragmenten benutzten LaTeX-Makros beginnen mit einem Backslash \ (Rückstrich). So kann beispielsweise der Text in den geschweiften Klammern im Makro \emph{Hervorhebung} kursiv dargestellt werden. Dadurch stehen die Zeichen \, { und }, aber auch % (Kommentar bis zum Ende der Zeile), $ (Satz mathematischer Formeln, siehe nächster Abschnitt) und & (Satz von Tabellen) nicht mehr als Zeichen in normalen Texten zur Verfügung. Soll dennoch ein Backslash \ im Text verwendet werden, muss das Kommando \textbackslash benutzt werden. Den anderen Zeichen wird ein Backslash vorangestellt: \{, \}, \%, \$ und \&.

Listing 3.2 Geschachtelte Aufzählung in LaTeX

```
1  \begin{enumerate}
2  \item Erst
3  \item Dann
4     \begin{itemize}
5     \item vielleicht
6     \item eventuell
7     \end{itemize}
8  \end{enumerate}
```

Auch für die Strukturierung des Textes werden LaTeX-Makros benutzt. So führt `\section{}` einen Abschnitt ein und `\subsection{}` einen Unterabschnitt. Bei größeren Schriftwerken gibt es Kapitel (`\chapter{}`). Die Makros garantieren, dass die in den geschweiften Klammern angegebenen Überschriften immer gleich gesetzt und fortlaufend nummeriert werden und dass weitere Satzregeln, z. B. bezüglich der vertikalen Abstände, eingehalten werden.

Die Mächtigkeit der Layouthinweise mittels Makros kann man am Beispiel der Aufzählungen erahnen. Die Makros `\begin{itemize}` und `\end{itemize}` markieren einen Bereich als Aufzählungsliste, in dem jeder Aufzählungspunkt mit dem vorangestellten Makro `\item` eingeführt wird. Das Listing 3.2 zeigt eine nummerierte Aufzählung (Schlüsselwort **enumerate**), deren zweiter Punkt eine Aufzählung mit Anstrichen enthält. Es resultiert der folgende Text:

1. Erst
2. Dann
   – vielleicht
   – eventuell

LaTeX: Kleines komplettes Beispiel

An einem Beispiel soll die Beschreibung eines kleinen Papers in LaTeX sowie das daraus erzeugte Dokument gezeigt werden, um den Ansatz des Textsatzsystems zu illustrieren. Listing 3.3 enthält ein kurzes Dokument mit einem Titelvorspann sowie zwei Abschnitten. Der zweite Abschnitt hat zwei Unterabschnitte. In der Dokumentenpräambel wird

- durch ein Zusatzpaket die deutsche Sprache eingestellt und
- Titel und Autor festgelegt.

Im Dokumententext erzeugt das Makro `\maketitle` den Titelvorspann. Die Umgebung `abstract` setzt die Zusammenfassung gemäß Satz- und Sprachvorgaben.

Listing 3.3 Beispielhaftes LaTeX-Dokument mit Platzhaltertexten

```
1   \documentclass[12pt,a4paper]{article}
2   \usepackage[german]{babel}
3   \title{Kleines Beispielpaper}
4   \author{Autora Exemplorii}
5   \date{} % kein Datum auf der Titelseite
6
7   \begin{document}
8   \maketitle
9   \begin{abstract}
10    Utroque referrentur te sit, id sed velit impetus
11    saperet, essent petentium eu duo. Congue definiebas
12    te cum, munere recteque definiebas ex usu.
13  \end{abstract}
14
15  \section{Motivation und Anforderungen}
16  Lorem ipsum dolor sit amet, per wisi soleat invidunt ei,
17  melius integre te eum. Malis fuisset scaevola ei usu, in
18  dicunt aliquip euismod sit, ut malorum aliquam quo.
19
20  \section{Konzept}
21  Te commodo suavitate vulputate eum, rationibus
22  comprehensam vim ne. Fierent ancillae salutatus eum ei,
23  inani mnesarchum ex mel, eius inermis ad vis.
24  \subsection{Datenmodell}
25  Nec dolorem maiorum repudiare ea, wisi dicant audiam vel ea.←
        Amet paulo ut pro, error affert officiis nec ea. Vidisse←
        voluptatum sadipscing vim ne. Te causae dissentias ←
        repudiandae vel.
26  \subsection{Architektur}
27  Agam utinam utroque eu his, aliquando mediocritatem et per ←
        , case munere cu cum.
28  Ignota fastidii no qui, mel an modo gubergren.
29  \end{document}
```

Das Ergebnis der Übersetzung mit `pdflatex` ist in Abb. 3.4 dargestellt. Man erkennt dabei deutlich, dass die Zeilenumbrüche von der Software und nicht vom Autor beim Schreiben des Textes bestimmt werden.

Marktüberblick LaTeX ist in unterschiedlichen Distributionen für die gebräuchlichen Betriebssysteme verfügbar, beispielsweise TeX Live[1] für Linux, Windows und macOS sowie

---

[1] https://www.tug.org/texlive/

Kleines Beispielpaper

Autora Exemplorii

Zusammenfassung

Utroque referrentur te sit, id sed velit impetus saperet, essent pe-
tentium eu duo. Congue definiebas te cum, munere recteque definiebas
ex usu.

1 Motivation und Anforderungen

Lorem ipsum dolor sit amet, per wisi soleat invidunt ei, melius integre te
eum. Malis fuisset scaevola ei usu, in dicunt aliquip euismod sit, ut malorum
aliquam quo.

2 Konzept

Te commodo suavitate vulputate eum, rationibus comprehensam vim ne.
Fierent ancillae salutatus eum ei, inani mnesarchum ex mel, eius inermis ad
vis.

2.1 Datenmodell

Nec dolorem maiorum repudiare ea, wisi dicant audiam vel ea. Amet paulo
ut pro, error affert officiis nec ea. Vidisse voluptatum sadipscing vim ne. Te
causae dissentias repudiandae vel.

2.2 Architektur

Agam utinam utroque eu his, aliquando mediocritatem et per, case munere
cu cum. Ignota fastidii no qui, mel an modo gubergren.

1

Abb. 3.4 Aus dem Quelltext in Listing 3.3 erzeugte PDF-Datei. Die breiten Ränder entsprechen den Standardeinstellungen, die leicht angepasst werden können

MikT$_E$X[2] für Windows, das inzwischen auch für Linux und macOS erhältlich ist. Benutzerin-
nen, die eine grafische Nutzungsoberfläche benötigen, können auf verschiedene integrierte
Entwicklungsumgebungen (IDE, engl. *integrated development environment*) zurückgreifen,
z. B. T$_E$Xstudio[3], T$_E$Xworks[4] und Texmaker[5], die alle gleichermaßen für Linux, Windows
und macOS verfügbar sind. In diesen Programmen gibt es eine Vorschau, in welcher der
Autor kontrollieren kann, wie der Text gesetzt wird, aber es sind keine direkten Manipulationen im Textsatz eines Dokuments möglich.

---

[2] https://miktex.org/

[3] https://www.texstudio.org/

[4] https://www.tug.org/texworks/

[5] https://www.xm1math.net/texmaker/

Ist das WYSIWYG-Gefühl essenziell für einen Autor, kann die Software LyX[6] einen möglichen Kompromiss darstellen. Die Erstellung eines Dokuments nutzt dabei LATEX und man kann sich den LATEX-Quelltext anzeigen lassen. Allerdings sind Manipulationen am Text nur in der WYSIWYG-ähnlichen Ansicht möglich, die dem später daraus erzeugbaren Dokument nahe kommt. Dabei wird der Funktionsumfang von LATEX eingeschränkt. Es ist allerdings auch möglich, LATEX-Makros in den Text einzufügen, die dann erst am Ende übersetzt und nicht WYSIWYG dargestellt werden.

Für die gemeinsame Arbeit mehrerer Autoren am selben Dokument kann ähnlich zum Ansatz von Google Docs die Webanwendung Overleaf[7] benutzt werden. Die kostenfreie Lizenz deckt kleine Zweipersonenprojekte ab. Eine Alternative für Informatikstudenten stellt die Verwendung einer Versionsmanagementsoftware wie Git für die kollaborative Arbeit an einem Dokument dar. Im Rahmen der Programmierung und Softwareentwicklung ist der Einsatz einer solchen Software ein Industriestandard, der auch in der Lehre an den Hochschulen frühzeitig eingesetzt wird. Im Gegensatz zu den Dokumenten aus Textverarbeitungsprogrammen lassen sich LATEX-Dokumente gut versionieren und Beiträge verschiedener Autoren zusammenführen, da sich die Differenzen zwischen zwei Versionen zeilen- und bei entsprechender Konfiguration sogar wortgenau ermitteln lassen.

3.1.3 Markdown

Neben den beiden in den vorherigen Abschnitten beschriebenen, gut etablierten Ansätzen erfreut sich in jüngerer Zeit das Markdown-Format einer zunehmenden Beliebtheit. Es ist beim Programmieren zur technischen Dokumentation weit verbreitet und wird auch zunehmend im wissenschaftlichen Schreiben eingesetzt, z. B. bei Abschlussarbeiten.

Geschichte Markdown wurde von Gruber (2004b) entwickelt und war zunächst ein Konversionsprogramm, um HTML-Snippets aus einer wesentlich einfacheren Notation heraus zu erzeugen (Gruber, 2004a). Mit der Veröffentlichung des wesentlich umfangreicheren Konversionsprogramms pandoc durch MacFarlane (2023) im Jahr 2006 wurden die Syntax und die Möglichkeiten der Weiterverarbeitung stark erweitert. Nicht zuletzt hat die Variante R Markdown (Xie et al., 2019) im Jahr 2012 erheblich zur Popularität der Notation beigetragen.

Dokumentationsstandard Heute ist das Markdown-Format faktisch der Standard für programmierrelevante Inhalte im Web: Johnston (2016) führt als Beleg 29 Mio. Posts auf der

---

[6] https://www.lyx.org/
[7] https://de.overleaf.com/

Austauschplattform Stack Overflow[8] sowie die Mehrzahl der README- und Dokumentationsdateien auf der kollaborativen Entwicklungsplattform GitHub[9] an. Auf diesem Dokumentationsstandard basiert eine ständig größer werdende Menge an neuen Vorschlägen und Konzepten wie zum Beispiel zur Dokumentation von Architekturentscheidungen von Kopp et al. (2018).

Konzept Die Markdown zugrunde liegende Idee ist die konsequente Trennung von Inhalt und Textsatz/Layout. Dadurch kann sich der Autor auf den eigentlichen Text konzentrieren, in dem über möglichst einfache Auszeichnungen die Struktur des Schriftwerks definiert wird. So lassen sich beispielsweise einzelne Worte oder Textfragmente dadurch hervorheben, indem sie zwischen zwei Sterne geschrieben werden: `*betont*`. Der Ansatz weist große Ähnlichkeiten zur Notation der Wikis auf, die seit Mitte der 1990er Jahre entwickelt wurden (Cummings, 2008). Da sich der Autor ausschließlich auf die Inhalte und deren Struktur konzentriert, wird der Ansatz auch als „What You See Is What You Mean" (WYSIWYM) bezeichnet. Dabei kann als Schreibumgebung jeder einfache Texteditor benutzt werden, also beispielsweise Notepad in Windows, TextEdit in macOS bzw. gedit, Kate oder Emacs in Linux. Das Layout des aus einer Markdown-Datei erzeugten PDF-Dokuments wird über Einstellungen in einer zusätzlichen Konfigurationsdatei bestimmt.

Notation Die Struktur leitet sich aus den Abschnittsüberschriften ab. Überschriften der ersten Ebene werden mit dem Zeichen # am Zeilenbeginn ausgezeichnet, Abschnittsüberschriften der zweiten Ebene mit ##. Aufzählungslisten werden durch die einzelnen Punkte der Aufzählung entweder mit einer Zahl oder einem Stern am Zeilenanfang eingeführt. Listing 3.4 zeigt die Markdown-Version von dem LaTeX-Beispiel in Listing 3.2. Bei der nummerierten Liste bestimmt der erste Eintrag die Startnummer. Die weiteren Einträge sind durch eine beliebige Nummer am Zeilenanfang ausgezeichnet, die allerdings im Zuge der automatischen, fortlaufenden Nummerierung ignoriert wird. Die Schachtelung der Listen ergibt sich aus der Einrückung der unnummerierten Aufzählungsliste um zwei Leerzeichen.

Markdown: Kleines komplettes Beispiel

Ein kleines Beispielpaper ist in Listing 3.5 im Markdown-Format umgesetzt. Die Variablen für den Titel und den Autor können in den Kommentaren in den ersten beiden Zeilen gesetzt werden. Lediglich das Abstract ist nicht im eigentlichen Text enthalten, sondern muss gemeinsam mit den Einstellungen zum Textsatz in der Datei in Listing 3.6 ange-

---

[8] https://stackoverflow.com
[9] https://github.com

Listing 3.4 Geschachtelte Aufzählung in Markdown

```
1   1. Erst
2   3. Dann
3      * vielleicht
4      * eventuell
```

Listing 3.5 Beispielhaftes Markdown-Dokument `bspmarkdown.md` mit Platzhaltertexten.

```
1   % Kleines Beispielpaper
2   % Autora Exemplorii
3
4   # Motivation und Anforderungen
5
6   Lorem ipsum dolor sit amet, per wisi soleat invidunt ei,
7   melius integre te eum. Malis fuisset scaevola ei usu, in
8   dicunt aliquip euismod sit, ut malorum aliquam quo.
9
10  # Konzept
11
12  Te commodo suavitate vulputate eum, rationibus
13  comprehensam vim ne. Fierent ancillae salutatus eum ei,
14  inani mnesarchum ex mel, eius inermis ad vis.
15
16  ## Datenmodell
17  Nec dolorem maiorum repudiare ea, wisi dicant audiam vel
18  ea. Amet paulo ut pro, error affert officiis nec ea.
19  Vidisse voluptatum sadipscing vim ne.
20  Te causae dissentias repudiandae vel.
21
22  ## Architektur
23  Agam utinam utroque eu his, aliquando mediocritatem et per, ←
         case munere cu cum. Ignota fastidii no qui, mel an modo ←
         gubergren.
```

führt werden. In dieser Datei werden verschiedenen Variablen Werte zugewiesen, um Sprache, Papierformat und Schriftgröße festzulegen. Die Einstellung numbersections veranlasst, dass die Abschnitte nummeriert werden.

Mit dem Konsolenbefehl

```
pandoc --metadata-file=bsplayout.yaml -o bspmarkdown.pdf
    bspmarkdown.md
```

Listing 3.6 Beispielhafte YAML-Datei mit Layout-Einstellungen und dem Abstract zum Markdown-Dokument

```
1  abstract: |
2    Utroque referrentur te sit, id sed velit impetus    ↩
       saperet,
3    essent petentium eu duo. Congue definiebas te cum,
4    munere recteque definiebas ex usu.
5  numbersections: true
6  fontsize: 12pt
7  lang: de
8  papersize: a4
```

wird aus den beiden Dateien ein PDF-Dokument erzeugt. Da pandoc per Default LaTeX bei der Transformation benutzt, entsteht aus dem Beispieltext exakt das Dokument in Abb. 3.4.

Markdown im wissenschaftlichen Schreiben Bereits zehn Jahre nach der Erfindung von Markdown entwirft Shieber (2014) die Vision, dass zukünftiges Publizieren auf Markdown zurückgreifen sollte. Fernandez-Reyes (2018) hat durch die Reproduktion eines publizierten Papers mittels Markdown und pandoc gezeigt, dass Crossreferenzen, Abbildungen, Literaturverweise und Vorgaben von Herausgebern keine Hürden darstellen. Für das Austausch- und Archivierungsformat JATS (Journal Article Tag Suite) im Bereich des Open-Access schlägt Johnston (2016) eine eigene Markdown-Variante Jatdown vor, um solche Einträge direkt zu erzeugen. Die Wissenschaftsverlage sind diesbezüglich zurückhaltender. Die ersten derartigen Hinweise stammen von Holmes et al. (2021), für die Markdown ein Mittel ist, um daraus LaTeX- oder Word-Einreichungen zu erzeugen. Sie merken an, dass die Kombination des Statistikwerkzeugs R mit dem Berichtgenerator knitr und R Markdown für bestimmte Wissenschaftszweige sehr attraktiv ist.

3.1.4 Desktop-Publishing-Programme

Als letzte Alternative für den Textsatz sollen noch Desktop-Publishing-Programme (DTP) erwähnt werden. Diese Lösungen erlauben die größtmögliche Flexibilität beim Layout und der grafischen Gestaltung. Daher wird ihr Einsatzgebiet auch mehr im professionellen Satz von Zeitschriften, Postern und teilweise auch Büchern gesehen. Legen Autoren also sehr großen Wert auf visuelle Aspekte in ihrer Arbeit, kann DTP eine Möglichkeit darstellen.

Typische Vertreter dieser Lösungen sind Adobe InDesign[10] und QuarkXPress[11] als proprietäre Lösungen. Mit der Software Scribus[12] gibt es auch eine sehr verbreitete Open-Source-Lösung.

Trotz seiner hohen Flexibilität spielt Desktop-Publishing im wissenschaftlichen Schreiben kaum eine Rolle. Der Fokus auf das Layout bedeutet zumeist auch sehr viel Detailarbeit in der Gestaltung und vor allem auch in der konsistenten Nutzung in der gesamten wissenschaftlichen Arbeit. Daher ist der Einsatz für studentische Arbeiten meist nicht sinnvoll und beim wissenschaftlichen Publizieren auf Konferenzen und in Fachzeitschriften werden die Formate der DTP-Programme oder reine PDF-Dateien in der Regel nicht akzeptiert.

In den weiteren Kapiteln dieses Buches wird daher auf Hinweise zur Gestaltung von wissenschaftlichen Schriften mit Desktop-Publishing-Programmen verzichtet.

3.2 Unterstützung typischer Merkmale wissenschaftlicher Schriften

Inwieweit die im vorherigen Abschnitt beschriebenen Textsatzsysteme den Autor einer wissenschaftlichen Schrift unterstützen können, wird anhand von mathematischen Formeln (Abschn. 3.2.1), Literaturverweisen (Abschn. 3.2.2) und Formatierungsvorgaben (Abschn. 3.2.3) genauer analysiert.

3.2.1 Mathematische Formeln

Das gewählte Satzsystem sollte den mathematisch-formalen Aspekten vieler Informatikarbeiten gerecht werden. Inwieweit die verschiedenen Alternativen diese Anforderungen umsetzen, wird im Weiteren diskutiert.

Formeleditor Wird eine Office-Lösung benutzt, beschränkt sich der Autor häufig auf die Möglichkeiten der normalen Texteingabe mit hoch- und tiefgestellten Zeichen. Werden komplexere mathematische Formeln beschrieben, kann auf einen Formeleditor zurückgegriffen werden, in dem nach dem WYSIWYG-Prinzip die Formel zusammengestellt werden kann.

Office-Lösungen: Kleines Beispiel

Abb. 3.5 zeigt den Formeleditor in LibreOffice. Links können Funktionen und Operatoren ausgewählt werden, welche Platzhalter enthalten. Die Platzhalter können mit Text,

---

[10] https://www.adobe.com/de/products/indesign.html
[11] https://www.quark.com/de/products/quarkxpress
[12] https://www.scribus.net/

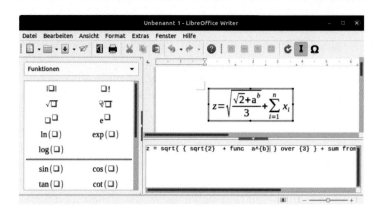

Abb. 3.5 Formeleditor einer Office-Lösung am Beispiel von LibreOffice

Zahlen oder weiteren Funktionen/Operationen gefüllt werden. Das Ergebnis wird direkt als Formel angezeigt.

In den neueren Versionen von Microsoft Word existieren verschiedene Modi der Eingabe: Die Autokorrektur erzeugt aus einer textuellen Eingabe eine mathematische Formel, so z. B. aus a/b den Bruch $\frac{a}{b}$. Auch eine Handschrifterkennung von mathematischen Ausdrücken ist möglich.

LaTeX-Formeln als Standard Die Spezialität von LaTeX ist der ästhetisch hochwertige Satz mathematischer Formeln von beliebiger Komplexität. Daher verwundert es nicht, dass die Notation aus LaTeX zum Standard wurde, den inzwischen nicht nur Markdown, sondern sogar (partiell) der Formeleditor in Microsoft Word akzeptiert.

Dabei werden Notationen der Mathematik durch spezielle Makros im sogenannten mathematischen Modus unterstützt. Grundlegende Beispiele sind:

- Exponent x^y schreibt sich `x^y`,
- Variable mit Index x_i schreibt sich `x_i`,
- Bruch $\frac{x}{y}$ schreibt sich `\frac{x}{y}`,
- Quadratwurzel $\sqrt{x}$ schreibt sich `\sqrt{x}`,
- griechische Buchstaben α, β, γ, ε schreiben sich `\alpha`, `\beta`, `\gamma`, `\varepsilon`,
- Menge $\{2, 4, 8\}$ schreibt sich `\{2,4,8\}`,
- leere Menge $\emptyset$ schreibt sich `\emptyset` und
- Element $k \in \{1, 2, 3, 4\}$ schreibt sich `k\in\{1,2,3,4\}`.

Tab. 3.1 zeigt weitere häufig vorkommende mathematische Symbole.

Tab. 3.1 Typische mathematische Symbole und ihre LaTeX-Schreibweise

∩ \cap	∨ \vee	max \max	≤ \leq
∪ \cup	∧ \wedge	min \min	≥ \geq
\ \setminus	¬ \neg	log \log	≠ \neq
⊂ \subset	∀ \forall	sin \sin	≈ \approx
⊆ \subseteq	∃ \exists	cos \cos	≡ \equiv
∉ \notin	→ \rightarrow	∑ \sum	↦ \mapsto
× \times	⇒ \Rightarrow	∏ \prod	∞ \infty

Mathematischer Modus in LaTeX und Markdown Mathematische Formeln können einerseits im Text zwischen \$-Zeichen gesetzt werden – so wird `$a=b$` dargestellt als $a = b$. Andererseits werden komplexere Formeln oft vom Text abgesetzt, wofür es spezielle Mathematikumgebungen gibt. Die einfachste Variante ist die Einklammerung mit zwei \$-Zeichen.

```
$$ z = \sqrt{\frac{\sqrt{2}+a^b}{3}} + \sum_{i=1}^n x_i $$
```

Die Formel erscheint dann eingerückt, mit etwas Abstand vom Text:

$$ z = \sqrt{\frac{\sqrt{2}+a^b}{3}} + \sum_{i=1}^n x_i $$

Diese beiden Notationen des mathematischen Modus funktionieren sowohl in LaTeX als auch in Markdown. Die abgesetzte Formel kann in LaTeX auch wahlweise über die `displaymath`-Umgebung spezifiziert werden.

LaTeX: Satz komplexer Formeln

In LaTeX stehen weitere Mathematikumgebungen zur Verfügung, die mehrere Zeilen oder Formeln bündig ausrichten und Nummern für die Formeln automatisch erzeugen. So resultiert beispielsweise der folgende Quelltext

```
1   \begin{eqnarray}
2     \mu &=& \sum_{i\geq 1} x_i p_i\\
3     \sigma^2 &=& \sum_{i\geq 1} (x_i-\mu)^2 p_i
4   \end{eqnarray}
```

in den beiden nachfolgend dargestellten Formeln.

$$\mu = \sum_{i \geq 1} x_i \, p_i \tag{3.1}$$

$$\sigma^2 = \sum_{i \geq 1} (x_i - \mu)^2 \, p_i \tag{3.2}$$

Wird stattdessen die Umgebung `eqnarray*` benutzt, werden die Nummern für die Gleichungen weggelassen.

Über den ästhetischen Wert eines Formelsatzes lässt sich trefflich streiten, weswegen hier nur beispielhaft einige Aspekte angeführt werden. Abb. 3.6 zeigt dieselbe Formel aus drei verschiedenen Textsatzsystemen. Auch wenn die Unterschiede oberflächlich betrachtet gering sind, entspricht der LaTeX-Satz in (c) den üblichen Setzerregeln bezüglich Größenverhältnissen und Abständen. In (a) wirkt die Formel unnötig hoch und die Form der Wurzeln ungewohnt. In (b) sind Abstände zu klein, der Exponent ist zu weit hochgestellt und die Schriftgrößen passen nicht – innerhalb der Wurzel zu groß und an der Summenformel zu klein. Bei den Formeleditoren der Office-Lösungen erscheinen auch die Linien des Summenzeichens zu dick im Vergleich zum Rest der Formel.

3.2.2 Literaturverweise

Das wichtigste Kennzeichen wissenschaftlicher Schriften ist – unabhängig vom Fachgebiet – die Verknüpfung der eigenen Arbeit mit anderen wissenschaftlichen Ergebnissen. Zu diesem Zweck hat sich eine gewisse Systematik in der Auflistung der Quellen sowie eine Reihe an Zitierstilen herausgebildet, auf die in Kap. 4 näher eingegangen wird.

Anforderungen Wissenschaftliches Arbeiten ist ein langwieriger Prozess, weswegen das Interesse an einer Quelle meist nicht erlischt, wenn eine wissenschaftliche Abhandlung geschrieben ist. Studentische Abschlussarbeiten haben ihren Ursprung häufig in Seminararbeiten oder Projekten; mehrere Konferenzbeiträge führen zu einem Zeitschriftenartikel, mehrere Zeitschriftenartikel zu einer Doktorarbeit. Daher sollten Quellen

$$z = \sqrt{\frac{\sqrt{2} + a^b}{3}} + \sum_{i=1}^{n} x_i \qquad z = \sqrt{\frac{\sqrt{2}+a^b}{3}} + \sum_{i=1}^{n} x_i \qquad z = \sqrt{\frac{\sqrt{2} + a^b}{3}} + \sum_{i=1}^{n} x_i$$

$$\text{(a)Word} \qquad\qquad\qquad \text{(b) LibreOffice} \qquad\qquad\qquad \text{(c) LaTeX}$$

Abb. 3.6 Vergleich des Formelsatzes in drei Textsatzsystemen anhand eines Beispiels

- unabhängig von der einzelnen Publikation verwaltet werden,
- mit ihren Metadaten aus entsprechenden Internetplattformen importierbar sein,
- ohne Mehraufwand in unterschiedlich formatierten Literaturverzeichnissen verwendbar sein und
- mit konsistentem Zitierschlüssel in Text und Literaturverzeichnis aufgeführt werden.

Direkt in der Office-Lösung Programme wie Word und LibreOffice unterstützen die Literatur- und Quellenverwaltung nur bedingt, wie die Literatur zum wissenschaftlichen Schreiben mit Word bestätigt (Tuhls, 2022, S. 109 ff.). Sie bieten zwar die Möglichkeit einer Literaturdatenbank, aber der Import von Literaturangaben aus dem Internet sowie die Anpassung des Literaturverzeichnisses erweisen sich als höhere Hürden. Daher werden von vielen Autoren die Verzeichnisse der Quellen wie auch die Referenzen im Text händisch gesetzt, was allen oben angeführten Anforderungen widerspricht.

Google Docs bietet einen einfachen Mechanismus, Literaturreferenzen mit ihren Metadaten in den Fließtext einzufügen, woraus an einer gewünschten Stelle ein Literaturverzeichnis erzeugt wird. Dieser Ansatz bietet jedoch bei der Weiterverwendung der Quellen in anderen Dokumenten wenig Unterstützung.

BiBTEX als Standard Im Umfeld des stark auf wissenschaftliches Publizieren ausgerichteten LATEX wurde in den 1980er Jahren (Patashnik, 1998) das Format BiBTEX entwickelt. Damit wird das Zitieren im Text und die automatische Erzeugung eines Literaturverzeichnisses in LATEX gemäß den obigen Anforderungen ermöglicht. Darüber hinaus ist das Format einer der wenigen Standards, um Literaturangaben auszutauschen, wie die Kataloge von Verlegern wie ACM[13] oder Springer[14] sowie Literaturdatenbanken wie DBLP[15] beweisen. Auch für Arbeiten die mit Markdown verfasst werden, gibt es Möglichkeiten, Literatur im BiBTEX-Format einzubinden.

Literaturverwaltungsprogramme Insbesondere im Kontext der Office-Lösungen greifen viele Autoren auf spezielle Literaturverwaltungsprogramme zurück, um die recherchierte Literatur zu pflegen und in wissenschaftlichen Schriften als Quelle zu nutzen. Je nach Produkt ist eine Anbindung an Word, LibreOffice oder Google Docs vorgesehen. Da diese Programme auch den Standard BiBTEX unterstützen, kann ihr Einsatz auch für LATEX-Nutzer sinnvoll sein. Teilweise bieten die Literaturverwaltungsprogramme zusätzlich die Möglichkeit, in PDF-Dateien Stellen zu markieren und mit Kommentaren zu versehen. JabRef[16] ist eines der wenigen kostenfreien Programme. Für die oft umfangreicheren, kommerzi-

---

[13] https://dl.acm.org/
[14] https://link.springer.com
[15] https://dblp.org/
[16] https://www.jabref.org

Abb. 3.7 Beispielhafte Konventionen für Verlagspublikationen mit dem Springer-Verlag: Soft Computing Journal (links, Weicker, 2005) und LNCS-Tagungsbände (rechts, Waßmann & Weicker, 2012)

ellen Lösungen wie Citavi[17], EndNote[18] oder Paperpile[19] bieten viele Hochschulbibliotheken kostenlose Lizenzen für Studenten an. Einen Markt- und Feature-Überblick bieten Böhner et al. (2022).

3.2.3 Formatierungsvorgaben

Sollen wissenschaftliche Ergebnisse im Rahmen einer Fachtagung oder bei einer wissenschaftlichen Zeitschrift publiziert werden, muss sich der Autor an die Vorgaben des Verlags und der Herausgeber halten. Das Manuskript wird häufig bereits in einer Form eingereicht, die dem Layout der späteren Veröffentlichung entspricht. Abb. 3.7 zeigt zwei solche Vorgaben beim selben Verlag.

---

[17] https://www.citavi.com/

[18] https://www.endnote.com/

[19] https://paperpile.com/

Die Herausgeber bzw. die Verlage stellen in der Regel Word- und/oder LaTeX-Vorlagen einschließlich eigener Layoutdateien bereit. Für neu zu schreibende Paper kann die Vorlage in beiden Satzsystemen problemfrei genutzt werden: In einer Kopie der Vorlagendatei werden die eigenen Inhalte eingefügt. Bei den Dateien für LaTeX sind die wichtigsten Layoutinformationen in einer `.cls`-Datei enthalten, die statt der Standarddokumentenklasse `article` angegeben wird.

Größer sind jedoch die Unterschiede beim Wechsel von einer Vorlage zu einer anderen. Dieser Fall tritt auf, wenn die Frist für eine Tagung nicht zu halten war bzw. das Paper abgelehnt wurde und die Arbeit im Nachgang bei einer anderen Tagung oder einer anderen Zeitschrift eingereicht wird. Dann kann bei LaTeX die `.cls`-Datei ausgetauscht werden und der Text selbst bleibt weitestgehend unverändert, wenn man von kleinen Anpassungen in den Metadaten der Dokumentenpräambel und geringfügig anderen Details bei speziell definierten Makros z. B. bei Abbildungen oder Literaturreferenzen absieht. Bei Word beginnt meist ein aufwendiger Prozess mit abschnittsweisem Copy&Paste, wobei viel Aufwand in das Kontrollieren und manuelle Übertragen der passenden Formatvorlagen fließt – mit einem erhöhten Fehlerrisiko.

Da die Kombination von Markdown und pandoc beim Satz eines Papers auf LaTeX zurückgreift, können die entsprechenden `.cls`-Dateien einer Fachtagung oder einer Zeitschrift für Markdown-Arbeiten benutzt werden. Die entsprechende Dokumentenklasse kann entweder direkt als Argument beim Aufruf von pandoc (Shieber, 2014) oder als Variablenzuweisung in der `.yaml`-Zusatzdatei angegeben werden (Fernandez-Reyes, 2018).

3.3   Vergleich der verschiedenen Systeme

Verlässliche Zahlen zum Verbreitungsgrad der Satzsysteme sind ebenso schwierig zu finden wie wissenschaftlich basierte vergleichende Studien. Einige fragmentarische Vergleichsaspekte sind in diesem Abschnitt zusammengetragen.

Verbreitung im verlagsbasierten Publizieren Brischoux und Legagneux (2009) haben Herausgeber von jeweils zehn Zeitschriften in 13 wissenschaftlichen Fachgebieten zum Verbreitungsgrad von LaTeX befragt. Ein Auszug der Ergebnisse ist in Tab. 3.2 dargestellt – die Differenz zu 100 % sind Word-Einreichungen. Während in den sehr formellastigen Disziplinen der Mathematik und der Physik die Verbreitung sehr hoch ist, liegt sie in der Informatik immerhin bei ca. 46 %. Die Zahlen sind mit Vorsicht zu genießen, da nicht alle angefragten Zeitschriften die Informationen zur Verfügung gestellt haben. Die hohe Standardabweichung bei der Informatik zeigt, dass die Unterschiede zwischen verschiedenen Zeitschriften sehr groß sind. Auch beim Wissenschaftsverlag Springer, dem weltweit zweitgrößten Verlag im Bereich Wissenschaft, Technik und Medizin, stützt die Aussage „LaTeX is the preferred format for texts containing several formulae, but Word templates are also

Tab. 3.2 Verbreitung von LATEX und Länge der Autorenrichtlinien bei der Publikation in wissenschaftlichen Zeitschriften für unterschiedliche Fachgebiete

	Verbreitung von LATEX [a]	Wortzahl der Autorenrichtlinie
Mathematik	96.9 ± 3.1[b]	604.4 ± 158.5
Statistik	89.1 ± 4.0	1208.6 ± 259.4
Physik	74.0 ± 11.7	2912.1 ± 970.3
Informatik	45.8 ± 40.9	1354.3 ± 195.3
alle 13 Bereiche	26.8 ± 5.6	1979.6 ± 162.3

Quelle: (Brischoux & Legagneux, 2009)

[a] Prozentsatz der mit LATEX erstellten Manuskripte an den eingereichten Arbeiten

[b] Bei der Notation $m \pm s$ bezeichnet m den Mittelwert und s die Standardabweichung

Tab. 3.3 Kriterien für die Auswahl des passenden Satzsystems

	TEX[a]	InDesign	Word
Formeln (Ausrichtung von Teilformeln, harmonisches Satzbild)	++	−	o
Farbe	+	++	o
Umfang	++	+	o
aufwändige oder seiten-individuelle Gestaltung	o	++	o
Positionierung von Abbildungen, Tabellen	+	++	o
Tabellensatz	+	+	+
Verzeichnisse (Inhalt-, Sach-, Literatur-, . . .)	++	+	+
Veredelung eines vom Autor erstellten Umbruchs[b]	o	o	+

++ = sehr gut geeignet, + = gut geeignet, o = bedingt geeignet, – = ungeeignet
Quelle: https://www.le-tex.de/de/typesetting.html, Stand: 28.09.2020

[a] TEX ist die ursprüngliche, weniger komfortable Textsatzsoftware, aus der durch zusätzliche Makros LATEX entstanden ist

[b] Beim Umbruch werden die Textzeilen an das Seitenlayout angepasst

available"[20] den Nutzen von LATEX beim wissenschaftlichen Publizieren. Für das Fachgebiet der Astronomie hat Moorhead (2021) ermittelt, dass mehr als 70 % der Paper auf der Plattform arXiV nicht nur mit LATEX erstellt wurden, sondern im Durchschnitt knapp doppelt so viele Gleichungen als die mit Word erstellten Paper enthalten.

Stärken und Schwächen Das Leipziger Unternehmen le-tex[21], ein Verlagsdienstleister im wissenschaftlichen Buch- und Zeitschriftensatz, hat auf seiner Webseite die Stärken der verschiedenen Systeme für die Auswahl des richtigen Satzsystems bewertet. Tab. 3.3 enthält Auszüge daraus, einschließlich der Desktop-Publishing-Software Adobe InDesign. Die in der Tabelle angeführte hohe Qualität beim Satz von Formeln in LATEX unterstreicht auch Nowottny (1999, S. 7).

---

[20] https://www.springer.com/gp/authors-editors/conference-proceedings/conference-proceedings-guidelines, zuletzt eingesehen am 30.01.2023.

[21] https://www.le-tex.de/

Für Markdown haben zwei neuere Blog-Beiträge deren Stärken thematisiert. Shieber (2014) hält fest, dass Markdown für den Großteil der Arbeiten ausreicht, wobei er Arbeiten mit nichttrivialem mathematischem Formelsatz sowie mit sehr speziellen Anforderungen bzgl. des Layouts ausnimmt, was auch Sun (2018) bestätigt. Damit ist Markdown eine sinnvolle Alternative, ist selbst im Rohformat sehr gut lesbar und wird gut durch viele Werkzeuge unterstützt. Während laut Shieber (2014) Word eine substanzielle Lernkurve erfordert, ist in seiner Einschätzung in Markdown Einfaches einfach umsetzbar – Kompliziertes ist zwar kompliziert, aber nicht unmöglich.

Unterstützung bei Formatierungsvorgaben Der Umfang der Autorenrichtlinie in der rechten Spalte von Tab. 3.2 liegt mit Ausnahme des Fachgebiets Physik deutlich unter dem Durchschnittswert in der letzten Zeile. Da es sich hierbei um die Fachgebiete mit einem überdurchschnittlichen Einsatz von LATEX handelt, ist dies ein deutlicher Hinweis darauf, dass das Konzept von LATEX den Autor maßgeblich besser darin unterstützt, Formatierungsvorgaben einzuhalten.

Empirische Ergebnisse Sotomayor-Beltran et al. (2021) bestätigen in einer Studie mit 55 Studierenden der Elektrotechnik und der Systemtechnik, dass Studierende in eher technischen Fächern wenig Probleme im Umgang mit LATEX haben. Obwohl fast 90 % keine Vorerfahrung mit LATEX hatten, wurde der Einstieg von allen als höchstens mittelschwer eingeschätzt. Mehr als 70 % möchten die Arbeit am aktuellen Paper mit LATEX beenden und alle Befragten signalisieren eine hohe Bereitschaft für den zukünftigen Einsatz.

Die Vorteile von LATEX haben Knauff und Nejasmic (2014) kritisch hinterfragt. In einer Studie mit 40 Personen aus unterschiedlichen Fachgebieten wurde ermittelt, wie gut LATEX- und Word-Nutzer mit unterschiedlichem Erfahrungsschatz drei Aufgaben erledigen können, bei denen unter Zeitdruck Manuskripte exakt reproduziert werden müssen. Sie schließen daraus, dass bei Word die Produktivität höher und die Quote an Rechtschreib- und Formatierungsfehlern geringer ist – außer wenn es sich um viele mathematische Formeln handelt. In einer begleitenden Usability-Befragung punktet LATEX bei seinen Nutzern: Die Autoren sind weniger frustriert und ermüdet, sondern erfreuen sich an der Arbeit mit LATEX. Auch wird das Satzsystem als geeignet für die zu erledigende Aufgabe erachtet. Die Gesamtstudie weist einige Probleme in der Methodik und der Interpretation der Ergebnisse auf, da die durchgeführten Tätigkeiten eher denen eines Schreibbüros mit Satz und Korrektorat entsprechen und nicht dem kreativen Prozess des wissenschaftlichen Schreibens.

Metadaten und verlagsseitige Workflows In der Vergangenheit wurde oft angeführt (Gondek, 2007), dass LATEX Vorteile bzgl. Metadaten, standardisierten Dateiformaten und Langzeitarchivierung hat, da Informationen einfacher aus den Quelldateien extrahierbar sind. Im Kontext der aktuellen, digitalisierten Workflows in den Verlagen ist diese Aussage kritisch einzuordnen, da deren XML-Extraktion vornehmlich auf Word-Vorlagen ausgerichtet ist (Borchert et al., 2023). Diesbezüglich besteht bei der Verarbeitung der LATEX-Dokumente Nachholbedarf, wie Bos und McCurley (2023) mit neuen Konzepten zeigen.

Umgang mit Literaturquellen 4

Die eigene wissenschaftliche Arbeit muss auf dem Fundament vorhandenen Wissens ruhen, welches durch Literaturquellen zu belegen ist. Die hierfür notwendige Literaturrecherche dient dem Zweck, sich einen Überblick über den aktuellen Stand der Forschung zum Thema zu verschaffen. Damit wird die eigene Arbeit einerseits in die existierenden Ergebnisse eingebettet und andererseits von anderen Konzepten oder Vorgehensweisen abgegrenzt.

Für die Arbeit mit Literaturquellen sollte man einschätzen können, welche Quellen vertrauenswürdig sind (Abschn. 4.1), damit gezielt gute Quellen gesucht werden können (Abschn. 4.2). Die wesentlichen Schritte sind die Sammlung der Literatur-Metadaten (Abschn. 4.3), das korrekte Zitat im Text der Arbeit (Abschn. 4.4) und die Erstellung des Literaturverzeichnisses (Abschn. 4.5). Abschließend thematisiert Abschn. 4.6 den Einsatz von künstlicher Intelligenz bei der Recherche und Abschn. 4.7 den korrekten Umgang mit fremdem geistigen Eigentum.

4.1 Mögliche Quellen

Im Zeitalter der Internetsuchmaschinen wird wenig darüber reflektiert, woher Informationen stammen und wie verlässlich sie sind. Wissenschaftlichkeit bedingt allerdings, dass die Informationen gemäß der Definition in Kap. 1 gesichert sind.

Qualitätsunterschiede zwischen verschiedenen Quellen hängen zu großen Teilen davon ab, wie die Quelle veröffentlicht wurde. Abb. 4.1 vermittelt eine grundsätzliche Idee davon, wie der Autor dieses Lehrbuchs verschiedene Quellen bezüglich Vertrauenswürdigkeit und Aktualität einordnet, ohne dabei eine Aussage über die Qualität spezifischer Arbeiten aus den Kategorien zu machen.

Die verschiedenen Kategorien der Quellen und der Grund für ihre jeweilige Einordnung werden in den nachfolgenden Absätzen erläutert.

K. Weicker, *Wissenschaftliches Schreiben in der Informatik*, Studienbücher Informatik, https://doi.org/10.1007/978-3-662-69872-3_4

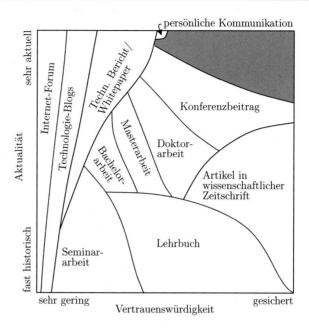

Abb. 4.1 Qualität der unterschiedlichen Arten von Quellen – der subjektive Versuch einer Einordnung nach Vertrauenswürdigkeit und Aktualität

Artikel in einer wissenschaftlichen Zeitschrift Ausgewiesene Fachexperten begutachten jedes Manuskript und sorgen dafür, dass Artikel die höchste Form der Qualitätssicherung erfahren. Das hat den positiven Effekt, dass man diesen Quellen am stärksten vertrauen kann. Allerdings führt der aufwendige Begutachtungs- und Überarbeitungsprozess dazu, dass Ergebnisse lange bis zur Veröffentlichung brauchen. Nicht in diese Kategorie fallen populärwissenschaftliche Formate wie Bild der Wissenschaft und Computerzeitschriften wie c't oder Chip. Vornehmlich technisch-konzeptuelle Inhalte müssen in der Regel durch eine empirische Evaluation untermauert werden, um für eine wissenschaftliche Zeitschrift akzeptierbar zu sein.

Konferenzbeitrag Beiträge auf Workshops und Fachtagungen durchlaufen einen ähnlichen Begutachtungsprozess wie Artikel – allerdings sind die Akzeptanzkriterien häufig laxer, der Zeitplan der Tagung verbietet größere Revisionen und das Programmkomitee agiert nicht völlig frei von ökonomischen Erwartungen der Veranstalter. Im Fazit sorgt das Peer-Review üblicherweise für eine ordentliche Qualität der Beiträge und der Tagungsband erscheint zeitnah.

Doktorarbeit Die Promotionsschrift, Dissertation oder engl. *PhD thesis* ist Teil der Prüfung für den höchsten akademischen Grad. Es gelten Mindeststandards für die Qualität der Ergebnisse – grobe Fehler sollten ausgeschlossen sein, auch wenn nicht alle Ungenauigkeiten und inhaltlichen Schwächen vor Drucklegung korrigiert werden können. Heutzutage beruhen Doktorarbeiten meist auf vorab auf Konferenzen und in Zeitschriften veröffentlichten Teilergebnissen, was wiederum für deren Qualität spricht.

Masterarbeit Die Qualität der Masterarbeiten mit einer Bearbeitungszeit von üblicherweise sechs Monaten geht stärker auseinander als bei Doktorarbeiten und reicht vom substanziellen wissenschaftlichen Beitrag bis zu fehlerhaften Aussagen oder methodischen Fehlern. Diese qualitative Einordnung gilt auch für Diplomarbeiten, auch wenn der Diplomabschluss im Europäischen Qualifikationsrahmen auf der Stufe des Bachelors eingeordnet wird.

Bachelorarbeit Die Abschlussarbeit des niedrigsten akademischen Abschlusses kann nur in Ausnahmefällen als qualitativ hochwertige Quelle herangezogen werden. Die Themen werden oft durch technologische Konzepte oder Fallstudien bestimmt und bei einer zumeist dreimonatigen Bearbeitungszeit fehlt der Bachelorarbeit am Ende die tiefer gehende Validation der Erkenntnisse.

Seminararbeit In Seminararbeiten bereiten Studenten ein abgeschlossenes Thema meist auf Basis einer Literaturrecherche auf. Da diese kleinen Paper meist privat von den Autoren und nicht auf offiziellen Hochschulseiten verbreitet werden, kann man von keiner Qualitätssicherung ausgehen. Folglich können sie nicht als zitierbare Quelle genutzt werden, sondern sind nur ein Zwischenschritt in der Recherche nach passender Literatur.

Lehrbuch Bücher werden von Fachexperten verfasst, die für die Qualität des Inhalts bürgen. Die Mitarbeiter des Wissenschaftsverlags können zumeist keine fachliche Kontrolle des Inhalts vornehmen. Im Idealfall gibt es ein Herausgeberkuratorium, das Manuskripte zumindest grob in einem frühen Stadium der Veröffentlichung prüft. Daher sind Lehrbücher gerade für studentische Arbeiten wichtige Quellen. Allerdings findet man dort vornehmlich gesetztes Wissen; für aktuelle Entwicklungen muss ein Autor auf Konferenzbeiträge und Zeitschriftenartikel ausweichen.

Technischer Bericht Wissenschaftliche Arbeiten, die noch nicht begutachtet veröffentlicht wurden, waren in der Vergangenheit oft als technischer Bericht (engl. *technical report*) auf Hochschulseiten der Wissenschaftswelt zur Verfügung gestellt worden. Früher besaßen die Berichte offizielle Nummern, die durch die Hochschulbibliothek vergeben wurden. Diese Praxis sollte das geistige Eigentum des Autors schützen und oft wurden Zwischenergebnisse in dieser Form veröffentlicht. Heute übernehmen persönliche Webseiten der Autoren und Open-Source-Plattformen wie ArXiv.org diese Rolle. Aufgrund des fehlenden Reviews sollten bevorzugt gesicherte Quellen benutzt werden – oftmals sind ältere technische Berichte inzwischen in begutachteter Form an anderer Stelle veröffentlicht worden. In dieselbe Kategorie fallen die Whitepaper von Organisationen und Unternehmen – diese sind ebenfalls nicht begutachtet und auch nicht für eine andere Veröffentlichung vorgesehen.

Technologie-Blog Für aktuelle Erkenntnisse technologischer Art können Blogs von Entwicklern herangezogen werden. Diese Internetbeiträge sind nie wissenschaftlich gesichert. Dafür stellen sie oft die einzige Quelle für tagesaktuelle Konzepte und Trends dar. Die Beiträge sollten ein Veröffentlichungsdatum sowie einen klar ausgezeichneten Autoren besitzen. Gibt es kein Veröffentlichungsjahr, kann im Notfall die Angabe „o. D." (ohne Datum) benutzt werden. Im Idealfall handelt es sich bei der Quelle um anerkannte Entwicklergruppen wie Microsoft Security[1] bzw. Fachleute wie Martin Fowler[2] oder Brendan Gregg[3].

Internetforum Webseiten wie Stack Exchange[4] oder andere Foren stellen keine sichere Quelle für verlässliche Informationen dar, da dort Meinungen, Problembeschreibungen, Halbwissen und fundierte Antworten kaum unterscheidbar sind.

Persönliche Kommunikation In manchen Papers oder Büchern findet man *personal communication* als Quelle. Derartige Informationen können nicht nachrecherchiert werden und bilden keine zuverlässige Quelle. Ich beobachte vor allem zwei Ausprägungen der Referenzen auf persönliche Kommunikation. Die einen Autoren versuchen, alles zu belegen, was bei Bachelorarbeiten zur übertriebenen Referenz auf das Gespräch mit der Betreuerin führen kann. Die anderen Autoren wollen mit einer gewissen Eitelkeit demonstrieren, mit welchen Koryphäen sie kommunizieren. Als nicht belegbare Quelle gehört die persönliche Kommunikation nicht in die Liste der Referenzen, sondern mit genauen Angaben zu den Umständen der Kommunikation in den Fließtext.

4.2   Literaturrecherche

Bei der Literaturrecherche zu einem Thema verfolgt ein Autor die folgenden Ziele:

- Es wird ein Gesamtbild zum aktuellen Wissensstand benötigt – am einfachsten durch Überblicksartikel *(survey paper)* oder umfangreiche aktuelle Beiträge in Fachzeitschriften –,
- Unklarheiten sollen beseitigt werden, um z. B. eindeutige, passgenaue Definitionen für die zentralen Begriffe der Arbeit zu finden, und
- das eigene Thema soll in einen größeren Kontext eingeordnet werden – hierfür sind auch oft Arbeiten interessant, die das eigene Thema nur am Rand berühren.

---

[1] https://www.microsoft.com/en-us/security/blog/, zuletzt eingesehen am 18.6.2024.

[2] https://martinfowler.com/bliki/, zuletzt eingesehen am 18.6.2024.

[3] https://www.brendangregg.com/blog/, zuletzt eingesehen am 18.6.2024.

[4] https://stackexchange.com/

Wie starten? Heutzutage wird für den Einstieg in ein neues Thema immer eine Internetrecherche durchgeführt. Für wissenschaftliche Fragen ist Google Scholar[5] ein guter Startpunkt, da ein Begriff oder eine Kombination von Begriffen schnell zu einigen wissenschaftlichen Veröffentlichungen zum Thema führt. Mit englischsprachigen Fachbegriffen können die systematischer erfassten und gut gepflegten Datenbanken mit Veröffentlichungen in der Informatik durchsucht werden: die Collection of Computer Science Libraries[6] und die DBLP Computer Science Bibliography[7]. Allerdings werden hier oft nur die Metadaten und nicht die Paper selbst gefunden. Wenn es um Verweise auf Paper zu einem spezifischen Thema geht, ist oft auch Wikipedia[8] oder Google Books[9] mit seiner partiellen Textsuche in wissenschaftlichen Büchern hilfreich. Immer wieder scheitert eine Literaturrecherche daran, dass nicht der passende englischsprachige Begriff gefunden wird. Hierfür ist oft Wikipedia ein hilfreiches Werkzeug, da dort zwischen deutsch- und englischsprachigen Seiten umgeschaltet werden kann, wodurch sich letztlich die Übersetzung eines Fachworts oder die englische Bezeichnung eines zugehörigen Fachgebiets ermitteln lässt. In bestimmten Situationen können KI-Chatbots wertvolle Hinweise geben (vgl. Abschn. 4.6).

Wie die Recherche vertiefen? Hat man erste relevante Veröffentlichungen zu einem Thema gefunden, sind sie der Einstiegspunkt für eine tiefer gehende Recherche. Zunächst bietet sich ein genauerer Blick auf die Autoren der gefundenen Literatur an. So sollte man ermitteln, ob sie weitergehend zum Thema selbst oder Themen im Umfeld geforscht haben und wie sich die spezielle Arbeit in deren Gesamtwerk einbettet. Dies lässt sich am effektivsten realisieren über

- eine Namenssuche in der DBLP Computer Science Bibliography, die vollständige Informationen zu Veröffentlichungen in den wichtigsten Tagungsbänden und Fachzeitschriften umfasst, oder
- eine Internetsuche nach gefundenen Titeln von Papers bzw. deren Autorennamen, wodurch man eine aktuelle Webseite der Forscher oder ihres Instituts findet, auf der die Forschung umfassend dargestellt ist.

In einem weiteren Schritt geht es darum, relevante Arbeiten von weiteren Autoren zu identifizieren. Die wichtigsten bisher gefundenen Arbeiten bilden den Ausgangspunkt, um

- den dargestellten State of the Art einschließlich der dort angeführten Literaturreferenzen zu analysieren – der Blick wird zeitlich weiter in die Vergangenheit gerichtet –,

---

[5] https://scholar.google.de/
[6] https://liinwww.ira.uka.de/bibliography/
[7] https://dblp.org/
[8] https://www.wikipedia.org/
[9] https://books.google.de/

- Arbeiten zu suchen, die die gefundene Literatur zitieren – also jüngeren Datums sind und darauf aufbauen –, oder
- ähnliche Arbeiten zu ermitteln, wobei für ein Ähnlichkeitsmaß die zitierte Literatur und die benutzten Fachbegriffe herangezogen werden.

Die beiden letzten Punkte sind in Google Scholar über die Links „Zitiert von" bzw. „Ähnliche Artikel" an jedem Dokument möglich. Genauere Ergebnisse kann man über die wissenschaftlichen Datenbanken Web of Science[10] oder Scopus[11] bekommen, die häufig von Hochschulbibliotheken lizenziert sind und zitierende Arbeiten listen. Ähnliche Arbeiten liefert auch Connected Papers[12], ein kostenpflichtiger Service, bei dem eine geringe Anzahl an Suchvorgängen pro Monat derzeit gebührenfrei ist.

Suche jenseits von Google und Co? Viele Paper und Bücher sind nicht frei im Internet verfügbar – verständlich, da es sich um urheberrechtlich geschützte Werke handelt. Trotz dieser Hürde sollte bei der Recherche auf Schlüsselveröffentlichungen nicht verzichtet werden. Wissenschaftsverlage (Springer, Elsevier) und Organisationen (ACM, IEEE) bieten Paper zum kostenpflichtigen Download an – allerdings zu studentenunfreundlichen Preisen im zweistelligen Bereich. Eine Nationallizenz der Deutschen Forschungsgemeinschaft erlaubt den kostenfreien Download von zahlreichen Büchern und Zeitschriften innerhalb des Online-Katalogs der Hochschulbibliothek. Darüber hinaus setzen die Hochschulbibliotheken durch Campuslizenzen für weitere wissenschaftliche Zeitschriften individuelle Schwerpunkte. Für Fachartikel, die weder elektronisch noch physisch in der Hochschulbibliothek vorhanden sind, bietet sich die Fernleihe an. Studenten und Mitarbeiterinnen können zumeist kostenfrei und mit Lieferzeiten von 1–2 Wochen Paper aus dem Bestand anderer Hochschulen bestellen. Alternativ kann der teurere Dienst Subito[13] benutzt werden, der derzeit Studenten 4–5 EUR für einen Fachartikel berechnet und innerhalb von drei Tagen per E-Mail liefert.

Wie Quellen lesen? Literaturrecherche besteht nur zu einem kleinen Teil aus dem reinen Finden und Sammeln von relevanten Veröffentlichungen. Wichtiger ist die Extraktion und Aufbereitung der für den Autoren relevanten Informationen. Typische Fragestellungen in der Literaturarbeit sind:

- Was ist die Idee?
- Verstehe ich den Gedankengang der Autoren?
- Ist die Argumentation klar und schlüssig?
- Welche Beispiele, Anwendungen und Vergleiche kommen vor?

---

[10] https://www.webofknowledge.com
[11] https://www.scopus.com/
[12] https://www.connectedpapers.com/
[13] https://www.subito-doc.de

- Zu welchem Schluss kommt der Autor? Was ist die Take-Home-Message?
- Gelten die Erkenntnisse noch heute? Gibt es Widersprüche zu anderen Veröffentlichungen? Lässt sich der Inhalt anderweitig kritisch hinterfragen?

Die wichtigsten Antworten auf diese Fragen sollten schriftlich festgehalten werden, da bei hinreichend intensiver Literaturarbeit viele Erkenntnisse verloren gehen und somit keinen Eingang in das eigene Werk finden.

4.3 Sammlung der Literatur-Metadaten

In der eigenen wissenschaftlichen Arbeit müssen die verwendeten Quellen in einem Literaturverzeichnis aufgelistet werden. Da oft noch nicht klar ist, auf welcher Tagung oder bei welcher Zeitschrift eine Arbeit eingereicht wird, sind die Vorgaben für die Form des Literaturverzeichnisses unklar. Daher bietet es sich an, die für das Verzeichnis notwendigen Metadaten der Quellen vollständig und unabhängig von einer spezifischen Darstellung zu sammeln. Später kann aus den Informationen das Literaturverzeichnis erstellt werden.

Pflichtangaben Für die verschiedenen Arten von Quellen sind jeweils unterschiedliche Metadaten zwingend erforderlich (vgl. Dupré, 1998, S. 421ff). Durch diese Angaben wird die Quelle eindeutig identifiziert, sodass eine Leserin die Quelle selbst finden und ihre Relevanz im Sinne von Abschn. 4.1 erkennen kann. Tab. 4.1 zeigt die erwarteten Metadaten für die wichtigsten typischen Quellen. Dabei beziehen sich die Angaben zu Tagungsbänden auch auf andere Sammelwerke, in denen ein Herausgeber Beiträge verschiedener Autoren unter einem gemeinsamen Titel in einem Buch veröffentlicht.

Personenangaben Grundsätzlich sollte man bei den Metadaten so vollständig wie möglich arbeiten und dokumentieren. Das bedeutet einerseits, dass die Namen der Autoren und Herausgeber vollständig mit den ausgeschriebenen Vornamen festgehalten werden – auch wenn im Paper selbst die Vornamen abgekürzt sind. Und andererseits müssen alle Autoren gelistet werden – eine Abkürzung mit *et al.* hat im Literaturverzeichnis und in der Sammlung der Metadaten nichts verloren (Dupré, 1998, S. 418f).

Standardnummern Die eindeutige Bezeichnung von Quellen ist das erklärte Ziel eines Quellen- oder Literaturverzeichnisses. Dennoch werden in der Wissenschaftswelt nur selten ISBN-Nummern angeführt. Dasselbe gilt für ISSN-Nummern bei Zeitschriften oder anderen Schriftreihen. Verstärkt findet man allerdings die Digitalen Objektbezeichner (DOI, engl. *digital object identifier*) als Zusatzangabe, mit denen beliebige Quellen eindeutig identifiziert werden können. Die gemeinnützige DOI Foundation[14] löst auf ihrer Webseite beliebige DOIs auf.

---

[14] https://www.doi.org/

Tab. 4.1 Für die verschiedenen Veröffentlichungsarten werden die benötigten Metadaten angegeben: + steht für eine Pflichtangabe, ◊ für eine übliche Angabe

	Lehrbuch[a]	Tagungs-band	Artikel in wiss. Zeitschrift	Konferenz-beitrag[b]	Doktor-/Masterarbeit	Technischer Bericht
Autor	+		+	+	+	+
Titel	+		+	+	+	+
Jahr	+	+	+	+	+	+
Verlag/Institut[c]	+	+		+	+	+
Ort[d]	◊	◊		◊	+	+
Seiten			+	+		
Zeitschrift			+			
Tagungsband		+		+		
Herausgeber		◊		◊		
Jahrgang			+			
Nummer			◊			◊

[a] Bei Büchern kann bei einer späteren Auflage als der Erstauflage die entsprechende Nummer der Auflage angegeben werden; ebenso bei mehrbändigen Werken unter demselben Titel die Nummer des Bands.

[b] Anstatt alle Metadaten des Tagungsbands anzugeben, wird oft mit einem Querverweis auf den bibliografischen Eintrag des Tagungsbands gearbeitet. Dies ist besonders dann sinnvoll, wenn mehrere Beiträge aus einem Tagungsband zitiert werden.

[c] Bücher und Tagungsbände werden auch von Organisationen oder Hochschulen herausgegeben. Bei Doktor- und Masterarbeiten muss die Hochschule angeführt werden.

[d] Beim Ort handelt es sich um den Ort des Verlags oder der Organisation – nicht um den Ort, an dem eine Tagung stattgefunden hat.

Zusatzangaben In vielen Datenbanken und Referenzen findet man zusätzliche Informationen zu Literaturquellen, die für deren eindeutige Identifikation nicht notwendig sind. Dies kann bei Büchern die zugehörige Buchreihe sein (wie z. B. Lecture Notes in Computer Science (LNCS) des Springer-Verlags oder Lecture Notes in Informatics (LNI) der Gesellschaft für Informatik). Diese Information wird ebenso nicht benötigt wie die Nummer des Buches innerhalb dieser Reihe. Auch wird bei Fachbeiträgen, die regulär in einer Zeitschrift oder einem Tagungsband erschienen sind, keine URL angeführt. Bei Zeitschriften wird der zugehörige Verlag weggelassen, da im jeweiligen Fachgebiet der Name der Zeitschrift als eindeutige Kennung ausreicht. Üblicherweise wird bei Zeitschriften allerdings die Nummer des Hefts im Jahrgang aufgeführt, in dem der Beitrag erschienen ist – auch wenn die Seiten im Jahrgang heftübergreifend durchnummeriert sind und die Information redundant ist. Die hier als Jahrgang (engl. *volume*) bezeichnete Zahl muss nicht zwingend eindeutig durch das Kalenderjahr bestimmt sein: Es gibt Zeitschriften, die durch ihren Umfang mehrere Bände – so die bessere Übersetzung von *volume* – pro Jahr herausbringen. Diese Zahl ist durch die historische Gepflogenheit in Hochschulbibliotheken bestimmt, mehrere Zeitschriften zu einem Buchband zusammenzubinden. Folglich ist der Jahrgang keine redundante Information.

Seitennummern Eine Pflichtangabe bei Beiträgen in Zeitschriften wie in Tagungsbänden oder Sammelwerken sind die Seitennummern des Beitrags. Mit der Entwicklung, dass Zeitschriften kaum noch gedruckt werden, sondern überwiegend als Online-Journal erscheinen, nimmt die Zahl der Quellen zu, für die keine Seitennummern existieren. Ob dies der Fall ist, sollte direkt auf den Webseiten der zugehörigen Zeitschrift recherchiert werden. Stattdessen kann ein DOI oder eine zeitschriftinterne Nummer des Artikels angeführt werden.

Bei Büchern, die im Gegensatz zu Sammelwerken komplett von demselben Autoren verfasst wurden, werden keine Einzelkapitel mit ihren Seitennummern aufgeführt. Stattdessen werden die Seitennummern bei der Referenz auf das komplette Buch im Text der Arbeit angegeben.

Verlagsort Der bei Büchern verlangte Ort des Verlags ist nicht immer einfach zu ermitteln, u. a. weil viele große Verlage an mehreren Orten einen Sitz haben. Liegt das Buch als physisches Exemplar vor, steht der Ort meist auf der Innentitelseite oder ihrer Rückseite. Ansonsten liefern die Kataloge der Nationalbibliotheken hierzu zuverlässige Informationen, z. B. bei der Deutschen Nationalbibliothek[15] und der Library of Congress[16].

Internetquellen Kommt man als Autor nicht darum herum, eine Online-Quelle anzuführen, so sollte diese immer mit dem Datum versehen werden, wann die Quelle zuletzt eingesehen wurde. Da sich Webinhalte täglich ändern können, besteht über das Datum eine gewisse Chance, die damalige Version über das Internetarchiv[17] abzurufen.

Abkürzungen Grundsätzlich sollten Titel von Fachzeitschriften ausgeschrieben werden, um Verwechslungen zu vermeiden. Allerdings haben sich in den Communities bestimmte abgekürzte Bezeichnungen etabliert, die häufig benutzt oder erwartet werden. Beispielsweise wird das „Journal of the ACM" als „J. ACM" abgekürzt, und die „IEEE Transactions on Image Processing (TIP)" als „IEEE Trans Image Process". Bei Verlagsnamen wird ebenfalls mit Kurzformen gearbeitet, da die vollständigen Namen oft sehr unhandlich sind (Dupré, 1998, S. 420). So schreibt man beispielsweise *Pearson* statt *Pearson Education Deutschland* bzw. *O'Reilly* statt *O'Reilly Verlag GmbH & Co.KG*.

DIN/ISO-Richtlinie Es gibt mit ISO 690:2021 eine internationale Norm für das Zitieren von Quellen (ISO, 2021), die sich als konfigurierbarer Referenzrahmen für die Erstellung von

---

[15] https://www.dnb.de/
[16] https://catalog.loc.gov/
[17] https://archive.org/web/

Zitierstilen versteht. Die Regeln in diesem Abschnitt entsprechen weitgehend dem Standard. Allerdings sind die Empfehlungen der Richtlinie an einigen Stellen im wissenschaftlichen Publizieren noch nicht vollständig umgesetzt.

Office-Lösung: Literaturverwaltung

Word 365 bietet unter dem Menüpunkt Referenzen die Möglichkeit an, die Quellen zu verwalten. Diese sogenannte Masterliste der Literatureinträge ist eine dokumentenübergreifende Datenbank. Sollen mehrere solche Datenbanken für unterschiedliche Themen vorgehalten werden, muss man die Datei auf Systemebene manuell austauschen. Abb. 4.2 zeigt das Fenster zur Erfassung einer Quelle sowie den Quellenmanager. Die empfohlenen Metadaten entsprechen weitgehend den üblichen Pflichtangaben, wobei auch unkonventionelle Einträge in den anderen Feldern möglich sind, beispielsweise ein Verlag bei einem Zeitschriftenartikel.

LATEX: BibTEX-Einträge

In einer Datei mit der Endung .bib werden die Quellen als BIBTEX-Einträge mit den benötigten Metadaten gesammelt und verwaltet. Listings 4.1 und 4.2 zeigen beispielhafte Einträge für verschiedene Arten von Quellen. Die Kategorie wird am Anfang jedes Eintrags, z. B. durch @book, angegeben. Direkt danach folgt der frei wählbare, eindeutige Zitierschlüssel, der dann bei den Referenzen im Text benutzt wird (vgl. Abschn. 4.4). Die anschließenden Felder für die Metadaten sind selbsterklärend.

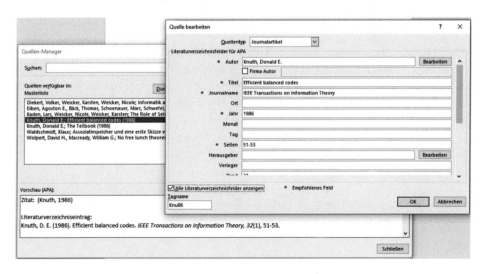

Abb. 4.2 Eingabe der Metadaten in der Literaturverwaltung von Word 365

Listing 4.1 Beispielhafte BIBTEX-Einträge für Bücher, Zeitschriftenartikel, technische Berichte sowie Master- und Doktorarbeiten

```
1   @book{knuth:texbook,
2       author    = {Donald E. Knuth},
3       title     = {The TeXbook},
4       publisher = {Addison-Wesley},
5       year      = {1986},
6       address   = {Reading, MA}
7   }
8
9   @article{knuth86,
10      author  = {Donald E. Knuth},
11      title   = {Efficient balanced codes},
12      journal = {{IEEE} Transactions on Information Theory},
13      volume  = 32,
14      number  = 1,
15      pages   = {51--53},
16      year    = 1986
17  }
18
19  @techreport{wolpert:nfl,
20      author      = {David H. Wolpert and William G. Macready},
21      title       = {No free lunch theorems for search},
22      institution = {Santa Fe Institute},
23      year        = 1995,
24      number      = {SFI-TR-95-02-010},
25      address     = {Santa Fe, NM}
26  }
27
28  @phdthesis{dejong:1975:abcgas,
29      author = {Kenneth Alan {De Jong}},
30      title  = {An Analysis of the Behavior of a Class of ↵
                  Genetic Adaptive Systems},
31      year    = 1975,
32      address = {Ann Arbor, MI},
33      school  = {University of Michigan, Department of Computer ↵
                   and Communication Sciences}
34  }
35
36  @mastersthesis{friedman:1956:sfcesnsa,
37      author = {George J. Friedman},
38      title  = {Selective Feedback Computers for Engineering ↵
                  Synthesis and Nervous System Analogy},
39      year    = {1956},
40      address = {Los Angeles, CA},
41      school  = {University of California}
42  }
```

Listing 4.2 Beispielhafte BIBTEX-Einträge für Tagungs- und andere Sammelbände. Die letzten beiden Einträge illustrieren die Technik des Querverweises auf das übergeordnete Werk

```
 1  @proceedings{eiben:1998:ppsnpv,
 2      title    = {Parallel Problem Solving from Nature -- {PPSN↩
               V}},
 3      year     = 1998,
 4      editor   = {Agoston E. Eiben and Thomas B{\"{a}}ck and ↩
               Marc Schoenauer and Hans-Paul Schwefel},
 5      publisher = {Springer},
 6      address  = {Berlin}
 7  }
 8
 9  @inproceedings{kaden:2011,
10      author   = {Lars Kaden and Nicole Weicker and Karsten ↩
               Weicker},
11      title    = {The Role of Selective Pressure When ↩
               Solving Symmetric Functions In Polynomial Time},
12      booktitle = {FOGA'11 Proc. of the 2011 ACM/SIGEVO ↩
               Foundations of Genetic Algorithms XI},
13      year     = 2011,
14      pages    = {105--118},
15      editor   = {Hans-Georg Beyer and  William B. Langdon},
16      address  = {New York},
17      organization = {ACM}
18  }
19
20  @incollection{waldschmidt:2009,
21      author   = {Klaus Waldschmidt},
22      title    = {Assoziativspeicher und eine erste {S}kizze von↩
               {K}onrad {Z}use aus dem {J}ahre 1943},
23      crossref = {informatikdialog:2009},
24      pages    = {5--16}
25  }
26
27  @book{informatikdialog:2009,
28      editor   = {Volker Diekert and Karsten Weicker and Nicole↩
               Weicker},
29      title    = {Informatik als Dialog zwischen Theorie und ↩
               Anwendung},
30      publisher = {Vieweg$+$Teubner},
31      year     = 2009,
32      address  = {Wiesbaden}
33  }
```

In den BIBTEX-Einträgen fallen einige Besonderheiten auf. So gibt es keine Regeln bezüglich der Reihenfolge der Felder in einem Eintrag – unterschiedliche Anordnungen haben keine Auswirkungen bezüglich des später daraus erzeugten Literaturverzeichnisses. Die Felder sind i. d. R. durch geschweifte Klammern begrenzt – lediglich bei reinen Zahleneinträgen wie im Feld `year` kann die Klammer weggelassen werden. Abhängig vom jeweiligen Zitierstil kann es passieren, dass BIBTEX die Wortanfänge eines Titels in Kleinbuchstaben umgewandelt – dem kann ein Autor vorbeugen, indem er kritische Teile des Textes in zusätzliche geschweifte Klammern setzt, z. B. `{S}kizze` in einem deutschsprachigen Titel. Durch geschweifte Klammern kann auch ein aus mehreren Worten bestehender Nachname als solcher gekennzeichnet werden, z. B. `{De Jong}`. Abhängig von der Konfiguration der LATEX-Distribution kann es sein, dass Umlaute nicht richtig durch BIBTEX verarbeitet werden – dem kann man begegnen, indem statt eines Umlauts (z. B. ä) die TEX-Schreibweise benutzt wird (z. B. `{\"{a}}`). Bei Sonderzeichen muss man sich ebenfalls an die LATEX-Notationen halten, z. B. `Vieweg$+$Teubner`.

Listing 4.2 zeigt den Umgang mit Beiträgen in Sammelwerken. Der erste und letzte Eintrag entspricht jeweils dem Gesamtwerk – einem Tagungsband `@proceedings` und einem anderen Sammelwerk, das als `@book` mit Herausgebern (`editor`) statt Autoren notiert wird. Die anderen beiden Einträge entsprechen Beiträgen in solchen Sammelwerken – `@inproceedings` bei einem Tagungsband und `@incollection` bei einem anderen Sammelwerk. Bei letzterem wurde beispielhaft ein Querverweis benutzt: Durch den Eintrag `crossref` sind die Angaben des übergeordneten Werks in den Metadaten des Einzelbeitrags überflüssig.

4.4 Literaturzitate im Text

In einer wissenschaftlichen Arbeit reicht es nicht aus, die Quellen am Ende der Arbeit aufzulisten. Vielmehr müssen die Aussagen im Text eng mit den Quellen verknüpft werden.

Im wissenschaftlichen Schreiben der Ingenieurs- und Naturwissenschaften ist die Kultur des Zitierens informationsbezogen. Das bedeutet, dass die genutzte Information in eigenen Worten zusammengefasst wird und mit einem Verweis auf die Quelle versehen wird. Dies ermöglicht es, den Detailgrad und die Notation an den eigenen Kontext anzupassen. Das wörtliche Zitat wird fast nie bemüht; sehr seltene Ausnahmen können beispielsweise sehr markante Formulierungen sein, wie „Quality is free, but only to those who are willing to pay heavily for it" (DeMarco & Lister, 1987, S. 23).

Schreibweisen für Literaturreferenzen Für den Verweis auf Quellen gibt es drei weit verbreitete Standardnotationen. Der Verweis wird dabei im Text dargestellt als:

Nummer. Die Quellen sind fortlaufend nummeriert, wodurch Verweise z. B. als „[2]" für die zweite Quelle oder als „[1, 3, 5]" bei mehreren Quellen notiert werden. Laut Dupré

(1998, S. 270) birgt dies den Nachteil, dass die Leserin vor und zurückblättern muss,
weil Information zum zitierten Autor im Text fehlt und nur im Literaturverzeichnis eingesehen werden kann. Aus Sicht der Verlage ist diese Notation beliebt, da sie sich leicht
automatisiert bei der Umwandlung von Dokumenten in HTML-Versionen und E-Books
verarbeiten lässt.

Autor-Jahr-Kürzel. Im deutschsprachigen Raum erfreut sich die Kürzelschreibweise großer
Beliebtheit, in der aus den Nachnamen der Autoren und der Jahreszahl ein Kürzel zusammengestellt wird. Bei einem Autor werden die ersten drei Buchstaben des Nachnamens
mit den hinteren beiden Ziffern der Jahreszahl kombiniert, z. B. „[Anh94]" für das Buch
von Anholt (1994). Bei bis zu drei Autoren werden die Anfangsbuchstaben der Nachnamen mit der Jahreszahl kombiniert, z. B. „[HU79]" für das Buch von Hopcroft und
Ullman (1979). Bei mehr als drei Autoren werden die ersten drei Autoren benutzt und
ein „+" angehängt, z. B. „[DLL+92]" für das Buch von Deininger et al. (1992).

Nachname und Jahreszahl. Der sog. Harvard- oder APA-Stil zitiert über die vollständigen
Nachnamen und die Jahreszahl, wie es durchgängig in diesem Buch ausgeführt ist. Neben
der Angabe der Referenz in Klammern, z. B. „(Anholt, 1994)", die analog zu den beiden anderen Zitiernotationen verwendet wird, ermöglicht diese Notation alternativ, den
Namen in den Fließtext einzubinden, z. B. „Anholt (1994) beschreibt […]". Dadurch
können Quellen sehr elegant im Text verwendet werden. Hat die Quelle zwei Autoren,
werden beide mit „und" verknüpft aufgeführt. Bei mehr Autoren wird im Text lediglich
der erste Autor benutzt und „et al." angehängt – im Literaturverzeichnis müssen allerdings alle Autoren aufgeführt werden. Dupré (1998, S. 271) führt an, dass bei diesem
Zitierstil besser eckige als runde Klammern benutzt werden sollten, um eindeutig Quellenangabe von Randbemerkungen zu unterscheiden. Falls von einem Autoren mehrere
Quellen aus demselben Veröffentlichungsjahr aufgeführt werden, werden diese durch an
die Jahreszahl angehängte Kleinbuchstaben unterschieden, z. B. „(Knuth, 1986a)" und
„(Knuth, 1986b)".

In der Informatik hat der vor allem in den Geistes- und Wirtschaftswissenschaften gebräuchliche Zitierstil über Fußnoten[18] nahezu keine Bedeutung, weswegen er hier nur einmalig an
einem Beispiel demonstriert wird.

Zobel (1997, S. 23) weist darauf hin, dass Quellen nicht anonym im Text diskutiert werden
sollten. Dies spricht für die dritte Zitiernotationen oder für die zusätzliche Angabe der
Autorennamen beim Zitierstil mit Nummern, z. B. „Anholt [1] beschreibt […]".

Platzierung von Referenzen Im Text sollte der Literaturverweis möglichst nahe an der
zitierten Information platziert werden. Je nach Umfang der Ausführungen im eigenen Text
und Art der Einbindung im Text lassen sich folgende Platzierungen unterscheiden (unabhängig vom jeweils benutzten Nummern- oder APA-Stil):

---

[18] Helmut Balzert et al., „Wissenschaftliches Arbeiten", Herdecke: W3L-Verlag, 2008, S. 106.

Aussage eines Satzes. Kann der ganze Satz durch die Quelle belegt werden, wird die Referenz vor dem Punkt des Satzes platziert. Beispiel: „Das Halteproblem ist unentscheidbar [18]."

Artefaktbezogen. Lässt sich die Information an einem Artefakt festmachen (z. B. einer Studie, Untersuchung, Analyse oder Theorie), kann das Zitat damit verknüpft werden. Beispiel: „Studien [9, 10] zufolge […]".

Autorbezogen. Im Bestreben, die Referenzen persönlicher zu präsentieren, kann der Autor direkt genannt und damit referenziert werden: „Turing [18] zeigte […]".

Aufzählungen. Handelt es sich um eine Kategorisierung oder in anderer Hinsicht erschöpfende Aufzählung, kann die Referenz vor der Liste platziert werden. Beispiel: „Es gibt drei verschiedene Vortragsarten (Balzert et al., 2008, S. 280): (a) frei stehend, (b) hinter Rednerpult und (c) mit visueller Unterstützung."

Definition/Satz. Werden ganze Definitionen oder bewiesene Sätze zitiert, dann kann in der Überschrift die Referenz platziert werden. Beispiel: „Definition 3: Evolutionsstrategie (nach Bäck, 1994) […]". Kleine Anpassungen an die eigenen Konventionen können durch das Wort „nach" in der Referenz angezeigt werden.

Bilder/Tabellen. Referenzen werden in den Bildunter- und Tabellenüberschriften platziert.

Wörtliche Zitate. Im seltenen Fall eines wörtlichen Zitats wird die Quelle direkt nach dem Zitat angegeben.

Ganze Absätze. Stammt die gesamte Information eines Absatzes aus einer Quelle, kann die Referenz an das Ende des Absatzes nach den Punkt des letzten Satzes rücken. Diese Regel sollte die Ausnahme sein und nur bei sehr kurzen Absätzen angewandt werden.

Bei umfangreichen Werken wie Büchern bietet es sich an, die Seitennummern anzugeben, auf denen sich die benutzte Information befindet, z. B. in der Form „(Knuth, 1986b, S. 21)". Dies ist bei Tagungsbeiträgen oder Beiträgen in Fachzeitschriften nicht üblich, da dort der Leserin die Suche nach der richtigen Stelle aufgrund des geringeren Umfangs zugemutet werden kann.

Office-Lösung: Einfügen von Literaturreferenzen

Sind in Word die Quellen in der Literaturdatenbank erfasst, kann der Autor an beliebigen Stellen im Text die Referenz einfügen, wie es in Abb. 4.3 gezeigt wird. Über ein Kontextmenü (Abb. 4.4) können Referenzen im Text nachträglich bearbeitet werden, um beispielsweise Seitennummern einzutragen. Der gewünschte Zitierstil kann für das Dokument eingestellt werden: Dies ist ebenfalls in Abb. 4.3 oben in der Menüleiste zu erkennen. Dort ist APA als Zitierstil gewählt, weswegen die Referenzen als Paar aus Name und Jahreszahl erzeugt werden.

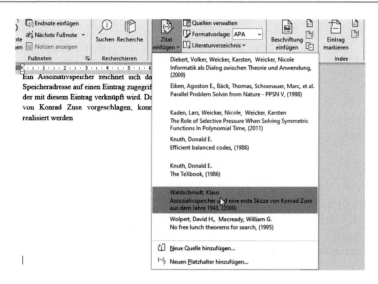

Abb. 4.3 In Word 365 wird eine Referenz durch Auswahl aus der Literaturliste eingefügt

Ein Assoziativspeicher zeichnet sich dadurch aus, dass nicht über eine
Speicheradresse auf einen Eintrag zugegriffen wird, sondern über einen Wert,
der mit diesem Eintrag verknüpft wird. Das Konzept wurde erstmalig bereits
von Konrad Zuse vorgeschlagen, konnte damals aber technisch nicht
realisiert werde

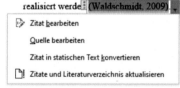

Abb. 4.4 In Word 365 kann eine Referenz nachträglich im Text bearbeitet werden

---

LᴬTᴇX: Makro für Literaturverweise

In LᴬTᴇX kann der Verweis über das Kommando `\cite{xy}` an beliebigen Stellen erzeugt
werden, wobei `xy` der Zitierschlüssel des Eintrags in der BɪʙTᴇX-Datei ist. Sollen Seitennummern bei der Referenz im Text angeführt werden, müssen sie als optionales Argument spezifiziert werden, z. B. `\cite[S. 21]{knuth:texbook}`. Der Zitierstil wird
am Literaturverzeichnis eingestellt und in Abschn. 4.5 diskutiert.

Falls über Autoren und Jahreszahlen referenziert werden soll, bietet sich die Verwendung der Erweiterung `natbib` an, bei der zwei verschiedene Zitiermakros zur Verfügung
stehen: `\citep{xy}` für den Verweis in Klammern und `\citet{xy}` für den Verweis
mit dem Autorennamen im Text.

Markdown: Literaturverweise

In Dokumenten im Markdown-Format können Literaturverweise durch die einfache
Notation [@xy] eingefügt werden, wobei xy auch hier ein Zitierschlüssel aus der BɪʙTᴇX-
Datei ist. Genauere Angaben zum Verweis können vor und nach dem Schlüssel eingefügt
werden, wie die folgenden Auszüge eines Dokuments illustrieren.

```
Die Struktur des Festbands orientiert sich an einem
Tetraeder [@informatikdialog:2009, S. VII]. Genetische
Algorithmen als Optimierer [@dejong:1975:abcgas] hängen
von Einstellungen wie dem Selektionsdruck ab
[vgl. @kaden:2011].
```

Die Zitierweise wird mit den Einstellungen für das Literaturverzeichnis bestimmt.

Ethische Aspekte Der Umgang mit anderen Autoren sollte immer respektvoll sein – auch
wenn man selbst die Ergebnisse, Methodik oder das Konzept der Arbeit kritisch sieht. Grundsätzlich sollte der Autor alle zitierten Arbeiten gelesen haben. Keinesfalls dürfen Aussagen
von dritter Seite A zum Inhalt einer Veröffentlichung B ungeprüft übernommen und mit
einem Literaturverweis auf B versehen werden – es kann gut sein, dass der Autor von A
etwas fehlinterpretiert hat. Sollte der seltene Fall eintreten, dass man die Quelle A entweder
nicht einsehen kann oder sie gar nicht eindeutig identifizierbar ist, dann muss man zum indi-
rekten Zitat greifen (Zobel, 1997, S. 21), wie folgendes Beispiel zeigt: „Theoretische Informatiker sollten, wie F. L. Bauer 1985 postuliert hat (zitiert von Bütemeyer, 1995, S. 114),
die weitere Entwicklung der konstruktiven Mathematik im Auge behalten."

4.5 Literaturverzeichnis

Die genauen Angaben zur verwendeten Literatur werden am Ende der wissenschaftlichen
Arbeit gesammelt gelistet, sodass eine Leserin zu einer Referenz im Text die Detailangaben
in der Literaturliste finden kann. Nach Rath (1995) gelten die folgenden Grundregeln bei
der Erstellung des Literaturverzeichnisses:

- Richtigkeit, d. h., alle Metadaten sind geprüft und fehlerfrei,
- Vollständigkeit, d. h., alle zitierten Quellen sind enthalten und zu jeder Quelle werden
  alle relevanten Angaben wiedergegeben,
- Einheitlichkeit, d. h., es gibt eine Systematik bei der Darstellung der Metadaten, was
  bedeutet, dass die Literatureinträge für alle Quellen aus derselben Kategorie ähnlich
  aufgebaut sind, und
- Übersichtlichkeit, d. h., Layout und Reihenfolge der Quellen unterstützen die Leserin bei
  der Suche nach einem Eintrag.

Darüber hinaus soll ein Literaturverzeichnis auch nur die benutzten Quellen auflisten, d. h., zu jedem Eintrag muss es mindestens eine Literaturreferenz im Text geben (Dupré, 1998, S. 270). Andere Literaturangaben könnten in einem zusätzlichen Verzeichnis „Weiterführende Literatur" platziert werden.

Abb. 4.5 zeigt ein beispielhaftes Literaturverzeichnis mit Nummern für die Referenzierung im Text. Man erkennt deutlich, dass die Einträge im Verzeichnis ähnlich bezüglich der Reihenfolge der verschiedenen Metadaten aufgebaut sind: Auf den Autorennamen folgt der Titel und anschließend die genaueren Informationen, wo der Beitrag erschienen ist. Außer bei den Büchern ist die letzte Angabe jeweils das Veröffentlichungsjahr. Bei den Detailangaben fällt auf, dass sich Form und Satz der Quellen abhängig von der Art der Quelle unterscheidet. So werden Seitenangaben unterschiedlich behandelt: Der Konferenzbeitrag [5] gibt die Seiten als „pages 105–118" an, während der Zeitschriftenbeitrag [6] die typische Kurzdarstellung „32(1):51–53" wählt, welche die Seiten 51–53 in Ausgabe 1 des Jahrgangs 32 bezeichnet. Dies widerspricht nicht dem Kriterium der Einheitlichkeit, welches vorschreibt, dass alle Zeitschriftenartikel einheitlich und alle Konferenzbeiträge ebenfalls einheitlich gesetzt werden. An den englischsprachigen Begriffen „pages" und

[1] Kenneth Alan De Jong. *An Analysis of the Behavior of a Class of Genetic Adaptive Systems*. PhD thesis, University of Michigan, Department of Computer and Communication Sciences, Ann Arbor, MI, 1975.

[2] Volker Diekert, Karsten Weicker, and Nicole Weicker, editors. *Informatik als Dialog zwischen Theorie und Anwendung*. Vieweg+Teubner, Wiesbaden, 2009.

[3] Agoston E. Eiben, Thomas Bäck, Marc Schoenauer, and Hans-Paul Schwefel, editors. *Parallel Problem Solving from Nature – PPSN V*, Berlin, 1998. Springer.

[4] George J. Friedman. Selective feedback computers for engineering synthesis and nervous system analogy. Master's thesis, University of California, Los Angeles, CA, 1956.

[5] Lars Kaden, Nicole Weicker, and Karsten Weicker. The role of selective pressure when solving symmetric functions in polynomial time. In Hans-Georg Beyer and William B. Langdon, editors, *FOGA'11 Proc. of the 2011 ACM/SIGEVO Foundations of Genetic Algorithms XI*, pages 105–118, New York, 2011. ACM.

[6] Donald E. Knuth. Efficient balanced codes. *IEEE Transactions on Information Theory*, 32(1):51–53, 1986.

[7] Donald E. Knuth. *The TeXbook*. Addison-Wesley, Reading, MA, 1986.

[8] Klaus Waldschmidt. Assoziativspeicher und eine erste Skizze von Konrad Zuse aus dem Jahre 1943. In Diekert et al. [2], pages 5–16.

[9] David H. Wolpert and William G. Macready. No free lunch theorems for search. Technical Report SFI-TR-95-02-010, Santa Fe Institute, Santa Fe, NM, 1995.

Abb. 4.5 Beispiel einer englischsprachigen Literaturliste mit Zahlen als Referenzschlüssel – enthalten sind die Einträge aus den Listings 4.1 und 4.2

„editors" sowie dem „and" in der Aufzählung der Autoren erkennt man, dass die Liste für eine englischsprachige Veröffentlichung erzeugt wurde. Der Eintrag [8] zeigt einen Querverweis auf den Sammelband, in dem der Beitrag erschienen ist. Die Liste ist alphabetisch nach dem Nachnamen des Erstautors sortiert. Eine alternative Sortierweise könnte bei der Zitierweise mit Nummern beispielsweise die Reihenfolge der Verweise auf die Quellen im Text sein.

Für die Zitierweise im APA-Stil mit den Verweisen bestehend aus Nachname und Jahreszahl zeigt Abb. 4.6 ein beispielhaftes Literaturverzeichnis. An den Einträgen für Donald Knuth erkennt man, wie die Einträge durch die an die Jahreszahl angehängten Kleinbuchstaben eindeutig gemacht werden. Dieses Verzeichnis wurde mit einem deutschsprachigen Stil erstellt. Bei dieser Zitierweise werden die Jahreszahlen direkt nach den Autorennamen platziert.

Die manuelle Erstellung eines Literaturverzeichnisses nach den oben angeführten Vorgaben ist mühsam und das Ergebnis oft fehlerbehaftet. Werkzeuge können hierbei eine wertvolle Unterstützung bieten.

De Jong, K. A. (1975) *An Analysis of the Behavior of a Class of Genetic Adaptive Systems* (Dissertation). University of Michigan, Department of Computer and Communication Sciences, Ann Arbor, MI.

Diekert, V., Weicker, K. & Weicker, N. (Hrsg.). (2009). *Informatik als Dialog zwischen Theorie und Anwendung*. Wiesbaden: Vieweg+Teubner.

Eiben, A. E., Bäck, T., Schoenauer, M. & Schwefel, H.-P. (Hrsg.). (1998). *Parallel Problem Solving from Nature – PPSN V*, Berlin: Springer.

Friedman, G. J. (1956) *Selective feedback computers for engineering synthesis and nervous system analogy* (Masterarbeit). University of California, Los Angeles, CA.

Kaden, L., Weicker, N. & Weicker, K. (2011). The role of selective pressure when solving symmetric functions in polynomial time. In H.-G. Beyer & W. B. Langdon (Hrsg.), *FOGA'11 Proc. of the 2011 ACM/SIGEVO Foundations of Genetic Algorithms XI* (S. 105–118). New York: ACM.

Knuth, D. E. (1986a). Efficient balanced codes. *IEEE Transactions on Information Theory*, 32(1):51–53.

Knuth, D. E. (1986b). *The TeXbook*. Reading, MA: Addison-Wesley.

Waldschmidt, K. (2009). Assoziativspeicher und eine erste Skizze von Konrad Zuse aus dem Jahre 1943. In Diekert, Weicker & Weicker (2009), S. 5–16.

Wolpert, D. H. & Macready, W. G. (1995) *No free lunch theorems for search* (Technischer Bericht Nr. SFI-TR-95-02-010). Santa Fe, NM: Santa Fe Institute.

Abb. 4.6 Beispiel einer Literaturliste für Literaturreferenzen im APA-Stil – enthalten sind die Einträge aus den Listings 4.1 und 4.2

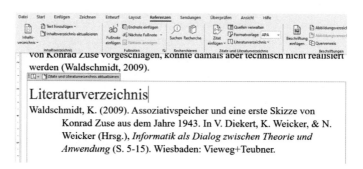

von Konrad Zuse vorgeschlagen, konnte damals aber technisch nicht realisiert werden (Waldschmidt, 2009).

Literaturverzeichnis

Waldschmidt, K. (2009). Assoziativspeicher und eine erste Skizze von Konrad Zuse aus dem Jahre 1943. In V. Diekert, K. Weicker, & N. Weicker (Hrsg.), *Informatik als Dialog zwischen Theorie und Anwendung* (S. 5-15). Wiesbaden: Vieweg+Teubner.

Abb. 4.7 Automatisch erzeugtes Literaturverzeichnis in Word

Office-Lösungen: Literaturverzeichnis

Im Menüpunkt „Referenzen" kann man in Word ein Literaturverzeichnis an der gewünschten Stelle platzieren. Ein solches Verzeichnis wird beispielhaft in Abb. 4.7 gezeigt. Das Verzeichnis enthält alle Quellen, die aus der Literaturdatenbank für das aktuelle Dokument ausgewählt wurden – unabhängig davon, ob eine Textreferenz auf die Quelle existiert. Wurden zwischenzeitlich neue Quellen hinzugefügt, kann das Verzeichnis über sein Kontextmenü aktualisiert werden.

LaTeX: Literaturverzeichnis

Alle mit einem \cite-Befehl zitierten Arbeiten, werden im Literaturverzeichnis aufgenommen. Wurden die Metadaten gut gepflegt und die Felder der BIBTeX-Einträge konsistent und korrekt ausgefüllt, wird automatisch ein einheitliches und vollständiges Verzeichnis erzeugt.

Für das Literaturverzeichnis in Abb. 4.5 müssen im LaTeX-Dokument die Zeilen

```
\bibliographystyle{plain}
\bibliography{bibdaten}
```

an der Stelle eingefügt werden, an der das Literaturverzeichnis stehen soll. Dabei ist bibdaten der beispielhaft gewählte Namen der BIBTeX-Datei, die hier ohne die Endung .bib angegeben wird. Der Stil (engl. *style*), im Beispiel plain, bestimmt das Aussehen der Referenzen im Text und des Literaturverzeichnisses:

- plain erzeugt Nummern als Literaturverweise und
- alpha erzeugt die Autor-Jahr-Kürzel.

Die vorgefertigten Stildateien sind englischsprachig – im Internet können auch deutschsprachige Dateien (mit der Endung .bst) gefunden werden. Über das Kommando latex makebst kann auch ein eigener Stil definiert werden. Die Organisatoren wissenschaftlicher Tagungen und Herausgeber von Zeitschriften schreiben teilweise die Verwendung spezieller Stildateien vor.

Damit LATEX beim Übersetzen das Literaturverzeichnis erzeugt, muss nach dem ersten Aufruf `pdflatex beispiel.tex` das BIBTEX-Programm gestartet werden: `bibtex beispiel.aux`. Die Textreferenzen und das Literaturverzeichnis werden dann beim weiteren ein- bzw. zweimaligem Aufruf `pdflatex beispiel.tex` eingebunden.

Der APA-Zitierstil (vgl. Abb. 4.6) ist mittels der Erweiterung `natbib` mit der Option `authoryear` und einer geeigneten Stildatei realisierbar. Die Kombination der APA-Zitierweise mit der deutschen Sprache kann komfortabel mit den folgenden Einstellungen erreicht werden.

```
\usepackage[ngerman]{babel}
\usepackage[natbibapa]{apacite}
...
\bibliographystyle{apacite}
\bibliography{bibdaten}
```

Markdown: Literaturverzeichnis automatisch erstellen

In der Default-Einstellung wird das Literaturverzeichnis einfach als letzter Abschnitt angehängt, wodurch nur die Überschrift

```
# Literaturverweise
```

an das Ende des Dokuments geschrieben werden muss.

Bei der Übersetzung des Dokuments muss die Datei mit den Literatureinträgen, z. B. als BIBTEX-Datei, angegeben werden. Dies geht in der YAML-Datei oder direkt mit dem Aufrufargument `--bibliography=xy`.

Die Zitierweise und das Aussehen des Literaturverzeichnisses wird durch einen Zitierstil im CSL-Format bestimmt. Dies ist auf der Webseite citationstyles.org beschrieben, auf der mehrere tausend freie Spezifikationen zu finden sind[19]. Wird pandoc mit der Datei `din-1505-2-numeric.csl` als Argument des Aufrufparameters `--csl=xy` aufgerufen, ist die Literaturliste in Abb. 4.8 nummeriert und entspricht den deutschsprachiger Konventionen. Die Zitierweise ähnlich dem APA-Stil in Abb. 4.9 kann mit der Datei `harvard-cite-them-right-11th-edition.csl` generiert werden. Durch die Sprachangabe in der YAML-Datei wird auch dieses Literaturverzeichnis entsprechend der deutschsprachigen Vorgaben erzeugt.

Da bei der Zusammenstellung der Metadaten einem Autor Fehler unterlaufen können, sollten automatisch erzeugte Literaturverzeichnisse gut kontrolliert werden. Bei der Verwendung

---

[19] https://github.com/citation-style-language/styles

[1] DIEKERT, V. ; WEICKER, K. ; WEICKER, N. (Hrsg.): *Informatik als Dialog zwischen Theorie und Anwendung.* Wiesbaden : Vieweg+Teubner, 2009

[2] DE JONG, KENNETH ALAN: *An Analysis of the Behavior of a Class of Genetic Adaptive Systems.* Ann Arbor, MI, University of Michigan, Department of Computer; Communication Sciences, Dissertation, 1975

[3] KADEN, LARS ; WEICKER, NICOLE ; WEICKER, KARSTEN: The Role of Selective Pressure When Solving Symmetric Functions In Polynomial Time. In: BEYER, H.-G. ; LANGDON, W. B. (Hrsg.): *FOGA'11 Proc. of the 2011 ACM/SIGEVO Foundations of Genetic Algorithms XI.* New York : ACM, 2011, S. 105–118

Abb. 4.8 Beispiel einer gemäß `din-1505-2-numeric.csl` erzeugten Literaturliste in einem Markdown-Dokument. Die Quellen erscheinen in der Reihenfolge der Referenzen im Text

De Jong, K.A. (1975). *An Analysis of the Behavior of a Class of Genetic Adaptive Systems.* Dissertation. University of Michigan, Department of Computer; Communication Sciences.

Diekert, V., Weicker, K. und Weicker, N. (Hrsg.) (2009) *Informatik als Dialog zwischen Theorie und Anwendung.* Wiesbaden: Vieweg+Teubner.

Kaden, L., Weicker, N. und Weicker, K. (2011) „The Role of Selective Pressure When Solving Symmetric Functions In Polynomial Time", in Beyer, H.-G. und Langdon, W.B. (Hrsg.) *FOGA'11 Proc. of the 2011 ACM/SIGEVO Foundations of Genetic Algorithms XI.* New York: ACM, S. 105–118.

Abb. 4.9 Beispiel einer gemäß `harvard-cite-them-right-11th-edition.csl` erzeugten Literaturliste in einem Markdown-Dokument

von BIBTEX kommen Probleme mit fehlerhaft dargestellten Umlauten bzw. unerwünscht geänderter Groß-Klein-Schreibung hinzu.

4.6   KI bei der Literaturrecherche

Die Erstellung dieses Buches fiel in eine Aufbruchstimmung der generativen künstlichen Intelligenz, durch die in der gesellschaftlichen Diskussion zahlreiche Berufe und Aufgabenfelder bereits zur Disposition stehen – darunter auch Schreibtätigkeiten im technischen Umfeld (Zinkula & Mok, 2023). Ernsthafte Auseinandersetzungen mit der Frage, ob

KI-Chatbots wissenschaftliche Beiträge verfassen können, kommen bei Drucklegung zu einem negativen Ergebnis (Lee, 2023).

Dennoch erweitert die neue Technologie den Werkzeugkasten eines Autors und es stellt sich die Frage, wie sie sinnvoll eingesetzt werden kann. In diesem Abschnitt beleuchten einige Beispiele die Möglichkeiten, die sich daraus für die Recherche von Quellen ergeben. Das Anwendungsszenario sind dabei zunächst eher enge und spezielle Fragestellungen – in Abschn. 6.4 wird der allgemeine Einsatz diskutiert.

Für innovative und neue Themen sind wissenschaftliche Erkenntnisse oft schwer zu finden und dem Autor stellt sich die Frage, ob es entsprechende Erkenntnisse bereits gibt. Während KI-generierter Text zu breitem Grundlagenwissen korrekt sein kann, nimmt mit zunehmender Spezialisierung in der Fragestellung die Verlässlichkeit in den generierten Text ab und KI-Chatbots neigen zu sogenannten Halluzinationen. Durch geschicktes Fragen können dennoch in einigen Szenarien hilfreiche Informationen gewonnen werden. Konkret sind dies: Literatur- und Zeitschrifthinweise, relevante Personen in angrenzenden Fachgebieten sowie eine große Bandbreite an Suchbegriffen für die Recherche in Literaturdatenbanken.

Ein Beispieldialog mit ChatGPT Dies wird in diesem Abschnitt an einer konkreten Fragestellung demonstriert, nämlich dem algorithmischen Problem, für alle Passagiere in Zugverbindungen Laufwege beim Umsteigen zu minimieren, indem die involvierten Sitzplatzreservierungen geschickt den Passagieren zugeordnet werden. Im Rahmen einer Forschungsarbeit, deren Ergebnisse 2023 erschienen sind (Weicker, 2023), hatte ich selbst intensiv recherchiert. In der Konsequenz ist dies ein Thema, zu dem es keine direkten Vorarbeiten und Ergebnisse gibt. Die Recherche kann also nur Hintergrundliteratur aufzeigen.

Der Beispieldialog wurde als zusammengehöriger Chatverlauf am 23.12.2023 mit dem Sprachmodell ChatGPT 3.5 auf der Seite https://chat.openai.com/ geführt.

> Anfrage: Ist es möglich, durch eine optimierte Sitzplatzreservierung in Zügen die Laufwege an Umsteigebahnhöfen zu minimieren?
>
> ChatGPT 3.5: Ja, es ist durchaus möglich, durch eine optimierte Sitzplatzreservierung in Zügen die Laufwege an Umsteigebahnhöfen zu minimieren. Eine effiziente Sitzplatzreservierung kann so gestaltet werden, dass Fahrgäste, die am selben Umsteigebahnhof umsteigen müssen, möglichst nahe beieinander sitzen. Dies kann dazu beitragen, die Wege, die Fahrgäste innerhalb des Zuges zurücklegen müssen, zu optimieren.
>
> Hier sind einige Faktoren, die bei der Optimierung der Sitzplatzreservierung berücksichtigt werden können:

1. Umstiegsinformationen: Die Reservierungssysteme können Informationen über Umstiegsverbindungen berücksichtigen und versuchen, Fahrgäste mit ähnlichen Umstiegszeiten oder Umstiegsbahnhöfen in der Nähe zu platzieren.
2. Optimierungsalgorithmen: Algorithmen können eingesetzt werden, um die Sitzplatzreservierungen so zu optimieren, dass die Laufwege minimiert werden. Dies könnte bedeuten, dass Fahrgäste mit kurzen Umstiegszeiten in der Nähe der Ausgänge oder in Waggons platziert werden, die näher am Ausgang des Umsteigebahnhofs liegen.
3. Kommunikation zwischen Zügen und Umsteigebahnhöfen: Intelligente Systeme könnten Informationen über die Anschlusszüge und die verfügbaren Sitzplätze austauschen, um optimale Reservierungen zu ermöglichen.
4. Individuelle Präferenzen: Das System könnte auch individuelle Präferenzen der Fahrgäste berücksichtigen, um sicherzustellen, dass sie sich mit minimalem Aufwand bewegen können.

Es ist wichtig zu beachten, dass die Umsetzung einer solchen optimierten Sitzplatzreservierung verschiedene technologische, logistische und datenschutzrechtliche Herausforderungen mit sich bringen kann. Zudem müssten die Bahnunternehmen und Reservierungssysteme gut miteinander kommunizieren, um die Effizienz der Reservierungen zu maximieren.

Das liest sich zunächst sehr fundiert, zeigt aber in tieferen Details einige Kuriositäten. So wird im ersten Abschnitt nicht klar, warum Fahrgäste mit demselben Ziel beieinander sitzen sollten – dies sorgt doch für extreme Engpässe und Gerangel beim Umsteigen selbst. Auch die „Wege [...] innerhalb des Zuges" gehen an der eigentlichen Fragestellung vorbei. Dies wiederholt sich in Punkt (1) der Liste; auch Punkt (4) erscheint sehr unspezifisch. Punkt (2) hat die Fragestellung richtig erfasst. Punkt (3) gibt tatsächlich neue Impulse, die im Betrieb bei geänderten Wagenreihungen oder veränderten Gleiszuordnungen relevant sein könnten.

Die folgende Nachfrage soll tiefer in Punkt (2) hineinführen, da das ja genau der Sachverhalt ist, zu dem wir Literaturquellen suchen.

Anfrage: Kannst Du mir Genaueres zu den Optimierungsalgorithmen sagen? Welche Ansätze gibt es da?

ChatGPT 3.5: Verschiedene Optimierungsalgorithmen können verwendet werden, um Sitzplatzreservierungen in Zügen zu optimieren. Hier sind einige Ansätze und Methoden, die in diesem Kontext verwendet werden können:

1. Genetische Algorithmen: Genetische Algorithmen sind heuristische Optimierungsalgorithmen, die Prinzipien aus der natürlichen Evolution nutzen. In Bezug
   auf Sitzplatzreservierungen könnten genetische Algorithmen verschiedene Sitz-
   platzanordnungen simulieren, evaluieren und die besten Lösungen beibehalten
   oder kombinieren, um die nächste Generation von Lösungen zu generieren.
2. Simulated Annealing: [...]
3. Particle Swarm Optimization (PSO): PSO ist ein stochastischer Optimierungs-
   algorithmus, der von sozialem Verhalten von Tieren inspiriert ist, insbesondere
   von Schwärmen. In Bezug auf Sitzplatzreservierungen könnten „Partikel" verschiedene Sitzplatzkonfigurationen darstellen, die durch den Raum „schwärmen" und sich durch Evaluierung und Zusammenarbeit optimieren.
4. Ant Colony Optimization (ACO): [...]
5. Constraint Programming: [...]

Die Wahl des besten Algorithmus hängt von verschiedenen Faktoren ab, einschließ-
lich der Komplexität des Problems, der verfügbaren Daten und der spezifischen
Anforderungen des Systems. Oft ist eine Kombination mehrerer Ansätze oder die
Anpassung eines Algorithmus an die spezifischen Gegebenheiten erforderlich.

An dieser Stelle bleibt es leider bei einer sehr generischen Auflistung der typischen Opti-
mierungsverfahren, die im Beispieltext an mehreren Stellen sehr willkürlich an die Problemstellung angepasst sind. Die Selbstverständlichkeit „Oft ist eine Kombination [...]", mit der
quasi täglicher Einsatz suggeriert wird, ist verwirrend. Aber vielleicht kann eine Nachfrage
diese Liste durch konkrete Literaturverweise untermauern.

Anfrage: Was sind hierzu die wichtigsten Schlüsselveröffentlichungen?
ChatGPT 3.5: Es gibt verschiedene wissenschaftliche Arbeiten und Veröffentlichungen, die sich mit Optimierungsalgorithmen im Kontext von Verkehrs- und Transportsystemen, einschließlich der Optimierung von Sitzplatzreservierungen in Zügen,
befassen. Hier sind einige Schlüsselveröffentlichungen und Forschungsrichtungen:

1. „Public Transit Planning and Operation: Theory, Modeling and Practice" von
   Avishai Ceder: Dieses Buch bietet einen umfassenden Einblick in die Planung
   und den Betrieb des öffentlichen Verkehrs, einschließlich der Optimierung von
   Sitzplatzreservierungen.

2. „Public Transportation Systems: Planning, Policy and Operations" von Avishai Ceder und American Society of Civil Engineers: Dieses Buch behandelt verschiedene Aspekte des öffentlichen Verkehrs, darunter auch die Planung und Optimierung von Verkehrsdiensten.
3. „Handbook of Transport Modelling" von David A. Hensher und Kenneth J. Button: Dieses Handbuch bietet eine breite Übersicht über verschiedene Aspekte der Verkehrsmodellierung, einschließlich Optimierungsalgorithmen im öffentlichen Verkehr.
4. „Optimization Methods for Large-Scale Systems: With Applications" von William L. Cooper und Lawrence M. Seiford: Dieses Buch behandelt Optimierungsmethoden für große Systeme und kann als Referenz für die Anwendung von Optimierungsalgorithmen in komplexen Verkehrssystemen dienen.
5. Fachzeitschriften und Konferenzen: Zahlreiche wissenschaftliche Fachzeitschriften und Konferenzen im Bereich Transportforschung, Operations Research und Optimierung veröffentlichen regelmäßig Forschungsarbeiten zu diesem Thema. Hier sind einige wichtige Fachzeitschriften:
   – Transportation Research Part B: Methodological
   – Transportation Research Part C: Emerging Technologies
   – Transportation Science
   – Journal of Transportation Engineering

Es ist wichtig zu beachten, dass die Forschung auf diesem Gebiet aktiv ist, und neue Arbeiten können regelmäßig veröffentlicht werden. Eine umfassende Literaturrecherche in wissenschaftlichen Datenbanken wie IEEE Xplore, ScienceDirect, und Google Scholar kann aktuelle Erkenntnisse zu diesem Thema bieten.

Mit den konkreten Literaturhinweisen gehen schließlich auch mehr Probleme einher. (1) und (3) sind Standardwerke, die sich jedoch kaum mit Sitzplatzreservierung auseinandersetzen. Von Buch (1) ist 2015 zudem eine zweite, erweiterte Auflage „Public Transit Planning and Operation: Modeling, Practice and Behavior" erschienen. Punkt (4) der Liste birgt zahlreiche Fehler: Der angeführte Titel wurde 1971 von David A. Wismer herausgegeben. Von William W. Cooper und Lawrence M. Seiford stammen zahlreiche Arbeiten, die sich mehr mit betriebswirtschaftlichen Fragen wie der Gestaltung von Preismodellen für Fluglinien, Fähren etc. beschäftigen. Ein gemeinsamer Beitrag der beiden Wissenschaftler in dem angeführten Werk ist fraglich, da Seiford als Masterstudent 1971 noch nicht publiziert hat. Punkt (2) der Liste scheint eine Halluzination zu sein. Die empfohlenen Fachzeitschriften unter Punkt (5) sind eine solide und daher ggf. hilfreiche Auswahl.

Während in der Anfangszeit ChatGPT sehr großzügig spezifische (und oft falsche) Literaturhinweise erzeugt hat, wurden die Modelle bzw. die Verarbeitung von Anfragen mittlerweile so angepasst, dass stattdessen der Nutzer auf wissenschaftliche Datenbanken verwiesen wird.

Anfrage: Was sind vielversprechende Suchbegriffe für eine Literaturrecherche in den wissenschaftlichen Datenbanken?

ChatGPT 3.5: Für eine Literaturrecherche zu Optimierungsalgorithmen im Kontext von Sitzplatzreservierungen in Zügen und allgemein im öffentlichen Verkehr können Sie folgende Suchbegriffe verwenden. Diese Begriffe können je nach spezifischem Fokus Ihrer Recherche angepasst werden:

1. Generelle Suchbegriffe:
   - Public transportation optimization
   - Train seating optimization
   - Public transit scheduling
   - Passenger assignment algorithms
   - Transit system planning
   - Transportation network optimization
2. Spezifische Suchbegriffe für Sitzplatzreservierungen:
   - Seat allocation algorithms
   - Passenger seating assignment
   - Train seat optimization
   - Optimal seat selection in transit
   - Seat reservation systems
   - Passenger flow optimization in trains
3. Optimierungsalgorithmen: [...]
4. Fachzeitschriften und Konferenzen: [...]
5. Schlüsselautoren: [...]

Sie können diese Begriffe kombinieren und erweitern, um Ihre Suche zu verfeinern und relevante Arbeiten zu finden. Beachten Sie, dass die exakten Suchbegriffe von der spezifischen Ausrichtung Ihrer Recherche abhängen. Es kann auch hilfreich sein, Synonyme zu verwenden und verschiedene Formulierungen auszuprobieren, um sicherzustellen, dass Sie eine breite Palette relevanter Arbeiten abdecken.

Die generierte Antwort hilft insbesondere Autoren, die mit den englischsprachigen Fachbegriffen eines für sie neuen Fachgebiets nicht vertraut sind. Zu Schlüsselautoren und Fachzeitschriften wurden allerdings im Beispiel nur vorherige Antworten wiederholt und bei den Optimierungsalgorithmen werden ausschließlich Kombination der Algorithmen mit den spezifischen Suchbegriffen angeboten.

Ein letzter Versuch, konkrete Hinweise für das vorliegende Problem zu bekommen, führt bei der abschließenden Frage des Dialogs zu einer erstaunlich reflektiert wirkenden und bescheidenen Aussage.

Anfrage: Gibt es konkrete Ergebnisse für die Minimierung der Laufwege durch die Reservierung als algorithmisches Problem?

ChatGPT 3.5: Zum Zeitpunkt meines letzten Trainingsdatums bis Januar 2022 liegen mir keine spezifischen algorithmischen Ergebnisse oder Forschungsergebnisse vor, die sich direkt auf die Minimierung von Laufwegen durch die Reservierung von Sitzplätzen in Zügen beziehen. Die konkreten Ergebnisse können stark von den spezifischen Anforderungen, Annahmen und Bedingungen des jeweiligen Transportsystems abhängen.

Allerdings gibt es allgemeinere Arbeiten im Bereich der Optimierung von Sitzplatzreservierungen und des öffentlichen Verkehrs, die sich auf die Verbesserung von Fahrgastflüssen und die Effizienz von Transportsystemen konzentrieren. Solche Arbeiten können dazu beitragen, die Laufwege zu minimieren, auch wenn sie nicht unbedingt explizit darauf abzielen.

Es ist ratsam, aktuelle wissenschaftliche Fachzeitschriften, Konferenzberichte und Publikationen in den Bereichen Verkehrsplanung, Optimierung und öffentlicher Verkehr zu durchsuchen, um die neuesten Erkenntnisse zu diesem Thema zu finden. Einige der bereits genannten Suchbegriffe könnten als Ausgangspunkt dienen, um spezifische Forschungsergebnisse zu identifizieren.

Quellen mit Consensus identifizieren Die Grenzen eines Chatbots werden im Beispiel des letzten Abschnitts recht deutlich demonstriert. Das Hauptproblem ist dabei die mangelhafte Verbindlichkeit, da die KI-Chatbots ihre Texte probabilistisch ohne Faktencheck erzeugen. Es gibt inzwischen auch Werkzeuge, die sich mit denselben Methoden in einem gegebenen Corpus wissenschaftlicher Arbeiten bewegen und daraus die passenden Quellen auswählen. Ein Beispiel ist die Webseite Consensus[20]. Zu den Papers im Corpus wurden Zusammenfassungen der wichtigsten Ergebnisse erzeugt, auf deren Basis traditionelle Suchtechniken die zutreffenden Arbeiten für die Frage ermitteln. Diese werden dann angezeigt und aus ihnen eine zusammenfassende Antwort auf die gestellte Frage erzeugt. Alle nachfolgend angeführten Anfragen wurden am 28.12.2023 gestellt. Anstatt die gefundenen Literaturquellen hier aufzuführen, wird die Qualität der Antworten anhand der generierten Zusammenfassungen bewertet.

---

[20] https://consensus.app/

Anfrage: Is it possible to fix programming bugs by evolutionary computation?
Consensus Summary: These studies suggest that evolutionary computation techniques, such as GenProg and ARJA-e, can automatically repair programming bugs
in various languages like C and Java, potentially reducing software failure costs
and improving performance.

Sowohl die in der Zusammenfassung angeführten Techniken als auch die gefundenen Quellen demonstrieren, dass Consensus sinnvolle Quellen identifizieren kann. Mit GenProg und
Veröffentlichungen aus der Arbeitsgruppe von Stephanie Forrest werden frühe Pionierleis-
tungen gewürdigt. ARJA-e ist einer der populären neueren Ansätze.

Anfrage: Can garbage collection improve the runtime of programs?
Consensus Summary: These studies suggest that garbage collection can improve program runtime by enhancing performance, reducing memory usage, and increasing
execution efficiency, especially when combined with other memory management
techniques.
Anfrage: Which conditions cause garbage collection to worsen the runtime?
Consensus Summary: These studies suggest that garbage collection worsens runtime
due to loss of concurrency, pausing runtime execution, competing for computational
resources, and specific algorithm issues in various applications and workloads.

Die in verschiedene Richtungen abzielenden Fragen können dazu dienen, die Vor- und
Nachteile sowie Grenzen von Konzepten auszuloten und durch passende Literaturreferenzen
zu belegen.

Anfrage: Is the problem of assigning seat reservations in trains NP-hard?
Consensus Summary: Some studies suggest that the problem of assigning seat reservations in trains is NP-hard with various bounds and conditions, while other studies
claim it is not NP-hard but requires optimal running time or specific algorithms to
handle.
Consensus Meter: Yes – 40 %, Possibly – 0 %, No – 60 %

Bei kritischen oder noch nicht abschließend geklärten Ja/Nein-Fragen kann das Consensus
Meter bei der Interpretation der Quellen helfen. Ist die Antwort von weiteren Bedingungen
abhängig oder gehen die angeführten Arbeiten von unterschiedlichen Problemstellungen
aus? In diesem Fall findet man beispielsweise bei den befürwortenden Quellen eine Arbeit
„A Lagrangian heuristic for a train-unit assignment problem", die sich offensichtlich mit

einer ganz anderen Fragestellung beschäftigt. Es bleibt dem Autoren auch bei diesem Werkzeug nicht erspart, die Quellen genau zu inspizieren und den Zusammenfassungen nicht vollständig zu vertrauen.

Das mangelnde semantische Verständnis für den Inhalt tritt im folgenden Beispiel noch deutlicher zutage, da die gestellte Frage nach dem P-NP-Problem ein derzeit (noch) ungelöstes Problem der Komplexitätstheorie darstellt.

> Anfrage: Does P=NP hold?
> Consensus Summary: These studies suggest that P=NP holds in specific cases, such
>   as linear interval equations, certain structures over binary words, and under the NP
>   machine hypothesis, while other studies explore conditions where P may not equal
>   NP.
> Consensus Meter: Yes – 60 %, Possibly – 0 %, No – 40 %

Die KI kann an dieser Stelle die Frage nicht als ungelöst einordnen, sondern versucht in der Klassifikation und dem erzeugten Text, zwischen P=NP und P≠NP zu entscheiden. Die theoretischen Rahmenbedingungen, unter denen sich eine Aussage zeigen lässt, sind eine kleinschrittige Annäherung an einen möglichen Beweis, ohne die grundsätzliche Frage „P=NP?" zu beantworten. Die Tendenz der KI, die Frage positiv zu beantworten führt in jedem Fall in die Irre. Ein korrektes Ergebnis erhält man im Übrigen, wenn stattdessen die Frage „Is P=NP an unsolved question?" gestellt wird.

Ethische Regeln Die möglichen Probleme KI-generierter Texte oder Vorschläge haben inzwischen Herausgeber und Verleger dazu veranlasst, ethische Regeln zur Selbstverpflichtung zu veröffentlichen. Laut dem Editorial der Zeitschrift Nature (2023)

1. wird kein KI-Werkzeug als Autor einer Forschungsarbeit akzeptiert – vor allem weil ein Autor eine Rechenschaftspflicht für die Arbeit hat – und
2. sollen Autoren die Nutzung von KI-Werkzeugen in einem Methoden-, Danksagungs- oder anderweitig geeigneten Abschnitt dokumentieren.

Ähnliche Aussagen gibt es von der Deutschen Forschungsgemeinschaft (Deutsche Forschungsgemeinschaft (DFG), 2023), die den zweiten Punkt genauer ausführt: So sollen Forscher bei der Veröffentlichung ihrer Ergebnisse nicht nur die Verwendung anzeigen, sondern genaue Angaben dazu machen, welche generativen KI-Modelle, zu welchem Zweck und in welchem Umfang genutzt wurden.

Punkt (1) der ethischen Regeln hat zunächst wenig mit der Literaturrecherche und der Quellenangabe zu tun. Dennoch ergeben sich daraus implizit Regeln für den Umgang mit Quellen. Denn der Zweck der Quellenangabe in einer Arbeit besteht unter anderem darin, dass ich mir als Autor die Rechenschaftspflicht eines anderen Autors zunutze mache, der eine entsprechende Information belegt hat. Diese Eigenschaft können generierte Texte von KI-Chatbots nicht leisten. Von daher ist ein Quellenverzeichnis unter keinen Umständen ein passender Ort, um ChatGPT oder andere generative KI-Modelle als Quelle zu zitieren.

4.7   Plagiate

Von anderen Autoren kann man eine Menge lernen. So ist das Imitieren guter Autoren ein Erfolgsrezept, wie man die eigenen wissenschaftlichen Arbeiten verbessern kann. Es lohnt sich, genau zu studieren, wie ein guter Autor sein Thema einführt, einzelne Abschnitte konstruiert, Beispiele benutzt oder auch Kapitelübergänge gestaltet.

Imitation bedeutet hier immer eine Stilimitation und bewegt sich auf einer technisch-handwerklichen Ebene der Formulierungen und des Ausdrucks. Sobald die fachliche Ebene berührt wird und Teilsätze oder Argumentationsketten übernommen werden, handelt es sich um eine Kopie bzw. ein Plagiat. Nach Nissen (2012) liegt ein Plagiat dann vor, wenn fremdes geistiges Eigentum als eigenes geistiges Eigentum ausgewiesen wird.

Wird über die Erkenntnisse anderer Autoren geschrieben, sollte deren Beitrag in eigenen Worten zusammengefasst (paraphrasiert) und durch einen entsprechenden Literaturverweis als fremdes geistiges Eigentum ausgewiesen werden. Alles wörtlich Übernommene mit > 5 Wörtern muss als wörtliches Zitat in Anführungszeichen gesetzt werden. Allerdings ist diese Art des Zitierens in der Informatik unüblich, wie bereits in Abschn. 4.4 ausgeführt wurde.

Plagiatskategorien   Kritisch wird es, wenn eine Arbeit große Teile aus fremden Arbeiten enthält, ohne die Quellen nach den Vorgaben des wissenschaftlichen Schreibens auszuweisen. Weber-Wulff und Wohnsdorf (2006) unterscheiden die folgenden Kategorien:

Copy & Paste in toto (Totalplagiat). Ein größerer Abschnitt eines anderen Textes wird unverändert übernommen. In einer von mir betreuten Abschlussarbeit wurden beispielsweise einführende Absätze aus Wikipedia als Plagiat identifiziert, die ohne entsprechende Quelle wiedergegeben wurden. In einer anderen Arbeit bestand der Ausblick aus zwei Absätzen einer deutschsprachigen wissenschaftlichen Veröffentlichung, die sich sprachlich jedoch deutlich vom Rest der Arbeit abgehoben haben.

Shake & Paste. Sätze aus mehreren Quellen werden unverändert aneinander gefügt. Dies fällt oft auf, weil Bezüge zwischen den Sätzen nicht stimmen und Begriffe nicht einheitlich benutzt werden.

Halbsatzflickerei. Ähnlich zu Shake & Paste werden Teile aus verschiedenen Quellen zusammengestellt. Durch kleine Anpassungen und Änderungen wie ausgetauschte Worte oder verschobene Halbsätze wird der gedankliche Fluss geglättet und das Plagiat ansatzweise kaschiert.

Übersetzungsplagiat. Ein Werk enthält Teile, die aus einer anderssprachigen Arbeit übersetzt wurden – meist aus der englischen in die deutsche Sprache. Auch solche Plagiate sind in studentischen Abschlussarbeiten anzutreffen. Ein unrühmlicher Höhepunkt meiner Prüfertätigkeit war eine Abschlussarbeit, in der zwölf Seiten als direkte Übersetzung eines Kapitels einer englischsprachigen Doktorarbeit vorgelegt wurden.

Strukturübernahme. Wird zwar nicht wörtlich zitiert, aber Argumente oder Gedanken werden in genau derselben Reihenfolge verwendet wie in einer Quelle, dann ist der logische Aufbau der Arbeit ein Plagiat – auch wenn der Autor den Text in eigenen Worten formuliert.

Verschleierungstaktiken Ungeachtet der Kategorie des Plagiats kommen verschiedene Techniken zum Einsatz, die die Leserin von einem möglichen Plagiatsverdacht ablenken sollen:

Fremde Federn. Angenommen in einer Quelle *B* wird die Quelle *A* zitiert und analysiert/bewertet. Dann wird hier die Diskussion aus *B* übernommen, ohne *B* zu zitieren. Da aber ein korrektes Zitat der Arbeit *A* enthalten ist, wird dies entsprechend verschleiert. Der Plagiator schmückt sich dabei mit fremden Federn (Preißner, 2012, S. 122). Ein solches Vorgehen kann dadurch auffallen, dass *B* kleine Ungenauigkeiten in der Interpretation oder den Metadaten von Quelle *A* enthält, die ungeprüft übernommen werden.

Bauernopfer. Es wird zwar eine Information mit richtiger Angabe der Quelle zitiert, aber umfangreiche weitere Textstellen aus derselben Quelle werden im Weiteren ohne entsprechende Nachweise übernommen. Da die zitierte Information häufig eine eher untergeordnete Bedeutung hat, spricht man von einem Bauernopfer (Nissen, 1994; Preißner, 2012, S. 122) zugunsten der intellektuell anspruchsvollen Teile, die als eigene Leistung ausgegeben werden.

Abbildungen aus Quellen Werden Abbildungen aus fremden Quellen in der eigenen Arbeit benutzt, handelt es sich bei unzureichender Quellenangabe ebenfalls um ein Plagiat. Dazu kommen allerdings noch urheberrechtliche Probleme: Abbildungen aus Quellen unterliegen dem Copyright (Dupré, 1998, S. 202 f.). Dem Plagiatsvorwurf kann man begegnen, indem man die Quelle in der Bildunterschrift ausweist, z. B. in der Form „(aus [2])". Die Urheberrechtsverletzung lässt sich jedoch ausschließlich über eine Genehmigung durch den Rechteinhaber ausräumen. Dies ist in den meisten Fällen der Verlag, bei dem die Originalveröffentlichung erschienen ist. Im wissenschaftlichen Bereich sind diese Genehmigungen problemlos zu bekommen und auch kostenfrei. Häufig geben die Verlage spezielle Formulierungen vor, mit denen auf die Originalpublikation und den Rechteinhaber zu verweisen ist.

Im Rahmen von Seminar- oder Abschlussarbeiten, die lediglich von dem Autor und den Prüferinnen einsehbar sind, kann ggf. auf die Genehmigung verzichtet werden – frei nach dem Motto „wo kein Kläger, da kein Richter". Allerdings würde ich von dieser Vorgehensweise explizit abraten; persönlich ist mir ein Fall bekannt, bei dem eine solche Seminararbeit auf unverlinkten Legacy-Webseiten der Hochschule lag, was zu einer kostspieligen Abmahnung und Schadenersatzforderung gegenüber der Hochschule geführt hat.

Bei eher konzeptuellen Abbildungen sollte sich der Autor von einer Abbildung höchstens inspirieren lassen, die Abbildungen in der eigenen Arbeit selbst erzeugen und die Quelle der Vorlage durch „(nach [2])" angeben. Dies hat den zusätzlichen Vorteil, dass die Abbildungen in der Arbeit stilistisch und in den enthaltenen Bezeichnern einheitlich sind. Sollen jedoch Abbildungen mit visuell aufbereiteten Daten aus einer fremden Quelle zitiert werden, bleibt nur der Weg über die Genehmigung durch den Rechteinhaber.

Künstliche Intelligenz Mit der Ankunft der KI-Chatbots eröffnen sich einem Autor neue Möglichkeiten, fremden Text zu einem Thema gezielt schreiben zu lassen und als eigenes geistiges Eigentum auszuweisen. Da der erzeugte Text aus keiner fremden Quelle stammt, handelt es sich um kein Plagiat. Da die Chatbots derzeit neuen Text gemäß Wahrscheinlichkeiten bzgl. der Wortabfolge zusammensetzen, findet beim Schreiben kein logisches Schließen oder Verknüpfen von Informationen statt. Vielmehr muss man damit rechnen, dass sich an anderer Stelle vorgedachte Gedankengänge im Text niederschlagen. Vor diesem Hintergrund sollte man in Erwägung ziehen, dass ein durch einen Chatbot produzierter, vermeintlich brillanter Gedanken aus einer unbekannten Quelle stammt, die dann natürlich auch nicht adäquat zitiert wird.

Selbstständigkeitserklärungen Für Abschlussarbeiten und kleinere Arbeiten wie Seminararbeiten wird eine Selbstständigkeitserklärung vom Autoren verlangt. Der dort vorgegebene Text setzt den Rahmen des Erlaubten und kann die Grauzonen entsprechend einschränken. Zum Standard einer solchen Erklärung gehört eine Aussage der folgenden Art[21].

> Ich erkläre hiermit, dass ich die vorliegende Arbeit selbstständig, ohne Hilfe Dritter und ohne Benutzung anderer als der angegebenen Quellen und Hilfsmittel verfasst habe. Alle den benutzten Quellen wörtlich oder sinngemäß entnommenen Stellen sind als solche einzeln kenntlich gemacht.

In Anbetracht der zunehmenden Leistungsfähigkeit generativer KI, halten auch entsprechende Regelungen in den Selbstständigkeitserklärungen Einzug. Aus rechtlicher Sicht erscheint dies evtl. überregulierend, da die obige Erklärung bereits ausreichende Grenzen setzt, ist aber vor dem Hintergrund der verschiedenen Fachkulturen empfehlenswert

---

[21] Quelle: https://fim.htwk-leipzig.de/studium/bachelorstudiengaenge/informatik/studium-informatik/im-studium/graduierungsarbeit/empfehlungen-zur-ausgestaltung-der-graduierungsarbeit, zuletzt eingesehen am 28.3.2024.

(Hoeren, 2023). Die nachfolgenden Textbausteine orientieren sich an einem internen Diskussionspapier zum Umgang mit KI-Tools in der Lehre der HTWK Leipzig.

Die automatischen Übersetzungswerkzeuge erlauben dank generativer KI heute eine wesentlich einfachere Verschleierung von Übersetzungsplagiaten. Dies kann mit einem Zusatz wie der folgenden Formulierung explizit thematisiert werden.

> Insbesondere auch Textpassagen, die manuell oder mittels digitaler Übersetzungshilfen aus einer anderen Sprache übersetzt oder hin- und rückübersetzt wurden, sind entsprechend als Zitat durch die Quelle gekennzeichnet.

Entschließt sich die Hochschulleitung oder der Prüfungsausschuss, dem möglichen Betrug bei Prüfungsleistungen durch KI-Chatbots einen Riegel vorzuschieben, kann beispielsweise die folgende Formulierung in den Vorgaben zur Selbstständigkeitserklärung stehen.

> Ich versichere, dass keinerlei Textpassagen, bildliche Darstellungen oder anderweitige Ergebnisse, die mittels Künstlicher Intelligenz generiert wurden, bei der Erstellung der Arbeit genutzt wurden.

Aus der Sicht der Informatikprofessorin ist diese Formulierung allerdings zu einschränkend, da dadurch das komplette Forschungsfeld der KI-Chatbots und ähnlicher Techniken als mögliches Thema einer Arbeit ausgeschlossen wird. Besser wäre hier eine entsprechende Kennzeichnungspflicht, die damit auch eine wissenschaftliche Auseinandersetzung mit generativer KI erlaubt.

> Ich versichere, dass alle Textpassagen, bildlichen Darstellungen oder anderweitige Ergebnisse, die mittels Künstlicher Intelligenz generiert wurden, von mir gekennzeichnet und Quelle, Datum und Eingabeparameter ihrer Erzeugung vollständig angegeben wurden.

Wissenschaftssprache Informatik 5

Wie jede Fachdisziplin hat auch die Informatik im Laufe ihrer Geschichte eine eigene Fachsprache sowie eigene Konventionen und Notationen entwickelt. Viele allgemeine Regeln gelten über Fachgrenzen hinweg, andere sind spezifisch für die Formalwissenschaften oder sogar nur in der Informatik gebräuchlich.

Konkret werden zunächst Textabschnitte behandelt, die eine spezielle Funktion im Text erfüllen (Abschn. 5.1). Es schließen sich Ausführungen zum Sprachstil im Allgemeinen und zu einigen Besonderheiten der Arbeiten in der Informatik (Abschn. 5.2) an. Viele in diesem Kapitel behandelten Aspekte werden anhand von Beispielen aus Abschlussarbeiten der Informatik erläutert.

5.1 Bausteine wissenschaftlicher Arbeiten

Die Leserin einer wissenschaftlichen Arbeit ist für schnell erfassbare Hinweise dankbar, welche Funktion ein Textabschnitt in seinem Kontext erfüllt – ist es ein Beispiel, ein Beweis, eine Schlussfolgerung oder etwas ganz anderes? Letztendlich erleichtert eine klare Kennzeichnung auch dem Autoren seine Aufgabe, wenn er sich selbst über Fragen, die einem guten Layout zugeordnet werden, die Struktur des Textes erarbeiten kann.

Die visuelle und inhaltliche Strukturierung bedient sich zweier Klassen an Bausteinen, die sich dadurch unterscheiden, wo der Baustein platziert wird: semantische Blöcke innerhalb des Fließtextes und verschiebbare Blöcke, die vom Textfluss gelöst sind.

K. Weicker, *Wissenschaftliches Schreiben in der Informatik*, Studienbücher Informatik, https://doi.org/10.1007/978-3-662-69872-3_5

5.1.1 Semantische Blöcke

Wichtige Inhalte werden im Fließtext durch eine besondere Gestaltung hervorgehoben. Dabei kann es sich um eine Definition, ein Satz, ein Beweis, ein Beispiel, kleine Quelltext-Auszüge oder eine Gleichung handeln. Wir bezeichnen diese in Anlehnung an Dupré (1998, S. 211 ff.) als *semantische Blöcke,* da sie sich gut abgrenzen lassen und eine klare Funktion erfüllen.

Semantische Blöcke sind mehr als eine reine Layouttechnik. Sie helfen dem Leser bei der Orientierung in der Arbeit, indem sie Anfang und Ende des Blocks deutlich sichtbar machen, z. B. durch einen Rahmen um den Text, einen grauen oder farbigen Hintergrund, eine spezielle Einrückung, Kursivschrift oder die Kennzeichnung des Blockendes durch ein Symbol, z. B. □.

Blockart und Nummerierung In der Regel steht am Anfang eines semantischen Blocks eine Bezeichnung, die angibt, worum es sich handelt, z. B. Definition, Satz oder Hypothese. Diese kann mit einer Nummer verknüpft werden, um den Block eindeutig identifizieren zu können. Dabei kann der Autor entscheiden, ob er Blöcke mit gleicher Semantik, z. B. alle Definitionen, unabhängig von den anderen Blöcken, fortlaufend nummerieren möchte

> Satz 1, Definition 1, Definition 2, Satz 2, Definition 3, …

oder ob sich die Nummerierung auf alle semantischen Blöcke gleichermaßen bezieht.

> Satz 1, Definition 2, Definition 3, Satz 4, Definition 5, …

Während in kleineren Dokumenten die durchlaufende Nummerierung über das gesamte Dokument hinweg ausreicht, wird bei größeren Schriftwerken nicht nur jede semantische Einheit separat nummeriert, sondern die Nummern setzen sich häufig aus der Nummer des Kapitels und einer durchlaufenden Nummerierung im Kapitel zusammen, z. B.

> Satz 1.1, Definition 1.1, Definition 2.1, Satz 2.1, Definition 2.2, …

Wichtige semantische Blöcke werden häufig mit einem zusätzlichen Titel versehen, der es ermöglicht im Text den Inhalt des Blocks sprachlich klarer zu referenzieren, z. B.

Satz 5.1: No-Free-Lunch-Theorem
Für zwei Algorithmen A, B [...]

Definitionen Schlüsselbegriffe einer wissenschaftlichen Arbeit sowie alle Begriffe, die im wissenschaftlichen Kontext eine spezielle Bedeutung haben, werden durch Definitionen ausgewiesen, genauer konkretisiert und von anderen Auslegungen des Begriffs abgegrenzt. Konkret müssen alle Begriffe eingeführt werden, die nicht zum Grundlagenwissen der zu erwartenden Leserschaft gehören.

Es gibt zwei Möglichkeiten, Begriffe zu definieren. Dies kann durch einen definierenden Satz im Fließtext geschehen, der beim ersten inhaltlichen Vorkommen des Begriffs die Definition enthält. Der eingeführte Begriff kann durch Fettdruck oder Schrägstellung hervorgehoben werden. Beispielsweise könnte der Begriff des „Expertensystems" wie folgt eingeführt werden.

[...] *Expertensysteme* unterstützen einen Anwender durch wissensbasierte Handlungsempfehlungen für ein spezielles Fachgebiet wie Geldanlagen oder Medizin. [...]

Alternativ werden Begriffe in einem eigenen semantischen Block eingeführt. Diese Form der Definition ist besonders für Kernbegriffe einer Arbeit geeignet bzw. für Begriffe, die mithilfe mathematischer Formeln definiert werden. Ein Beispiel ist die nachfolgende Definition aus dem Kontext der Maschinenbelegungsplanung.

Definition 5.1 (Aktiver Schedule) Ein realisierbarer Schedule ist *aktiv* genau dann, wenn er keine zulässigen Linksverschiebungen enthält.

LaTeX: Semantische Blöcke deklarieren und benutzen

Das Textsatzsystem LaTeX liefert keine feste Menge an vordefinierten semantischen Blöcken. Vielmehr kann der Autor eine beliebige Anzahl an Blöcken deklarieren und frei benennen: Dafür wird jeder semantische Block in der Präambel des Dokuments deklariert. In der einfachsten Variante geschieht dies mit dem folgenden Kommando für einen Definitionsblock.

```
\newtheorem{mydefinition}{Definition}
```

Dadurch können auch semantische Blöcke für zu beweisende Aussagen wie Lemmata, Sätze, Korollare und Theoreme sowie Axiome und Hypothesen eingeführt werden. Optionale Argumente ermöglichen die separate Nummerierung in den Kapiteln sowie die gemeinsame Nummerierung mehrerer semantischer Einheiten.

Ist ein semantischer Block deklariert, kann er im Haupttext wie folgt benutzt werden:

```
\begin{mydefinition}[Aktiver Schedule]
 Ein realisierbarer Schedule ist \emph{aktiv} genau dann,
 wenn er keine zulässigen Linksverschiebungen enthält.
\end{mydefinition}
```

Die Nummerierung der Blöcke wird automatisch beim Übersetzen des Dokuments mit LaTeX erzeugt.

Verschiedene Pakete, z. B. theorem und amsthm, erweitern den Befehl \newtheorem vor allem um eine Vielzahl an Layoutoptionen.

Markdown: Unterstützung von semantischen Blöcken

Auch wenn es zunächst keine einfache und allgemein verbreitete Unterstützung von derartigen Umgebungen in Markdown und pandoc gibt, befassen sich einige Weiterentwicklungsprojekte mit entsprechenden Konzepten. Ein Beispiel ist die Erweiterung pandoc-theoremnos[1], welche über den Filtermechanismus von pandoc Syntax und Transformation von Markdown erweitert.

Office-Lösungen: Formatvorlage kombiniert mit Beschriftung

Die Office-Lösungen haben keinen Standardmechanismus, der semantische Blöcke als Kombination bestehend aus Gestaltungskriterien und nummerierter Einheit unterstützt, sodass beliebige Referenzen auf die semantischen Blöcke möglich sind. Für die Gestaltung sollten Formatvorlagen benutzt oder gar selbst definiert werden, damit alle semantischen Blöcke gleich gesetzt sind. Den Blocknamen und die Nummer kann man am einfachsten durch den Punkt „Beschriftung" im Menü „Referenzen" erreichen (vgl. Abb. 5.1). Hier können im Dialogfenster auch beliebige neue Namen für semantische Blöcke eingeführt werden, die dann entsprechend durchnummeriert werden. Hinter der Nummer verbirgt sich eine Zählfunktion, die sich im Kontextmenü über „Feldfunktion ein/aus" als konfigurierbarer Zähler anzeigen lässt (vgl. Abb. 5.2). Entsprechende Zahlen als Felder lassen sich auch über die Tastatur mittels Strg+F9 einfügen. So wurde in Abb. 5.2 eine weitere Zahl zu den Definitionen erzeugt, wobei das optionale Argument „\c" dafür sorgt, dass der Zähler nicht erhöht wird. Dies ist eine einfache Möglichkeit auf den letzten zugehörigen semantischen Block zu verweisen. Auch allgemeine Querverweise sind möglich, müssen allerdings über einen separaten Mechanismus konfiguriert und eingerichtet werden.

---

[1] https://github.com/tomduck/pandoc-theoremnos

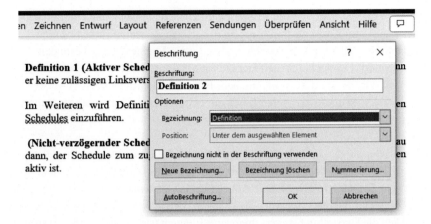

Abb. 5.1 Über die automatisch durchnummerierten Beschriftungen wird in Word „Definition 2" erzeugt

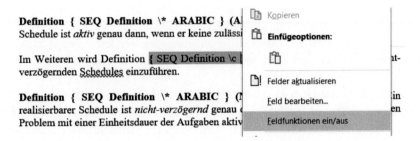

Abb. 5.2 Die Zählvariablen werden hier durch „Feldfunktion ein/aus" angezeigt und die zweite Variable erhöht den Zähler durch das Argument „\c" nicht

Beweise Der Beweis folgt oft als reiner Fließtext auf den zugehörigen semantischen Block mit der aufgestellten Behauptung. Um den Anfang und das Ende deutlich zu kennzeichnen, wird der Anfang oft durch „Beweis:" eingeleitet, während das Ende durch ein Symbol □ oder die Abkürzung „q. e. d." (lat. *quod erat demonstrandum* = was zu zeigen war) markiert wird.

Beweis Bezeichne $p_1^{n_1} \cdot \ldots \cdot p_k^{n_k} = m$ die Primfaktorzerlegung von m. Betrachten wir nun die Zahl $m + 1$, dann lässt sich [...] □

Beispiele Das Verständnis eines wissenschaftlichen Textes steht und fällt mit den enthaltenen Beispielen, um Konzepte und Ideen zu illustrieren. In vielen Texten werden diese nicht
als semantischer Block gekennzeichnet, sondern als Fließtext ohne besondere Hervorhe-
bung präsentiert. Dennoch gilt auch hier die Empfehlung, Anfang und Ende eines Beispiels
durch Form oder Kontext zu verdeutlichen. Falls der nachfolgende Text Verweise auf ein
Beispiel enthält, ist ein semantischer Block mit entsprechender fortlaufender Nummerierung
sinnvoll.

Quelltext Gerade in der Informatik bestehen Beispiele oder technische Details oft aus
Quelltext-Auszügen. Für deren Darstellung hat der Autor zwei Möglichkeiten. Zum einen
kann der Quelltext bis zu einer Länge von 4–5 Zeilen als semantischer Block ohne Bezeichner und Nummer dargestellt werden. Für längere Quelltext-Auszüge bietet sich als zweite
Möglichkeit die Darstellung als verschiebbares Element (siehe Abschn. 5.1.2) an, auf das im
Text verwiesen wird (Dupré, 1998, S. 384). Bei den kleinen Quelltext-Auszügen als semantischer Block wird in der Regel auf eine Nummerierung der Zeilen im Quelltext verzichtet.
     Grundsätzlich sollte Quelltext immer mit einer Schriftart fester Breite (z. B. Courier)
gesetzt werden. Dies gilt insbesondere auch für Bezeichner wie Variablen-, Klassen- oder
Funktionsnamen aus dem Quelltextbeispiel, wenn diese im Fließtext wieder verwendet werden (Dupré, 1998, S. 380 f.). Quelltext ist allerdings leichter lesbar, wenn zusätzlich die
Schlüsselworte farblich oder durch Variation der Schrift hervorgehoben werden (sog. Highlighting).
     Die hier formulierten Regeln gelten auch für Algorithmen, die beispielsweise in Pseudo-
code notiert sind. Da sich Algorithmen allerdings meist nicht in wenigen Zeilen abhandeln
lassen, bieten sich hierfür vornehmlich die verschiebbaren Elemente im folgenden Abschnitt
an.

Office-Lösungen: Quelltext mit Highlighting kopieren

Als einfachste Möglichkeit können Quelltextbeispiele in Word eingefügt werden, indem
per Copy&Paste der Quelltext in einer Programmier-IDE wie Eclipse markiert, kopiert
und im Word-Dokument eingefügt wird. Auch das Programm Notepad++ bietet mit
dem NppExport-Plugin eine Funktion zum Kopieren mit Syntax-Highlighting an.

LATEX: Umgebungen für Quelltext

Als einfachste Variante kann Quelltext in der Verbatim-Umgebung präsentiert werden.
So erzeugt der LATEX-Code

```
\begin{verbatim}
if (x > 0)
   x = x-1;
\end{verbatim}
```

die folgende Ausgabe, bei der alle Zeichen einschließlich der Leerzeichen in einer Schriftart fester Breite gesetzt werden:

```
if (x > 0)
   x = x-1;
```

Dabei ist die Einrückung die einzige Möglichkeit, den Quelltext vom restlichen Text
abzuheben. Highlighting der Schlüsselwörter sowie eine automatische Anzeige der Zei-
lennummern ermöglicht das Listings-Paket (\usepackage{listings}), das für die
LaTeX-Beispiele in diesem Buch benutzt wird. Das obige Beispiel kann gesetzt werden
durch

```
\begin{lstlisting}[language=Java]
   if (x > 0)
      x = x-1;
\end{lstlisting}
```

und wird dann wie folgt im Text dargestellt:

```
1    if (x > 0)
2       x = x-1;
```

5.1.2 Verschiebbare Elemente

Wer schon einmal versucht hat Abbildungen, Tabellen oder größere Quelltext-Abschnitte
im Fließtext eines Dokuments unterzubringen, wurde vermutlich mit großen ungenutzten
Freistellen bei Abbildungen am Seitenumbruch sowie mit Tabellen konfrontiert, welche
durch einen Seitenumbruch zweigeteilt sind. Um diese Effekte zu vermeiden, werden die
Elemente aus dem Fließtext herausgelöst und an einer geeigneten Stelle unabhängig vom
Text platziert (vgl. Balzert et al., 2008, S. 184 f.). Hierfür bietet sich der obere bzw. der untere
Rand der Seite an (Zobel, 1997, S. 81). Um die herausgelösten Teile im Text verankern zu
können, werden sie mit einer fortlaufenden Nummer versehen, auf die an mindestens einer
Stelle im Fließtext verwiesen wird (Dupré, 1998, S. 391).

Verschiebbare Elemente ziehen die Aufmerksamkeit einer Leserin auf sich und werden beim Querlesen einer Arbeit genauer betrachtet. Das verschiebbare Element ist jedoch
aus dem erläuternden Fließtext als Kontext herausgerissen. Deshalb wird die Nummer der

Referenz um einen erläuternden Text ergänzt, der als Unter- oder Überschrift das Element unabhängig vom Text verständlich macht (Zobel, 1997, S. 82).

Abbildungen   Vor allem für die Visualisierung von zentralen Ideen und Ergebnissen sind Abbildungen ein ideales Transportmedium. Eine grafische Darstellung sollte gewählt werden, wenn dadurch Information klarer und effektiver kommuniziert wird als durch reinen Text (Dupré, 1998, S. 516). Abb. 5.3 zeigt ein Beispiel, das semantische und verschiebbare Blöcke voneinander abgrenzt. Auch wenn die Informatik viele Notationsstandards wie UML (engl. *Unified Modeling Language*), ERM (Entity-Relationship-Modell) und Struktogramme besitzt, ist für die Kommunikation von Konzepten häufig ein stark vereinfachte eigene Darstellung sinnvoll. Das bedeutet, dass die zum Verständnis notwendigen Informationen gezeichnet und alle Details, die ablenken könnten, weggelassen werden (Deininger et al., 1992, S. 41; Zobel, 1997, S. 84 f.).

Ein Bild muss gemeinsam mit der Erläuterung in der Bildunterschrift verständlich sein, ohne dass der zugehörige Abschnitt im Haupttext gelesen wird (Dupré, 1998, S. 199 f.). Man unterscheidet zwischen der Hilfestellung in der Bildunterschrift zum Grundverständnis des Bildes und der Interpretation im Haupttext, wie das Bild im Weiteren zu verstehen ist (Zobel, 1997, S. 82). Daher werden in der Bildunterschrift auch Abkürzungen und Symbole erläutert, falls dies nicht in einer Legende im Bild geschieht (Dupré, 1998, S. 202). Dazu gehört auch eine konsistent gleiche Benutzung von Bezeichnern in Bild, Bildunterschrift und Text (Dupré, 1998, S. 521 f.). Ein Negativbeispiel sind englischsprachige Bezeichner im Bild und deutschsprachige Bezeichner in der Bildunterschrift und dem Rest der Arbeit. Die Bildunterschrift selbst besteht aus einem oder mehreren ganzen Sätzen oder einem Satzfragment ohne Verb. Manchmal enthalten grafische Darstellungen selbst eine Überschrift – dies ist eher unüblich, da der Titel des Bildes in die Bildunterschrift gehört (Dupré, 1998, S. 523).

Zu jeder Abbildung gehört im Text ein entsprechender Verweis auf die Nummer der Abbildung – für die Beispielabbildung wurde im Text oben „Abb. 5.3 zeigt […]" geschrieben. Die Abbildung steht idealerweise auf derselben Seite wie die Textreferenz oder auf

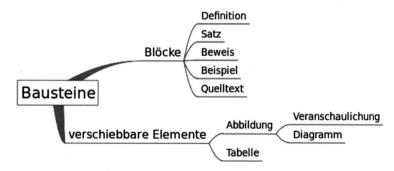

Abb. 5.3 Bausteine wissenschaftlicher Arbeiten, wie sie in diesem Buch unterschieden werden (in einer Darstellung als Mindmap)

der Seite danach (Zobel, 1997, S. 82) – eine Platzierung auf Seiten vor der Textreferenz ist zu vermeiden. Außerdem sollten auch die (erstmaligen) Verweise auf Abbildungen im Text in der Reihenfolge der Nummern erscheinen (Dupré, 1998, S. 257). Falls Abbildungen Unterabbildungen mit (a), (b), …enthalten, kann direkt auf die jeweilige Unterabbildung, z. B. mit „Abb. 2a", verwiesen werden. Hatte man als Autor zuvor die Abbildungen fest in den Fließtext eingebunden, ist beim Übergang auf verschiebbare Blöcke darauf zu achten, dass der Text entsprechend umformuliert werden muss: Aus einem „[…], wie folgende Abbildung zeigt" wird beispielsweise ein „Abb. 5.1 illustriert […]".

Office-Lösungen: Per Konfiguration vom Textfluss lösen

Im Default platziert Word eingefügte Bilder im Textfluss, wodurch die Abbildungen beliebig auf der Seite verschoben werden, manchmal große Leerstellen an Seitenumbrüchen entstehen oder gar Bildunterschrift und Abbildung auf unterschiedlichen Seiten platziert werden. Um diese Effekte zu verhindern, kann wie folgt beim Einfügen von Abbildungen vorgegangen werden:

1. Das gewünschte Bild einfügen.
2. Das Bild wird markiert, über das Menü „Bildformat" im Abschnitt „Textumbruch" die Variante „Weitere Layoutoptionen…" gewählt und dort „Oben und unten" eingestellt.
3. Jetzt kann das Bild auf der Seite verschoben werden und am Seitenanfang oder -ende platziert werden. Im Menüpunkt „Position" kann diese verankert werden. Jetzt ist die Grafik aus dem Text gelöst.
4. Abschließend wird eine Bildunterschrift im Menü „Referenzen" hinzugefügt, wobei die Nummerierung aktiviert wird. Dort sind auch kapitelweise Nummerierungen möglich (vgl. Abb. 5.4).
5. Abschließend kann in der Bildunterschrift der erläuternde Text eingetragen werden.

Das Ergebnis ist für ein Beispiel in Abb. 5.5 dargestellt. Da sich in Word große textuelle Verschiebungen im umfließenden Text negativ auf das Layout auswirken können, sollte in jedem Fall in der Endredaktion alle Abbildungen nochmals kontrolliert und ggf. Abbildung und Bildunterschrift gemeinsam bzgl. der gewünschten Position nachjustiert werden.

LaTeX: Direkte Unterstützung bei der Platzierung

In LaTeX gibt es eine spezielle `figure`-Umgebung, mit der Abbildungen erzeugt werden. Der Layoutalgorithmus von LaTeX platziert die Abbildung dann automatisch. Abb. 5.3 wurde beispielsweise mit dem folgenden Quelltext erzeugt:

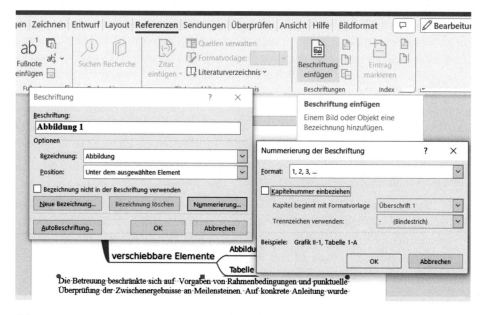

Abb. 5.4 Die Bildunterschrift wird in Word einschließlich einer durchlaufenden Nummerierung erzeugt

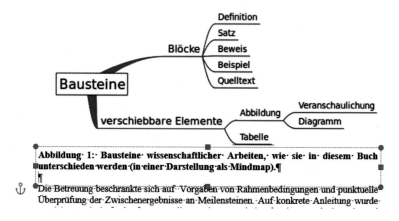

Abb. 5.5 In Word vom Text gelöste Abbildung samt Bildunterschrift

```
\begin{figure}[b]
  \centering
  \includegraphics[width=0.75\textwidth]{mindbst.eps}
  \caption{Bausteine wissenschaftlicher Arbeiten, wie sie
    in diesem Buch unterschieden werden (in einer
    Darstellung als Mindmap).}\label{fig:mindmap}
\end{figure}
```

Das optionale Argument [b] bestimmt, dass die Abbildung am unteren Seitenrand platziert wird – andere Möglichkeiten wären [t] für die Platzierung am oberen Rand und [h] für die aktuelle Stelle im Text. Kombinationen wie [ht] enthalten eine Priorität: probiere erst [h], wenn das nicht geht [t]. Das Makro \caption{} enthält die Bildunterschrift. Der in \label{} angegebene eindeutige Schlüssel kann im Text für eine Referenz auf die Abbildung wie folgt benutzt werden:

```
Abbildung \ref{fig:mindmap}
```

Der Befehl \ref{} erzeugt nur die entsprechende Nummer – die genaue Bezeichnung der Art des verschiebbaren Elements muss im eigenen Text ergänzt werden.

Markdown: Bilder einbinden

Bilder können grundsätzlich mit der Notation in den Text eines Markdown-Dokuments eingebettet werden. Wird das Bild durch Leerzeilen vom Text abgetrennt, wird daraus ein verschiebbarer Block mit einer Bildunterschrift und der Möglichkeit es zu referenzieren:

```
 ![Bildunterschrift.](mindbst.png){#fig:mindmap}
```

Verweise auf Abbildungen können beispielsweise durch den pandoc-Filter pandoc-crossref (Aufrufparameter --filter pandoc-crossref) umgesetzt werden. Eine entsprechende Referenz wird dann im Text als [@fig:mindmap] gesetzt. Enthält die YAML-Datei die zugehörigen Variablen

```
figureTitle: "Abbildung"
figPrefix: "Abb."
```

werden Bildunterschrift und die Referenz entsprechend mit den deutschsprachigen Bezeichnern gesetzt.

Tabellen Zusammenfassungen numerischer Ergebnisse lassen sich ebenso gut in Tabellen aufbereiten wie der Vergleich von Daten. Auch Tabellen sollten wie Abbildungen außerhalb des Textflusses platziert, aber im Text mit einem Verweis verankert und dort interpretiert und diskutiert werden.

Für die Gestaltung einer Tabelle gibt es einige grundsätzliche Regeln. Jede Spalte trägt eine Überschrift (Dupré, 1998, S. 392). Zusätzlich können die Spalten durch mehrspaltige

Überschriften gruppiert werden. In der Literatur wird für die gesamte Tabelle eine Überschrift empfohlen, welche einerseits die Nummer der Tabelle enthält und den dargestellten Sachverhalt benennt (Balzert et al., 2008, S. 113; Dupré, 1998, S. 392). Häufig werden die Tabellen jedoch analog zu den Abbildungen mit einer Tabellenunterschrift gesetzt (Zobel, 1997, S. 92). Im Gegensatz zu Abbildungen wird bei Tabellen der Inhalt in der Überschrift/Unterschrift zwar benannt, aber nicht detailliert beschrieben – dies geschieht im Text oder einer Tabellenfußnote (Dupré, 1998, S. 392). Tab. 5.1 zeigt ein einfaches Beispiel.

Office-Lösungen: Tabellen verschiebbar machen

In Word kann über das Kontextmenü der Seitenwechsel innerhalb der Tabelle in den Tabelleneigenschaften deaktiviert werden, wodurch die Tabelle als Einheit nur auf einer Seite platziert wird. Ansonsten kann die Tabelle mit denselben Mechanismen wie Abbildungen vom Text gelöst und mit einer Über- oder Unterschrift versehen werden.

LaTeX: Tabellen beschreiben

Der LaTeX-Quelltext für Tab. 5.1 steht in Listing 5.1. Dort wird die Tabelle mit der `tabular`-Umgebung beschrieben. Das Argument `|r||c|l|` definiert drei Spalten mit senkrechten Trennlinien, wobei jede Spalte links- bzw. rechtsbündig oder zentriert ist. Die einzelnen Zellen einer Zeile werden durch & getrennt und eine Zeile durch \\ beendet. So können Tabellenbeschreibungen in der LaTeX-Datei sehr unübersichtlich werden. Horizontale Trennlinien werden durch `\hline` eingefügt. Eine Tabelle wird allerdings erst durch die sie umgebende `table`-Umgebung zu einem verschiebbaren Element und kann mit denselben Befehlen konfiguriert werden wie die Abbildungsumgebung `figure`. Steht der `\caption`-Befehl vor der `tabular`-Umgebung, erhält die Tabelle eine Überschrift statt einer Tabellenunterschrift.

Markdown: Übersichtliche Tabellenbeschreibung

Für Tabellen gibt es in Markdown unterschiedliche Notationen, denen allen gemein ist, dass sie (im Gegensatz zu LaTeX) auch beim Schreiben leicht lesbar sind. Listing 5.2 zeigt eine kleine Beispieltabelle. Die Linie mit den Gleichheitszeichen === trennt die Kopfzeile von den eigentlichen Daten und die Doppelpunkte markieren, ob eine Spalte zentriert oder rechts- bzw. linksbündig ist. Dabei müssen die Zeichen nicht komplett

Tab. 5.1 Vergleich der asymptotischen Laufzeiten

Datenstruktur	Zugriff	Suchen
Feld	konstant	$O(\log n)$
Liste	$O(n)$	$O(n)$

Listing 5.1 Quelltext für eine Tabelle

```
 1    \begin{table}[tb]
 2      \caption{Vergleich der asymptotischen Laufzeiten}
 3      \label{tab:laufzeiten}
 4      \centering
 5      \begin{tabularx}{\textwidth}{|r||c|l|}
 6      \hline
 7      Datenstruktur & Zugriff & Suchen \\ \hline\hline
 8      Feld & konstant & O(log $n$) \\ \hline
 9      Liste & O($n$) & O($n$) \\ \hline
10    \end{tabularx}
11    \end{table}
```

Listing 5.2 Quelltext für eine Markdown-Tabelle

```
 1    Table: Vergleich der asymptotischen Laufzeiten
 2    {#tbl:runtime}
 3
 4    +----------------+----------+-----------+
 5    | Datenstruktur  | Zugriff  | Suchen    |
 6    +===============:+:========:+:=========+
 7    | Feld | konstant | O(log $n$)|
 8    +----------------+----------+-----------+
 9    | Liste          | O($n$)   | O($n$)    |
10    +----------------+---------+-----------+
```

Table 1: Vergleich der asymptotischen Laufzeiten

Datenstruktur	Zugriff	Suchen
Feld	konstant	$O(\log n)$
Liste	$O(n)$	$O(n)$

Abb. 5.6 Darstellung der Tabelle zum Markdown-Quellcode in Listing 5.2

ausgerichtet sein, wie man in der Ecke rechts unten erkennt. Die resultierende Tabelle ist in Abb. 5.6 dargestellt. Für die Nummer der Tabellenüberschrift wird wie bei den Abbildungen der pandoc-Filter `pandoc-crossref` benutzt, sodass mit [@tbl:runtime] der entsprechende Textverweis erzeugt werden kann. In diesem Beispiel haben wir die englischsprachige Voreinstellung belassen – diese könnte über die Variablen `tableTitle` und `tblPrefix` in der YAML-Datei angepasst werden.

Anspruchsvolles Tabellenlayout Grundsätzlich sollten Tabellen in einem Paper oder einer Abschlussarbeit in einem einheitlichen Stil bzgl. der Spaltenüberschriften und der Trennlinien gesetzt werden (Dupré, 1998, S. 394). Dabei sind Tabellen oft angenehmer lesbar, wenn einige Trennlinien weggelassen werden (Zobel, 1997, S. 86). Vor diesem Hintergrund ist Tab. 5.1 kein positives Beispiel: Die beiden Spalten „Zugriff" und „Suche" sind nicht einheitlich ausgerichtet und die vielen Linien sind ästhetisch fragwürdig. Konkret schlägt (Dupré, 1998, S. 394 f.) die folgenden Layoutregeln für Tabellen vor:

- Es wird jeweils eine horizontale Linie zwischen Spaltenüberschriften und dem Hauptteil sowie am Ende der Tabelle gesetzt.
- Evtl. kann auch eine horizontale Linie zwischen der Tabellenüberschrift und dem Beginn der eigentlichen Tabelle platziert werden.
- Auf senkrechte Linien zwischen den Spalten wird komplett verzichtet.

Die Markdown-Tabelle in Abb. 5.6 erfüllt diese Anforderungen, wobei alle Spalten in einem linksbündigen Satz ästhetisch noch ansprechender wären.

Im Rahmen eines einheitlichen Stils können zusätzliche Linien in den Tabellen bewusst gesetzt werden. Auch bietet es sich manchmal an, Spalten zu gruppieren und mit einer gemeinsamen Überschrift zu versehen. Mehrere Zeilen können dadurch gruppiert werden, dass vor der Gruppe eine zusätzliche Zeile eingefügt wird, die in der ersten Spalte oder linksbündig über die ersten Spalten hinweg eine Gruppenbezeichnung enthält. Tab. 5.2 zeigt ein Beispiel: Die Spalten wurden in zwei Gruppen zusammengefasst, die Zeilen in drei Gruppen. Zusätzlich wurden horizontale Linien zur Abgrenzung der drei Gruppen eingeführt.

Tab. 5.2 Selbsteinschätzung der Kompetenz vor Beginn des Projekts und des Lernzuwachses im Softwareengineering-Projekte durch Bachelorstudierende (1 = sehr gut, 4 = kaum)

	Projektgruppen nur mit Bachelorstudierenden		Projektgruppen mit Bachelor+Masterstudierenden	
	Vorkompetenz	Lernzuwachs	Vorkompetenz	Lernzuwachs
Methodische Informatikkompetenzen				
Programmieren	2.61±0.81	2.02±0.82	2.83±0.74	1.86±0.68
Problemlösen	2.44±0.73	2.26±0.82	2.4 ±0.74	1.97±0.70
Selbst- und Teamkompetenzen				
Zeitmanagement	2.93±0.79	2.30±0.90	2.92±0.60	2.17±0.77
Komm. mit Fachfremden	2.65±0.92	2.34±0.92	2.69±0.68	2.91±0.85
Kompromissbereitschaft	2.32±0.74	2.16±0.78	2.22±0.59	1.92±0.69
Leitungs- und Führungskompetenzen				
Verantwortungsbewusstsein	2.05±0.87	2.23±0.95	2.33±0.63	2.03±0.77
Systemdenken	2.65±0.75	2.42±0.76	2.53±0.70	2.11±0.85

Quelle: (Weicker & Weicker, 2009b)

Tab. 5.3 Vergleich der durchschnittlichen Speicherzugriffe bei erfolgreicher Suche in einer Hash-Tabelle der Größe $p = 10.036.223$

α^a	externe Verkettung[b]	geschlossenes Hashing			
		lineare Sondierung	Double Hashing	Brent's Algorithmus[c]	Coalesced
0,50	1,25	1,50	1,39	1,29	1,29
0,80	1,40	3,00	2,01	1,69	1,50
0,90	1,45	5,49	2,56	2,05	1,59
0,95	1,55	10,57	3,15	2,49	1,64
0,99	2,00	50,52	4,66	3,76	1,68

[a] Füllgrad der Tabelle.
[b] Alle Elemente stehen in einer verketteten Liste und die Tabelle enthält jeweils den Verweis auf das erste Element. Bei der Anzahl der Speicherzugriffe wird hier der Zugriff auf den Tabelleneintrag vernachlässigt.
[c] Double Hashing mit Brent's Algorithmus beim Einfügen.

Um eine Tabelle auch isoliert lesbar und verständlich zu halten, können einzelne Bestandteile in Tabellenfußnoten erläutert werden (Dupré, 1998, S. 395). Im Bereich der Fußnoten können auch Erklärungen von Abkürzungen sowie eine Angabe einer Quelle platziert werden, falls die dargestellten Daten aus einer anderen Publikation stammen. Tab. 5.3 zeigt ein Beispiel für eine solche Aufbereitung wissenschaftlicher Daten.

LATEX: Gestaltung unkonventioneller Tabellen

In LATEX erlaubt das `\multicolumn`-Makro, mehrere Tabellenfelder horizontal zusammenzufassen. Mit dem `\cline`-Makro können horizontale Linien auf ausgewählte Spalten beschränkt werden. Sollen jedoch mehrere Tabellenfelder in einer Spalte vertikal zusammengefasst werden, bietet LATEX hierfür keinen einfachen Mechanismus an. Die Tab. 5.3 mit den Tabellenfußnoten wurde mithilfe des Pakets `threeparttable` gesetzt.

Grundsätzlich sollten Tabellen bewusst und sparsam eingesetzt werden. Eine übermäßige Anzahl an Tabellen erschwert die Lesbarkeit einer Arbeit – insbesondere wenn es für die Leserin intransparent bleibt, welche Schlussfolgerung aus welchen Daten gezogen wurde. Gerade im Hinblick auf die Interpretation von Daten sind häufig Diagramme in Abbildung besser geeignet als eine Tabelle – beispielsweise beim Vergleich von verschiedenen Ergebnissen. In studentischen Arbeiten werden Tabellen teilweise zweckentfremdet und für Inhalte verwendet, die eigentlich eine Auflistung oder ein Programmlisting darstellen – hier sollte der Autor auf andere semantische oder verschiebbare Blöcke ausweichen.

5.1.3 Präsentation experimenteller Daten in Achsendiagrammen

Viele wissenschaftliche Veröffentlichungen wie auch studentische Abschlussarbeiten besitzen empirische Komponenten, d. h., es werden Experimente oder Messungen durchgeführt und die Ergebnisse entsprechend aufbereitet. Tabellen haben den Vorteil, dass die exakt wiedergegebenen Daten als Grundlage für weitere statistische Analysen nutzbar sind.

Für eine intuitiv und schnell lesbare Interpretation sind Achsendiagramme als Abbildungen
ein adäquates Mittel.

Varianten Achsendiagramme sind dadurch gekennzeichnet, dass sie Daten in zwei Dimensionen eines Koordinatensystems auftragen, und es so ermöglichen, Zusammenhänge und
Vergleiche zwischen Werten darzustellen. Zu den gebräuchlichsten Formen gehören Punkt-
diagramme, in dem einzelne Punkte in ein Koordinatensystem eingetragen werden, Liniendiagramme, in welchem zwischen Punkten durch Linien ein semantischer Zusammenhang
etabliert wird, und Säulendiagramme, bei denen die x-Achse des Diagramms aus einer
Menge diskreter Werte besteht. Die x-Achse entspricht häufig einer Variable oder einer
Eingabegröße, die sich bei den durchgeführten Experimenten leicht verändern lässt.

Darstellungsregeln Die folgenden Grundregeln sind zwingend bei der Erstellung eines
Achsendiagramms zu beachten:

- Die Achsen sind in jedem Fall mit den dargestellten Größen zu beschriften und gegebe-
  nenfalls mit der entsprechenden Einheit zu versehen.
- Entlang der Achsen sind konkrete Zahlenwerte (oder symbolische Werte) anzugeben.
  Bei großen oder kleinen Werten kann über die Angabe der Maßeinheit reskaliert werden
  (Zobel, 1997, S. 87) – beispielsweise kann eine Wertangabe „50.000" an einer Achse
  durch „5" ersetzt werden, wenn die Einheit in der Achsenbeschriftung wie folgt ergänzt
  wird: „Speicherbedarf [Bytes $\cdot 10^4$]".
- Wenn mehrere Kurven oder Punkte unterschiedlicher Herkunft in einem Diagramm dargestellt werden, ist eine Legende im leeren Bereich des Diagramms erforderlich. Die
  Anzahl der Kurven in einem Diagramm sollte klein genug sein: Selbst bei wenig aufre-
  genden Kurvenverläufen sollten nie mehr als fünf bis sechs Kurven eingezeichnet werden.
- Semantisch zusammengehörige Werte werden mit einer Linie verbunden. Damit diese
  nicht als exakte Interpolation verstanden wird, sind die Werte (häufig: Messpunkte)
  zusätzlich auf der Linie zu kennzeichnen.

Abb. 5.7 zeigt ein beispielhaftes Diagramm mit dem Vergleich der Laufzeit zweier Algorithmen. Die Messpunkte sind klar ausgewiesen, der Trend kann an den die Messpunkte
verbindenden Linien abgelesen werden. An der x-Achse mit dem beschränkten Platz für
Wertangaben werden die letzten drei Nullen bei den Angaben der Problemgröße weggelassen.

Verzicht auf Glitter Im Zweifelsfall sollten die Diagramme für einen Druck in Schwarz-
Weiß vorbereitet werden. In Abschlussarbeiten, die ausschließlich durch den Autoren selbst
gedruckt werden, scheinen farbige Diagramme die schönere und edlere Wahl zu sein. Wenn
man allerdings einen späteren Download der Arbeit im Internet oder eine Veröffentlichung der Ergebnisse auf einer Fachtagung nicht ausschließen kann, sollte der konservative
Schwarz-Weiß-Druck gewählt werden.

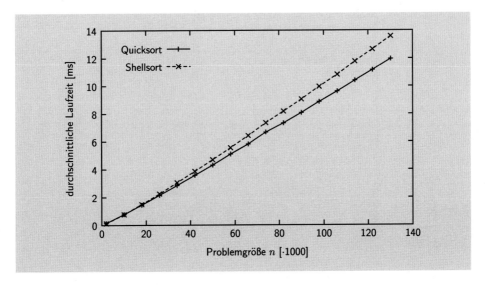

Abb. 5.7 Beispiel eines einfachen Funktionsplots anhand des Vergleichs zweier Sortieralgorithmen auf Feldern mit reellwertigen Schlüsseln

Keinerlei Kompromisse sind bei Techniken erlaubt, die mit Effekten die Diagramme aufhübschen wie räumliche 3D-Effekte bei Säulendiagrammen. Wenn eine dritte Dimension in einem Diagramm keine Semantik hat, sollte darauf verzichtet werden.

Jedes Diagramm ist so zu gestalten, dass die gewünschte Schlussfolgerung leicht daraus abgelesen werden kann. Allerdings darf man nicht im Umkehrschluss eine grafische Darstellung manipulieren, um dem Leser eine ungerechtfertigte Behauptung nahezulegen (Zobel, 1997, S. 83).

Statistische Diagramme Werden experimentelle Daten aufbereitet, stehen aus der empirischen Forschung und der Statistik zahlreiche spezielle Diagrammformen zur Verfügung, um Zusammenhänge oder Eigenschaften zu verdeutlichen. Insbesondere bei Messungen im Rahmen von kontrollierten Experimenten bietet der Box-Plot eine kompakte Möglichkeit die wichtigsten Kenndaten in einem Diagramm darzustellen. Abb. 5.8 zeigt ein Beispiel. Die Boxen umreißen jeweils den Wertebereich der mittleren 50 % der Messdaten – der Trennstrich ist der Median, der die obere und untere Hälfte trennt. Die nach außen ragenden Antennen kennzeichnen den Bereich der beobachteten Messwerte, die in einem akzeptierten Bereich liegen. Alle über ein Kreuz markierten Messwerte liegen außerhalb des Bereichs und werden als Ausreißer gewertet und bei den weiteren Analysen nicht berücksichtigt.

Aber nicht nur die einzelnen Diagramme sollten schlank und lesbar gehalten werden: Das gesamte Dokument profitiert von einer sorgfältigen Auswahl der Darstellung der Ergebnisse. Diese sollten die eigene Hypothese unterstützen (Zobel, 1997, S. 82). Zu viele Diagramme

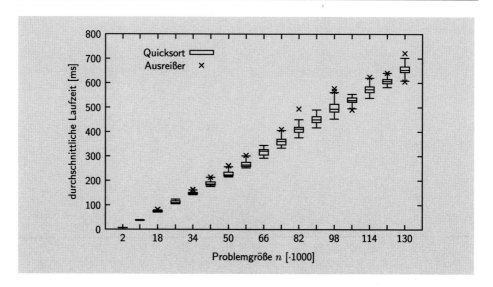

Abb. 5.8 Beispiel für einen Box-Plot, der für jede Problemgröße den Mittelwerte, die Quartile, den gesamten Bereich der Messwerte und die als Ausreißer klassifizierten Messwerte angibt. In diesen experimentellen Daten wurde Quicksort auf Zeichenketten als Schlüsselwerte angewandt

und Tabellen überfrachten das Dokument und behindern den freien Blick auf die Errungenschaften des Autors.

5.1.4 Präsentation von Algorithmen

Nur wenige studentische Arbeiten befassen sich primär mit der Entwicklung neuer Algorithmen. Dennoch geht es in vielen Arbeiten um Abläufe in Konzepten oder konkrete Implementationsdetails. Unabhängig davon, auf welcher Ebene man sich bewegt, eignet sich für deren schriftliche Darstellung ein präziser Formalismus zur Beschreibung von Algorithmen.

Notationsarten Es gibt die folgenden vier Möglichkeiten, algorithmische Abläufe schriftlich festzuhalten und mit möglichst geringem Interpretationsspielraum zu beschreiben.

Konkrete Programmiersprache: Dank der vielen syntaktischen Details und der fehlenden Abstraktion ist eine Programmiersprache die schlechtestmögliche Wahl für die Präsentation von Algorithmen.

Grafische Notation: Programmablaufpläne, Struktogramme oder Aktivitätsdiagramme aus UML *(Unified Modeling Language)* sind ebenfalls eher ungeeignet, da sie zu stark vereinfachen, viel Platz benötigen und Kommentare im Diagramm nur bedingt erlauben (Zobel, 1997, S. 99).

Pseudocode: In der Algorithmik werden Abläufe mit den typischen programmiersprachlichen Kontrollstrukturen, aber ohne die syntaktischen Vorschriften konkreter Programmiersprachen als sog. Pseudocode beschrieben. Durch Einflechten mathematischer Elemente und natürlichsprachlicher Erläuterungen ist die Beschreibung kompakt, aber dennoch detailliert genug. Dies ist die traditionelle Notation in vielen Lehrbüchern und wissenschaftlichen Arbeiten. Algorithmus 5.1 zeigt ein Beispiel für die Notation mittels Pseudocode.

Stilisierte Prosa *(prose code)*: Für Algorithmen, die eine ausführliche Diskussion der verschiedenen Schritte benötigen, kann laut Zobel (1997, S. 98) die stilisierte Prosa eine geeignete Form darstellen, da sie die Exaktheit des Pseudocodes mit größeren erläuternden Passagen mischt. Dabei werden sowohl die einzelnen Schritte nummeriert als auch die Teilschritte eines Schritts. Erklärender Text kann beliebig eingefügt werden. Als einzige einschränkende Regel dürfen Schleifen nicht über mehrere Schritte verteilt werden. Ein Beispiel für diese Notation zeigt Algorithmus 5.2.

Algorithmus 5.1: Diskretes Rucksackproblem in Pseudocode-Notation

Data : Kapazität c, Elementanzahl n, Größe der Elemente s_i ($1 \leq i \leq n$), Wert der Elemente v_i ($1 \leq i \leq n$).

Result : Maximal möglicher Gesamtwert innerhalb der Kapazität.

begin

  for $i \longleftarrow 0, \ldots, n$ **do**   `// Initialisierung Kapazität 0`

    $A[0][i] \longleftarrow 0$

  for $k \longleftarrow 1, \ldots, c$ **do**   `// Initialisierung 0 Elemente`

    $A[k][0] \longleftarrow 0$

  for $i \longleftarrow 1, \ldots, n$ **do**

    for $k \longleftarrow 1, \ldots, c$ **do**

      if $A[k-1][i] > A[k][i-1]$ **then**

        $A[k][i] \longleftarrow A[k-1][i]$ `// Wert mit geringerer Kapaz.`

      else

        $A[k][i] \longleftarrow A[k][i-1]$ `// Wert ohne Element i`

      if $k - s_i \geq 0$ *und* $A[k-s_i][i-1] + v_i > A[k][i]$ **then**

        $A[k][i] \longleftarrow A[k-s_i][i-1] + v_i$

                       `// nehme El. i bei Kap. k`

  return $A[c][n]$

Allgemeinverständlichkeit Detailnotationen aus speziellen Programmiersprachen sollten nur wohlüberlegt benutzt werden. Beispielsweise ist die Schreibweise **x** = **y** = **0** aus der

Sprache C hochgradig missverständlich. Auch der Ausdruck k++ und der Schleifenkopf for(i=0; i<n; i++) schließen Leser ohne den entsprechenden programmiersprachlichen Hintergrund aus. Daher sollte auf mathematische Notationen zurückgegriffen werden (Zobel, 1997, S. 99). Diese können unabhängig von Programmiersprachen verstanden werden und sind eindeutig. Das gilt insbesondere für Summen ($\sum$), Produkte ($\prod$) und Extrema (min, max), aber auch für die bekannten mathematischen Funktionen wie die Quadratwurzel ($\sqrt{\ }$) oder die untere Gauß-Klammer zum Abrunden ($\lfloor\ \rfloor$). Bezüglich der Wertzuweisung wird in vielen Notationen der Linkspfeil $\leftarrow$ benutzt, um ihn von dem booleschen Test auf Gleichheit mit $=$ zu unterscheiden.

LATEX: Mannigfaltige Unterstützung

In LATEX stehen viele verschiedene Pakete für den Satz von Algorithmen in Pseudocode-Notation zur Verfügung, die mit unterschiedlichen Vor- und Nachteilen bei der Handhabung und der Darstellung einhergehen. Ein populäres Paket ist algorithm2e, das in diesem Kapitel benutzt wurde, um Algorithmus 5.1 zu setzen.

Algorithmus 5.2: Beispiel für einen Algorithmus in stilisierter Prosa

Diskretes-Rucksackproblem(c, n, $\langle s_i \rangle_{1 \leq i \leq n}$, $\langle v_i \rangle_{1 \leq i \leq n}$) berechnet für einen Rucksack der Kapazität c den maximalen Wert, der damit transportierbar ist. Es stehen insgesamt n Gegenstände zur Verfügung, wobei jeweils das i-te Element die Größe s_i und den Wert v_i besitzt. Es ist die Teilmenge der Elemente gesucht, deren Summe der individuellen Größen kleiner-gleich der Kapazität des Rucksacks bleibt und die einen maximalen Gesamtwert als Summe der einzelnen Werte erreicht.

Der Algorithmus arbeitet nach dem Prinzip des dynamischen Programmierens. Dabei steht jeder Eintrag $A_{i,k}$ in der Tabelle A für den maximalen möglichen Wert, der in einem Rucksack der Kapazität k bei einer Auswahl der Elemente $\{1, \ldots, i\}$ möglich ist.

1. (Initialisierung der Tabelle.) Die Werte für die trivialen Teilprobleme ohne Gegenstände oder mit leerer Kapazität werden bereitgestellt:
   (a) (Erste Spalte.) Für jedes $i \in \{0, \ldots, n\}$ trage ein: $A_{i,0} \leftarrow 0$
   (b) (Erste Zeile.) Für jedes $k \in \{0, \ldots, c\}$ trage ein: $A_{0,k} \leftarrow 0$
2. (Berechnung der maximal möglichen Werte.) Für jeden Wert $i \in \{1, \ldots, n\}$ und jeden Wert $k \in \{1, \ldots, c\}$ wird die folgende Berechnung durchgeführt. Dabei ist die Reihenfolge der Berechnung essentiell: Für den Wert $A_{i,k}$ müssen die Werte $A_{j,m}$ mit $1 \leq j \leq i$ und $1 \leq m \leq k$ (ohne $A_{i,k}$) bereits berechnet sein.
   (a) Falls $s_i \leq k$: $A_{i,k} \leftarrow \max\{A_{i-1,k}, A_{i,k-1}, A_{i-1,k-s_i} + v_i\}$
   (b) Falls $s_i > k$: $A_{i,k} \leftarrow \max\{A_{i-1,k}, A_{i,k-1}\}$
3. (Rückgabewert.) Return $A_{c,n}$

Office-Lösungen: Tabellen als Notbehelf

In Word gibt es keine direkte Unterstützung für den Satz und die Gestaltung von Algorithmen als Pseudocode. Häufig behelfen sich Autoren mit Tabellen, in denen Einrückung sowie Linien für die Klammerung von Blöcken leicht realisierbar sind. Stilisierte Prosa birgt weniger Hürden und kann auch mit den Bordmitteln der Textverarbeitungsprogramme geschrieben werden.

Markdown: Nur mit LATEX-Kenntnissen

Auch Markdown hat keine native leicht les- und umsetzbare Notation für den Satz von Pseudocode. Da pandoc intern jedoch LATEX für die Erzeugung eines PDF-Dokuments benutzt, gibt es die Möglichkeit, bei geeigneter Konfiguration direkt die LATEX-Notation zu benutzen.

Mehr als Code Die Präsentation des reinen Algorithmus ist in einer wissenschaftlichen Arbeit der Informatik allerdings immer nur ein Teil der Wahrheit. Zobel (1997, S. 96 f.) weist darauf hin, dass der Algorithmus mit weiteren Informationen einhergehen sollte: Dies beginnt mit Komplexitätsanalysen der Laufzeit und des Platzbedarfs und endet nicht mit einem Beleg der Korrektheit des Algorithmus. Letzterer kann häufig in Form von Vor- und Nachbedingungen sowie Schleifeninvarianten erbracht werden. Zusätzlich ist es oft angebracht, Ein- und Ausgaben sowie die internen Datenstrukturen genauer zu beschreiben und auf den Anwendungsbereich des Algorithmus sowie seine bekannten Grenzen hinzuweisen. In der stilisierten Prosa können diese Punkte zumindest teilweise innerhalb des Algorithmus in den erläuternden Texten abgehandelt werden. Größere Beweise oder Überlegungen zu Korrektheit und Laufzeit sollten hingegen im Fließtext oder einem darin enthaltenen semantischen Block diskutiert werden.

5.2   Konkrete Hinweise zum Schreibstil

Guter Stil ist bei jeder Schreibtätigkeit wünschenswert – ganz unabhängig davon, ob es eine berufliche E-Mail, ein Liedtext, ein Roman oder eine wissenschaftliche Abhandlung ist. Daher gibt es auch entsprechende Ratgeber auf allen Ebenen: „Gutes Deutsch in Schrift und Rede" von Mackensen (1970) zielt auf alltägliche (Büro-)Kommunikation und „Deutsch für Profis" von Schneider (1984) ist Abrechnung mit und Trickkiste für Journalisten. Beide Standardwerke enthalten auch viele Tipps für andere Autoren wie Wissenschaftler. Damit will dieser Abschnitt des vorliegenden Buches nicht konkurrieren. Vielmehr geht es darum, auf einige stilistische Besonderheiten von wissenschaftlichen Abhandlungen in der Informatik aufmerksam zu machen.

Wissenschaft unterhält nicht Wissenschaftliche Schriftwerke weisen einige Eigenschaften auf, die sie klar von populärwissenschaftlicher Literatur oder Belletristik unterscheidet.

Information als Ziel: Wissenschaftliche Literatur hat das alleinige Ziel, neues Wissen zu schaffen und dieses der Wissenschaftswelt zur Diskussion zu stellen. Im Gegensatz dazu zielen Sachbücher oder populärwissenschaftliche Schriften auch auf die Unterhaltung der Leserin ab.

Nüchterne Anschaulichkeit: Während in anderen Schriften Anschaulichkeit durch blumige Sprache oder Interesse durch Spannungsaufbau erreicht wird, ist dies nicht das richtige Mittel bei wissenschaftlichen Arbeiten. Auch im wissenschaftlichen Bereich wird Anschaulichkeit benötigt, zumal die zu vermittelnden Informationen oft schwer begreifbar sind. Dies wird allerdings ausschließlich durch Beispiele erreicht, an denen Konzepte und Ergebnisse erklärt werden (Zobel, 1997, S. 16).

Eindeutigkeit: In wissenschaftlichen Schriften sollte der Interpretationsspielraum gegen Null tendieren. Daher müssen alle Begriffe eingeführt und im Zweifelsfall exakt definiert werden. Zur Eindeutigkeit gehört aber auch, jederzeit zu verdeutlichen, welche Aussagen durch die Literatur gestützt werden und was eigene Erkenntnisse oder gar persönliche Einschätzungen sind.

Einbettung in die Literatur: Jede Fremdaussage muss durch eine Quelle belegt werden, weswegen die entsprechenden Literaturquellen an den passenden Stellen im Text angeführt werden, wie es im Abschn. 4.4 beschrieben wurde. Eine alleinige Angabe der Quellen am Ende einer Arbeit reicht nicht aus.

Kennzeichen Ein guter wissenschaftlicher Schreibstil zeichnet sich durch die folgenden Merkmale (vgl. Balzert et al., 2008, S. 240) aus.

Kürze: Mit einfachen Wörtern, kurzen Sätzen und kurzen Absätzen (Zobel, 1997, S. 14) kann auf allen Ebenen die Lesbarkeit erhöht werden (vgl. Abschn. 5.2.1). Dazu gehören auch klare und einfache Satzkonstruktionen.

Präzision: Anstatt vage oder abstrakt zu bleiben, sollte die Wortwahl oder eine Erläuterung so spezifisch wie möglich sein (vgl. Abschn. 5.2.2). Eine Maßnahme kann dabei die Verwendung mathematischer Notationen sein (vgl. Abschn. 5.2.3).

Aktiv: Durch aktive Verben statt Passivkonstruktionen wird ein Text unterbewusst als dynamischer wahrgenommen (vgl. Abschn. 5.2.4).

Vereinfachung: In einem wissenschaftlichen Text muss jeder Satz und jedes Wort notwendig sein, was im Umkehrschluss bedeutet, dass ein Autor alles Überflüssige streichen sollte (vgl. Abschn. 5.2.5).

Fach- statt Umgangssprache: Gemein- und Umgangssprache erlaubt zahlreiche Stilelemente wie Slang, Modewörter oder Einwürfe, die oft mit Mehrdeutigkeiten einhergehen und im Rahmen einer wissenschaftlichen Schrift gemieden werden (vgl. Abschn. 5.2.6).

Ausgewählte Aspekte mit einer besonderen Relevanz für studentische Arbeiten in der Informatik werden in den folgenden Abschnitten an Beispielen diskutiert.

5.2.1   Informationsgehalt

Wissenschaftliche Arbeiten bestehen hierarchisch aus unterschiedlichen Elementen: vom feingranularen einzelnen Satz, über den Absatz bestehend aus mehreren Sätzen bis zum grobgranularen Abschnitt.

Die sprachliche Strukturierung sollte sich ein Autor zunutze machen, um seine Inhalte besser zu transportieren. Sprachliche Einheiten und Zäsuren spiegeln den Informationsgehalt des Inhalts wider. Konkret bedeutet dies laut Zobel (1997, S. 14), dass

- pro Satz eine Information,
- pro Absatz eine Idee und
- pro Abschnitt ein Thema

vermittelt oder behandelt wird.

In der Konsequenz kann ein Autor beim Erstellen und beim Redigieren eines Textes jeden Satz, Absatz und Abschnitt auf seinen Informationsgehalt und seinen Fokus überprüfen. Werden dabei Einheiten gefunden, die keine neue Information vermitteln, können diese ersatzlos gestrichen werden. Werden allerdings Einheiten gefunden, die zu viel unterschiedliche Information in sich tragen, sollten diese Einheiten entsprechend zerlegt werden.

Vereinfachung eines Absatzes   Der beispielhafte Absatz einer Abschlussarbeit beginnt mit den folgenden Sätzen, die für die nachfolgende Diskussion durchnummeriert wurden:

[1] Unit-Tests, die auch als Komponententests bezeichnet werden, erlauben das Testen des Quellcodes mit einer großen Zahl an Testdaten und ermöglichen ein sehr frühes Erkennen von Fehlern. [2] Zusammen mit dem Refactoring sind auch Unit-Tests ein Bestandteil des Extreme-Programming. [3] Das Prinzip dieses Verfahrens ist das Testen der korrekten Arbeitsweise nach jedem kleinen Änderungsschritt. [4] Dabei wird immer nur ein kleiner, eigenständiger Teil des Systems, wie z. B. eine Klassenmethode, getestet. [5] Diese wird mehrfach mit verschiedenen Parametern aus einem vorher festgelegten, typischen Definitionsbereich ausgeführt, wobei auch Grenzwerte und Spezialfälle mit eingeschlossen werden sollten. [6] Das Ergebnis dieser Berechnungen wird mit den erwarteten Werten verglichen und lässt so Fehlerquellen sichtbar werden. [7] Sämtliche Methodentests einer Klasse werden in der dazugehörigen Testklasse zusammenge-

fasst. [8] Die Testklassen eines Softwaresystems bilden zusammen eine Test-Suite. [9] Mit einer solchen Test-Suite kann [...]

Ein Absatz soll nur eine Idee behandeln, was zunächst unproblematisch ist, da alle Ausführungen das Thema Unit-Tests betreffen. Sobald allerdings ein Absatz sehr lang gerät, sollte man als Autor hinterfragen, ob die eine Idee nicht zu groß ist und in mehrere Ideen zerlegt werden kann. In diesem Beispiel könnten dies sein:

- die Definition der Unit-Tests (4–6) und deren Bedeutung im Softwareentwicklungsprozess (1),
- die Zusammenfassung von Testfällen in Testklassen und Testsuiten (7–9) und
- Regressionstests und die Bedeutung der Tests für das Refactoring (2–3).

Das vorliegende Beispiel zeigt, dass eine solche Analyse Probleme in der logischen Struktur aufdecken kann. Tatsächlich versteckt sich die Definition des Unit-Tests im fortgeschrittenen Text und der Einschub in den Sätzen 2–3 wirkt deplatziert. Die vorsichtige Überarbeitung des Abschnitts mit einigen Glättungen und Ergänzungen im Text resultiert in den folgenden drei Abschnitten.

Unit-Tests, auch Komponententests genannt, ermöglichen eine frühzeitige Fehlererkennung, indem der Quellcode anhand einer umfangreichen Menge an Testdaten überprüft wird. Es wird immer nur ein kleiner, eigenständiger Teil des Systems, beispielsweise eine Klassenmethode, isoliert getestet. Die Methode wird in mehreren Testfällen mit verschiedenen Parametern aus einem zuvor festgelegten, repräsentativen Wertebereich ausgeführt. Dabei sollten sowohl Grenzwerte als auch Spezialfälle berücksichtigt werden. Der resultierende Ausgabewert wird mit den erwarteten Werten verglichen, um potenzielle Fehlerquellen zu identifizieren.

Alle Testfälle für die Methoden einer Klasse werden in einer Testklasse zusammengefasst. Die Testklassen eines Softwaresystems bilden gemeinsam eine Test-Suite. Mit einer solchen Test-Suite kann [...]

Als Regressionstest wird eine Test-Suite regelmäßig ausgeführt, um zu überprüfen, ob andere Änderungen am Quellcode Fehler im bereits getesteten Code verursacht haben. Dies ist eine wichtige Voraussetzung für das im Extreme-Programming übliche Refactoring. Dabei wird als wichtiges Grundprinzip nach jedem kleinen Änderungsschritt die korrekte Arbeitsweise per Test überprüft.

Wenn der Begriff „Unit-Test" im ersten Absatz eingeführt wird, bietet sich darüber hinaus ein Definitionsblock an, um den eingeführten Begriff mit seiner Bedeutung hervorzuheben.

Vereinfachung eines Satzes Betrachten wir einen typischen Beispielsatz aus einer Abschlussarbeit:

> Das formale Modell spielt bei der modellgetriebenen Software-Entwicklung (MDSD) eine entscheidende Rolle, da Änderungen nicht mehr direkt am Quellcode vorgenommen werden, sondern am Modell selbst, aus welchem dann Quellcode automatisiert erzeugt wird – „automatisiert" soll nicht heißen, dass aus Modellen automatisch ein komplett lauffähiges System erzeugt werden kann, sondern ein solches System enthält in der Regel immer generierte, sowie manuell implementierte Anteile.

Hier lassen sich mindestens drei Informationen identifizieren, die jeweils in einem eigenen Satz abgehandelt werden können:

- Änderungen im Modell statt im Quelltext,
- automatische Erzeugung von Quellcode und
- Programme bestehen aus manuellen und erzeugten Quellcode-Anteilen.

Im nachfolgend abgedruckten überarbeiteten Text wurde der Anfang des Originaltextes als vierter Satz vorangestellt, der den Kontext einführt.

> Das formale Modell spielt bei der modellgetriebenen Software-Entwicklung (MDSD) eine entscheidende Rolle. Änderungen werden nicht mehr direkt am Quellcode vorgenommen, sondern am Modell selbst. Aus dem Modell wird dann automatisiert Quellcode bzw. Teile des Quellcodes erzeugt. Da die zu programmierende Logik nicht vollständig im Modell dargestellt werden kann, enthält ein komplett lauffähiges Programm in der Regel immer generierte und manuell implementierte Anteile.

Die resultierenden kürzeren Sätze erhöhen die Lesbarkeit und verhindern, dass der Leser wichtige Information in Nebensätzen überliest.

Ein Text mit kurzen Sätzen ist leichter verständlich (Deininger et al., 1992, S. 43). Folglich sollte ein Autor lange Schachtelsätze vermeiden. Allerdings gerät ein Text schnell langweilig, wenn er nur aus Hauptsätzen besteht. Daher empfiehlt Zobel (1997 S. 34 f.) einen Wechsel von Hauptsätzen und Sätzen mit einfachen Nebensatzkonstruktionen.

Das Bemühen um einen wissenschaftlichen Sprachstil sorgt häufig für umständliche Satzkonstruktionen:

Die View-Komponente implementiert dabei ein eigens für sie definiertes View-Interface, das all ihre öffentlichen Methoden beinhaltet.

Auch wenn dieses Beispiel problemlos vom Leser verstanden wird, könnte eine geradlinige Formulierung ohne den Nebensatz in Erwägung gezogen werden:

Ein Interface definiert alle öffentlichen Methoden der View-Komponente.

Problematisch wird ein Text erst dann, wenn sich komplizierte Satzkonstruktionen häufen. Das Ergebnis ist dann ein gestelzt wirkender Text, der dem Leser unnötig viel Konzentration abverlangt.

Aufzählungen Aufzählungen in der Form von Spiegelstrichlisten profitieren davon, wenn sich die einzelnen Anstriche inhaltlich und grammatikalisch auf einer ähnlichen Ebene befinden. Es sollten also nicht einzelne Substantive, ganze Sätze, Satzfragmente und Fragen in einer Aufzählung gemischt werden (Dupré, 1998, S. 245 f.). Stattdessen enthält eine Aufzählung gleichartige grammatikalische Konstruktionen. So kann eine Aufzählung beispielsweise

- aus einem Substantiv pro Aufzählungspunkt bestehen,
- einzelne Forschungsfragen als Übersicht beinhalten oder
- gleichartige Satzfragmente nebeneinander stellen und wie in dieser Aufzählung in einen Satz einbetten.

5.2.2 Präzision

Damit der Leser eines Textes seine Logik unmissverständlich erfassen kann, müssen alle Aussagen so präzise wie möglich formuliert werden. Das bedeutet im Gegenschluss, dass bestimmte Formulierungen zu vermeiden sind.

Vage Aussagen Exaktheit und Nachvollziehbarkeit leiden unter den Adverbien „nahezu", „gewissermaßen", „fast", „vielleicht" und „möglicherweise". Das folgende Beispiel zeigt einen Satz, der zu vage geraten ist.

Gewissermaßen fungieren die Widgets nahezu nur als Träger der Substitutionen.

Der obige Sachverhalt könnte präziser wie folgt beschrieben werden.

> Die Widgets übermitteln die Daten der Substitutionen.

Ganz analog sollte bei Gezähltem oder Gemessenem auf entsprechend ungenaue Angaben mit „circa", „etwa", „ungefähr" oder „rund" verzichtet werden.

Häufig sind vage Aussagen ein guter Indikator dafür, dass der Autor an dieser Stelle den logischen Pfad des wissenschaftlichen Arbeitens verlassen hat. Im nachfolgenden Satz werden zwei Bedingungen für eine Empfehlung so unpräzise formuliert, dass der inhaltliche Gehalt der Aussage gegen Null tendiert.

> Gibt es also Klassen, deren Funktionsumfang nur sehr gering genutzt wird und auf wenige Anwendungen beschränkt ist, erscheint es angenehmer, eine Fassade vor diese Klassen zu programmieren, die die Aufrufe delegiert.

Zur Schärfung der Aussage könnte der Autor besser herausarbeiten, was sich konkret hinter „angenehmer" verbirgt, was beispielsweise eine Aussage zu den Abhängigkeiten im Code sein könnte. Und daraus können wiederum klare Kriterien abgeleitet werden, wann „sehr gering" und „wenig" erreicht ist.

Knifflig wird ein wissenschaftlicher Text, wenn Schlussfolgerungen nicht eindeutig sind oder der Autor mit Annahmen argumentieren möchte, die er nicht belegen kann. Grundsätzlich sollten keine Behauptungen ohne einen Beleg aufgestellt werden (Zobel, 1997, S. 22). Der folgende Satz enthält eine solche wie ein Fakt wirkende Behauptung (von der wir hier annehmen, dass sie nicht mit Zahlen oder Studien untermauert ist).

> Die meisten Benutzer bevorzugen das grafische Nutzerinterface.

Falls dieser Satz der Ausgangspunkt für weitere Ausführungen ist, sollte besser eine Formulierung nach dem folgenden Schema benutzt werden.

> Unter der Annahme, dass die meisten Benutzer das grafische Nutzerinterface bevorzugen, lässt sich argumentieren, dass […]

Falls es jedoch eine interpretierende Aussage am Ende verschiedener Überlegungen ist, dann muss sie auch als persönliche Meinung erkennbar sein.

Ich bin der Überzeugung, dass aus den angegebenen Gründen die meisten Benutzer das grafische Nutzerinterface bevorzugen.

Unklare Vergleiche Wissenschaftliche Schriften zielen auf klare Schlussfolgerungen und Einordnungen ab. Daher ist beim Gebrauch von Adjektiven im Komparativ Vorsicht geboten, wenn Sie nicht spezifisch genug sind: „besser", „schlechter", „bester" oder „am Schlechtesten". Fehlt das Vergleichskriterium, bleibt die Aussage vage und mehrdeutig. Zudem muss der Vergleichsgegenstand oder die betrachtete Menge bekannt sein, was beispielsweise im folgenden Satz fehlt.

Algorithmus A ist speichereffizienter.

Das Kriterium ist klar, da der Komparativ für ein spezifisches Adjektiv gebildet wurde, aber es bleibt unklar, womit verglichen wird. Eindeutiger ist die folgende Formulierung.

Algorithmus A ist speichereffizienter als Algorithmus B.

Verstärkende oder abschwächende Adverbien Aussagen werden relativiert und unverbindlich durch modale Adverbien wie „leicht", „sehr", „besonders" oder „kaum". Wissenschaftliche Autoren sollten diese komplett vermeiden (vgl. Dupré, 1998, S. 171 ff.).

Wie erwartet liefern beide Benchmarkversionen leicht unterschiedliche Resultate.

In diesem Beispiel sollte besser nur der Fakt festgehalten werden, dass ein Unterschied besteht.

Wie erwartet unterscheiden sich die Ergebnisse beider Benchmarks.

Besser wäre es allerdings, wenn der Autor die Unterschiede genauer beschreibt und ggf. sogar über quantifizierte Messungen aufzeigt.

Tab. 5.4 Beispielsätze mit verstärkenden/abschwächenden Adverbien

schlecht	besser
Der Mechanismus ist allerdings durch die Beschränkung auf Byte bzw. Char (und Arrays beider Typen) sehr eingeschränkt nutzbar.	Der Einsatz beschränkt sich auf die Grunddatentypen Byte und Char sowie Arrays beider Typen.
Ihre Benutzung gestaltet sich selbst für den wenig geübten Programmierer sehr einfach.	Ihre Benutzung gestaltet sich einfach. Oder: Programmieranfänger können sie intuitiv benutzen.

Tab. 5.4 liefert zwei weitere Beispielsätze. Die angeführten Alternativen machen dabei deutlich, dass die Adverbien häufig nicht einfach weggelassen werden können, sondern eine vollständig andere Satzstruktur notwendig wird.

5.2.3 Mathematisches

Beschreibungen in natürlicher Sprache eröffnen einen Interpretationsspielraum, den es in wissenschaftlichen Schriften zu minimieren gilt. In der Fachdisziplin der Informatik kann die mathematische Notation hierbei eine große Hilfe sein. So bietet es sich an, wichtige Begriffe und Zusammenhänge über mathematische Formeln zu beschreiben.

Formalisierte Sprache Auch im Fließtext lassen sich kleine Textpassagen durch Formeln ersetzen, was den Text schneller erfassbar und damit verständlicher macht. Hier sind zwei beispielhafte Textfragmente:

- „mit $p < 0,1$" statt „mit p kleiner als 0,1"
- „sei $x \in M$" statt „sei x ein Element aus M"

Allerdings sollten Sätze nicht mit einer Formel begonnen werden (Zobel, 1997, S. 71). Und im Fließtext führen komplizierte Formeln wie Brüche häufig zu fast unleserlich kleiner Schrift: $\frac{n!}{k! \cdot (n-k)!}$. Hier könnte sich ein Autor für die alternative Schreibweise $n!/(k! \cdot (n-k)!)$ entscheiden.

Größere Formeln Umfangreiche und vor allem wichtige Formeln, die im Weiteren benutzt oder referenziert werden, sind vom Text als semantischer Block abzusetzen. Dadurch werden sie hervorgehoben und sind einfacher lesbar. Hier ist ein Beispiel für eine solche Formel:

$$SAT = \left\{ F \in (\Sigma_{\text{logic}})^* \mid F \text{ ist eine erfüllbare Formel in KNF} \right\} \qquad (5.1)$$

Die Gl. (5.1) wurde am rechten Rand mit einer Nummer versehen, die es erlaubt, an beliebigen Stellen im weiteren Text auf den hier beschriebenen Sachverhalt zu verweisen. Gerade in Abschlussarbeiten ist es sinnvoll, nur diejenigen Formeln mit einer Nummer zu versehen, die später auch referenziert werden. Dann erkennt man die Kernaussagen und -axiome und überlädt die Abhandlung nicht mit unnötiger Information. Für weniger umfangreiche Arbeiten wie Beiträge in Fachzeitschriften wird häufig erwartet, dass jede Formel mit einer Nummer versehen wird, um in der wissenschaftlichen Diskussion eindeutig referenzieren zu können.

Layout follows logic Gl. (5.1) illustriert einen weiteren wichtigen Aspekt: Um einer Leserin das Verständnis zu erleichtern, sollen komplexe Formeln so gesetzt werden, dass ihre logische Struktur im Layout gespiegelt wird. Hierzu gehört auch, dass bei Formeln mit geschachtelten Klammern die Klammerung durch nach Außen größer werdende Klammern verdeutlicht wird (Zobel, 1997, S. 71). Im Beispiel sind konkret die geschweiften Klammern (und der Trennstrich zwischen Mengenelementen und Bedingung) größer gesetzt als die runden Klammern innerhalb der Mengenbeschreibung.

Auch bei der vertikalen Ausrichtung von Formeln sollte das Verständnis der Leserin bestmöglich unterstützt werden. Beispielsweise können die aussagenlogischen Axiome von Hilbert und Ackermann (1928) am Implikationspfeil ausgerichtet werden:

$$a \vee a \to a \qquad (5.2)$$
$$a \to a \vee b \qquad (5.3)$$
$$a \vee b \to b \vee a \qquad (5.4)$$
$$(a \to b) \to (c \vee a \to c \vee b) \qquad (5.5)$$

LaTeX: Formeln als semantischer Block

Vom Text abgesetzte Formeln können über verschiedene spezielle Umgebungen erzeugt werden. Die einfachste Form mittels `displaymath` wurde bereits in Abschn. 3.2.1 vorgestellt. Gleichungen mit einer Nummer können mittels der `equation`-Umgebung erzeugt werden. Für die Referenzierung auf die Nummern wird derselbe Mechanismus wie bei Abbildungen mit den Makros `\label` und `\ref` benutzt. Gl. (5.1) wurde mit dem LaTeX-Quelltext in Listing 5.3 erzeugt.

Listing 5.3 LaTeX-Quelltext für die Gl. (5.1)

```
1  \begin{equation}
2    \mathrm{SAT}=\left\{ F \in (\Sigma_{\mathrm{logic}})^*
3      \ \big| \ F \mbox{ ist eine erfüllbare Formel
4      in KNF} \right\}  \label{eq:sat}
5  \end{equation}
```

Listing 5.4 LaTeX-Quelltext für die Gl. (5.2)–(5.5)

```
1  \begin{eqnarray}
2    a \vee a & \rightarrow & a\\
3    a & \rightarrow & a \vee b\\
4    a \vee b & \rightarrow & b \vee a\\
5    (a \rightarrow b) & \rightarrow &
6                   (c \vee a \rightarrow c \vee b)
7  \end{eqnarray}
```

Der vertikal ausgerichtete Satz von Formeln wie in den Gl. (5.2)–(5.5) ist in LaTeX am einfachsten mit der `eqnarray`-Umgebung möglich. Den zugehörigen Quelltext zeigt Listing 5.4. Hierbei können mehrere Formeln durch \\ getrennt werden und die Ausrichtung an einer zentrierten Mittelspalte geschieht ähnlich zum Satz von Tabellen mithilfe des Zeichens &. Für Referenzen auf die Formeln könnte in jeder Zeile ein entsprechendes Label definiert werden.

Das hier beschriebene Basisrüstzeug aus LaTeX genügt für den Satz einfacher Formeln. Für umfangreichere Gleichungen und Formeln sei hingegen das Paket `amsmath` empfohlen, welches mit den Umgebungen `align` und `split` weitere Möglichkeiten zum Layout der Formeln zur Verfügung stellt.

Mathematische Standardnotationen Jeder Autor sollte sich bei seinen Bezeichnern und Formeln an den mathematischen Standard halten. In einigen Punkten gibt es Handlungsspielraum oder es muss die Notation an die Bedürfnisse der eigenen Arbeit angepasst werden. Besonders wichtig ist es, Schreibweisen in Bildern/Tabellen und dem Haupttext gleich zu wählen. Daher sollten entsprechende Entscheidungen als Referenz gut dokumentiert und ggf. in einer Stilvorlage festgehalten werden.

Formelsatz im Detail Es gibt klare Regeln, welche Bestandteile einer Formel in kursiver und in aufrechter Schrift gesetzt werden. Dies kann dem Leser das Verständnis deutlich erleichtern:

Tab. 5.5 LaTeX-Befehle für den mathematischen Satz

LaTeX	Ausgabe	LaTeX	Ausgabe
x+y	$x + y$	\mathrm{e}^{-t}	e^{-t}
A\times B	$A \times B$	\underline{v}	$\underline{v}$
\vec{v}	$\vec{v}$	\mathbf{v}	$\mathbf{v}$
a_{ij}	a_{ij}	2.73\cdot 10^{15}	$2.73 \cdot 10^{15}$
deg_{\mathrm{out}}	deg_{out}	1,2,\ldots,n	$1, 2, \ldots, n$
2\cdot x	$2 \cdot x$	\sum_{i=1}^n a_i	$\sum_{i=1}^{n} a_i$

- Variablen werden immer kursiv gesetzt, z. B. $x + y$.
- Konstanten hingegen sind aufrecht zu schreiben, z. B. die Eulersche Zahl im Beispiel e^{-t}.
- Variablen als Indizes von Tupeln oder Matrizen werden ebenfalls kursiv geschrieben, z. B. a_{ij} oder $a_{indx,n}$.
- Demgegenüber werden nach unten gestellte Bezeichner, die keinen Wert darstellen, sondern verschiedene Ausprägungen einer Variable markieren, aufrecht gesetzt (Dupré, 1998, S. 472). Beispiele sind $\varepsilon_{\max}$ oder die Eingangs- und Ausgangsgrade von Graphen deg_{in} und deg_{out}.

Verwechslungsgefahr besteht auch bei der Multiplikation. Dort sollte der Multiplikationspunkt benutzt werden $2 \cdot n$ und nicht der aus Programmiersprachen gebräuchliche Stern $*$. Das Symbol $\times$ ist dem kartesischen Produkt $A \times B$ oder der Bezeichnung der Dimensionen einer Matrix, z. B. als $m \times n$-Matrix, vorbehalten.

Bei bestimmten Notationen hat ein Autor die Wahlfreiheit im Rahmen der üblichen Konventionen, z. B. kann er Vektoren als $\mathbf{v}$, $\underline{v}$ oder $\vec{v}$ und Matrizen als $\mathbf{M}$ oder $\underline{M}$ bezeichnen.

LaTeX: Mathematische Zeichen

LaTeX unterstützt den Satz von mathematischen Ausdrücken durch viele Makros. Eine kleine Auswahl ist in Tab. 5.5 dargestellt. Zahlreiche Zusatzpakete wie `amsmath` erweitern die Möglichkeiten des Formelsatzes erheblich.

Schreibweise von Zahlen Wissenschaftliche Texte der Informatik enthalten mehr Zahlen und Formeln als normale Prosa. Daher gelten hier oft eigene Regeln, wenn es darum geht, ob Zahlen in Ziffern oder als Wort ausgeschrieben werden (Dupré, 1998, S. 99 ff.). Zahlen mit Maßeinheiten werden grundsätzlich in Ziffern geschrieben, z. B. „3 ms". Dasselbe gilt für Faktoren oder Vielfache, z. B. „wächst um den Faktor 2", und für Zählgrößen, wie sie bei Abbildungen oder Tabellen benutzt werden: „in Tab. 4". Auch bei Bereichen oder Aufzählungen mit größeren Zahlen, werden alle Zahlen als Ziffern gesetzt (Zobel, 1997, S. 76), z. B. „zwischen 4 und 32 Kernen pro Prozessor". Auch im Zusammenhang mit Formeln werden die Zahlen generell als Ziffer geschrieben, z. B. „das $(x + 1)$-te Element". Während in normalen Texten oft die Daumenregel Anwendung findet, dass lediglich kleine Zahlen, in englischen Texten bis neun und in deutschen Texten bis zwölf, als Wort ausgeschrieben werden, kann dies in wissenschaftlichen Texten konsistent freier gehandhabt werden. Lediglich am Satzanfang sollte unter keinen Umständen eine Zahl in Ziffern stehen (Dupré, 1998, S. 99 ff.).

Abwägen muss der Autor eines deutschsprachigen Textes, ob er sich bei der Schreibweise von Kommazahlen an den Regeln des Dudens orientieren möchte und die Zahlen entsprechend mit einem Komma schreibt: „1,275". Innerhalb von Formeln oder als Vektor- oder Tupelelemente ist oft die englische Schreibweise mit einem Punkt weniger missverständlich: „1.275". Für große und sehr kleine Zahlen ist die Exponentialschreibweise als $2.73 \cdot 10^{15}$ oder als $5.334E-8$ gängig.

5.2.4 Verbformen und die Erzählperspektive

Am markantesten unterscheiden sich wissenschaftliche Texte von Prosa durch Einschränkungen bei den Verbformen und der Erzählperspektive. So sucht man einen lebendigen Wechsel verschiedener Zeitebenen ebenso vergebens wie einen Ich-Erzähler.

Aktiv statt Passiv Für zahlreiche Autoren scheint die passive Verbform ein adäquates Mittel zu sein, einen wissenschaftlichen Text mit der notwendigen Distanz zu versehen. Der nachfolgende Satz ist hierfür ein typischer Vertreter:

> Nachdem das Ergebnis der Berechnung geprüft wurde, kann der resultierende Plan als XML-Datei exportiert oder direkt in der Datenbank gespeichert werden.

Allerdings wirkt der Satz damit auch unpersönlich, erstarrt und rein am Ergebnis oder Status quo interessiert. Nicht ohne Grund wird das Passiv im Deutschen auch als Leideform bezeichnet, da nur Auswirkungen beschrieben werden und ein Akteur außen vor bleibt. Auch für wissenschaftliche Texte gilt, dass diese leichter lesbar sind, wenn sie dynamisch und lebendig wirken (Zobel, 1997, S. 41). Aus diesem Grund sollte die aktive Verbform dem Passiv vorgezogen werden, wie Balzert et al. (2008, S. 197, 244) und Dupré (1998, S. 2 ff.) empfehlen. Der Beispielsatz lässt sich wie folgt aktiv umformulieren:

> Der Anwender prüft den resultierenden Plan und sichert das Ergebnis der Berechnung, indem er den Plan als XML-Datei exportiert oder direkt in der Datenbank speichert.

Tab. 5.6 Beispielsätze mit wenig Aktivität

schlecht	besser
Der Präfixbaum wird in Post-Order traversiert und die Knoten, Kanten und Werte werden in einem Bit-Array gespeichert.	Der Algorithmus traversiert den Präfixbaum in Post-Order und speichert dabei die Knoten, Kanten und Werte in einem Bit-Array.
Testverfahren auf Integrationsebene werden genutzt, um Fehler bei der Kommunikation zwischen den einzelnen Komponenten aufzudecken.	Die Integration führt mehrere Komponenten zusammen und ein begleitender Test prüft auf dieser Ebene, ob sie richtig miteinander kommunizieren.
Der Codeabschnitt beinhaltet erläuternde Kommentare für die Funktion jeder Methode.	Kommentare erläutern die Semantik und Funktionsweise für jede Methode in dem Codeabschnitt.

Dieselben Überlegungen gelten für Verben wie „gehören", „liegen", „beinhalten", „aufweisen" und „erfolgen", die wenig Aktivität ausstrahlen und als tote Verben bezeichnet werden. Tab. 5.6 zeigt an drei weiteren Beispielen, wie ein Autor passive Konstruktionen umformulieren kann.

Verbalstil Auf der Suche nach einem sachlich-nüchternen Schreibstil verfallen viele Autoren in den Substantivstil (Deininger et al., 1992, S. 43). Indikatoren sind hierfür Substantive mit den Endungen -ung, -heit und -keit sowie substantivierte Infinitive wie z. B. „das Programmieren". Ein Beispiel ist der folgende Satz.

> Die Betrachtung der Konvertierung der extrahierten Informationen nach XML erfolgt in Kap. 7.

In diesen Konstruktionen übernimmt oft ein Hilfsverb die Rolle des Verbs oder es wird wie im Beispielsatz mit „erfolgt" ein totes Verb verwendet. Die Wirkung eines solchen Satzes entspricht der einer Passivkonstruktion. Folglich sollte der Substantivstil durch den Verbalstil ersetzt werden: Die in den Substantiven enthaltenen Verben können als aktive Tätigkeiten in den Sätzen genutzt werden. Der Beispielsatz wird wie folgt umformuliert.

> Kap. 7 stellt den Algorithmus vor, der die extrahierten Informationen nach XML konvertiert.

Tab. 5.7 zeigt an drei weiteren Beispielen, wie Substantivstil in Verbalstil überführt wird.

Tab. 5.7 Beispielsätze im Substantivstil

schlecht	besser
Das Erzeugen eines rahmenlosen Fensters ist in Java dank des Decorator-Patterns sehr einfach.	Mit passender Konfiguration erzeugt das Decorator-Pattern in Java rahmenlose Fenster.
Es ist jedoch abzuwägen, ob die Durchführung der Analyse im höheren Maß Aufwand erfordert, als letztendlich durch das Weglassen von Testausführungen eingespart werden kann.	Die Analyse reduziert die Anzahl der Testfälle und damit die Testkosten. Es bleibt zu prüfen, ob die Kostenersparnis die Analysekosten kompensiert.
Zur Verbesserung von Lesbarkeit und Verständlichkeit der mit dem Framework entwickelten Programme, sollte, wo dies möglich ist, von Blockbereichen mit ihren lokalen Variablen Gebrauch gemacht werden.	Blockbereiche verbessern die Lesbarkeit und Verständlichkeit von Programmen, die das Framework nutzen, da Variablen nur lokal gültig sind.

Logisches Darlegen statt Erzählen   Beim wissenschaftlichen Schreiben ist das logische Aneinanderreihen von Argumenten und Schlussfolgerungen das wichtigste Ziel. Das bedeutet, dass der Autor nicht in einen Erzählmodus verfallen darf – es ist kein Roman oder anderes prosaisches Werk. Insbesondere gehören damit auch rhetorische Fragen nicht zum Werkzeugkasten des wissenschaftlichen Autors. Der nachfolgende Absatz enthält ein fragwürdiges Beispiel.

Um den Begriff Content-Management-System zu definieren, müssen zunächst einige Grundbegriffe erklärt werden. Wird von Content gesprochen, heißt das in der wörtlichen Übersetzung, dass es um Inhalt geht. Doch worum handelt es sich bei diesem Inhalt? Ein gängiger Ansatz zur Beschreibung von Content beginnt auf der untersten Ebene der Informationsverarbeitung. Dies ist die Datenebene.

Der Text im Beispiel wirkt durch seinen erzählenden Stil belehrend. Um den Absatz griffiger zu formulieren, gibt es zwei Möglichkeiten:

1. Zunächst beschreibt man klar und logisch schlüssig die Eigenschaften, d. h. Art und Struktur, des zu speichernden Inhalts. Anschließend wird das Content-Management-System in diesem Kontext definiert.
2. Man beginnt direkt mit der Definition des Content-Management-Systems. Im Rahmen der Definition beschreibt man den möglichen Inhalt mit seinen Eigenschaften. Das Ergebnis wäre eine regulierende Definition (vgl. Abschn. 1.2.3).

Während Prosa mit unterschiedlichen Zeitebenen spielen kann und sich auch oft grundsätzlich der Vergangenheitsform als Zeitform bedient, wird für wissenschaftliche Abhandlungen die Gegenwartsform (Präsens) gewählt. Nur in seltenen Ausnahmefällen kann bei

Tab. 5.8 Beispielsätze in der Vergangenheitsform

schlecht	besser
Die Wahl der Parameter schien hingegen kaum eine Einfluss auf die Ergebnisse der Optimierung zu haben.	In den Daten ist kein direkter Einfluss der Parameterwahl auf die Optimierungsergebnisse erkennbar.
Die Anforderungsanalyse in Teil I dieser Arbeit ergab als wichtigste nichtfunktionale Anforderungen die Unterstützung nebenläufiger Konzepte und eine bewährte Plattform als Basis.	Nebenläufige Konzepte und eine bewährte Plattform als Ausgangspunkt sind die wichtigsten nichtfunktionalen Anforderungen aus der Analyse in Teil I.

historischen Betrachtungen das Präteritum oder das Perfekt benutzt werden. Das Perfekt wird für Geschehnisse genutzt, deren Auswirkungen bis in die Gegenwart reichen – so führt z. B. die Aussage „Konrad Zuse hat mit seiner Skizze aus dem Jahr 1943 eine sehr effiziente Lösung eines assoziativen Speichers vorgeschlagen" ein Konzept ein, das heute von zunehmender Bedeutung ist. Das Präteritum wird für abgeschlossene Handlungen benutzt, z. B. wenn ein Autor die Programmierfehler beim Bestrahlungsgerät Therac-25 beschreibt, die mehrere Todesfälle zur Folge hatten (Leveson & Turner, 1993). Tab. 5.8 zeigt zwei Beispiele mit einer unpassenden Zeitform.

Position des Autors Die Erzählperspektive einer wissenschaftlichen Arbeit kann Anlass für viele Diskussionen sein. Grundsätzliche Einigkeit gibt es darüber, dass wissenschaftliche Autoren die Personalpronomen „ich", „wir" und (als Anrede) „Sie" vermeiden sollten. Stattdessen kann das generalisierende Pronomen „man" oder passive Satzkonstruktionen benutzt werden (Balzert et al., 2008, S. 197) – mit entsprechenden Konsequenzen: Passive Formulierungen wirken langweilig (vgl. die obigen Ausführungen) und Sätzen mit dem Subjekt „man" laufen Gefahr, wie pauschale Äußerungen zu wirken (Deininger et al., 1992, S. 45), welche die logische Schärfe in der Argumentation vermissen lassen.

Wenn man sich an den Konventionen englischsprachiger Arbeiten orientiert, sind die Vorgaben nicht so streng. Dort kann „wir" („we") benutzt werden, um bewusst zwischen eigenen Ergebnissen und dem State of the Art zu unterscheiden. Laut Zobel (1997, S. 41) ist dies eleganter als eine Formulierung „This paper shows [...]". Das Personalpronomen „ich" sollte jedoch höchstens benutzt werden, um eine Meinung des Autors wiederzugeben (Zobel, 1997, S. 42). Auch in den einführenden Absätzen der Kapitel einer Doktorarbeit kann das „ich" ein Stilmittel sein, mit dem ausschließlich an dieser Stelle ganz bewusst die eigene Leistung von den Ergebnissen anderer abgegrenzt wird.

So ist der goldene Mittelweg im Hinweis von Deininger et al. (1992, S. 45) zu finden, der Formulierungen mit „ich", „wir" und „man" eine Berechtigung im wissenschaftlichen

Schreiben zuspricht, solange sie sehr sparsam und vorsichtig eingesetzt werden. Letztlich kommt es auf den konsistenten, persönlichen Stil an, der zwar Grenzen im wissenschaftlichen Schreiben auslotet, aber den Konventionen in der Summe dennoch gerecht wird.

Dupré (1998, S. 594 ff.), eine Lektorin von über 400 Büchern vor allem in der Informatik, weist darauf hin, dass es als Autor nicht ausreicht, schön logisch aufbauend Fakten in einem perfekten Text zu präsentieren – das Ergebnis ist einschläfernd. Stattdessen ermuntert sie alle Autoren, eine *eigene Stimme* zu entwickeln – eine Stimme, die die Vorlieben und Meinungen des Autors nicht verheimlicht. Das ist durchaus risikoreich, da Leser auch emotional auf die Arbeit reagieren – im Extremfall ablehnend ohne inhaltliche Gründe. Die eigene Stimme kann über folgende Maßnahmen eingebracht werden:

- Der Autor ordnet den eigenen Ansatz und die Ergebnisse in das wissenschaftliche Gesamtbild ein. Dabei argumentiert er, warum die Arbeit wichtig ist und was sie für die Allgemeinheit beiträgt. Typische Fragen hierfür sind: Wie sieht der Autor die Welt und welche Rolle spielt darin seine Forschung? Wie macht das Ergebnis der Arbeit die Welt besser?
- Der Autor schreibt seine Meinung, solange sie direkt mit der Arbeit und den präsentierten Ergebnissen zusammenhängt – die wohldurchdachte und über einen langen Zeitraum entwickelte Meinung eines Experten.
- Der Autor entwickelt eine Lockerheit, die es ihm erlaubt im Rahmen der Konventionen des wissenschaftlichen Schreibens so zu formulieren, wie man anderen etwas erklärt.
- Der Autor benutzt klug und häufig Beispiele. Diese sollten spezifisch, interessant oder gar skurril sein – und nicht langweilig, umständlich oder zu vage.

5.2.5   Vereinfachen durch Streichen

In einem wissenschaftlichen Text ist kein Wort überflüssig. Folglich muss ein Autor jedes Wort seines Textes prüfen, ob es eine Information transportiert. Ändert sich beim Weglassen des Worts der Inhalt des Textes nicht (sog. Füllwörter), sollte die Formulierung entsprechend vereinfacht werden (Balzert et al., 2008, S. 242 f.). Der folgende Satz dient als erstes Beispiel.

> Natürlich birgt diese Herangehensweise gewisse Risiken, denen Ruby mit verschiedenen Konzepten entgegenwirkt.

Hier können die Füllwörter „natürlich" und „gewisse" schadlos gestrichen werden, was im folgenden Satz resultiert.

> Diese Herangehensweise birgt Risiken, denen Ruby mit verschiedenen Konzepten entgegenwirkt.

Die umformulierte Variante verdeutlicht, dass das Wort „gewisse" genauere Details kaschiert, um welche Risiken es sich handelt. Dies sollte in einer wissenschaftlichen Arbeit ausgeführt werden. Der Beispielsatz kann zusätzlich noch von einer aktiven Formulierung profitieren, wie der zweite Alternativvorschlag zeigt.

> Ruby begegnet den Risiken dieser Herangehensweise mit den folgenden Konzepten.

Füllwörter sind seit jeher ein Kennzeichen schlechten Schreibstils. Der Journalist Schneider (1984, S. 131 ff.) veröffentlicht nicht nur eine lange Liste an Füllwörtern, sondern weist darauf hin, dass bereits Johann Wolfgang von Goethe eine entsprechende Liste der zu vermeidenden Redensarten im Jahr 1817 veröffentlicht hat. Die bekanntesten Vertreter sind „natürlich", „selbstverständlich", „wohl", „irgendwie" und „gewissermaßen".

Viele im Internet und in Büchern verfügbare Listen mit Füllwörtern wirken antiquiert und einige enthaltene Wörter sind im Kontext der Informatik fragwürdig. Daher wurden im Rahmen dieses Buches 112 Abschlussarbeiten aus den vergangenen 20 Jahren analysiert. Tab. 5.9 zeigt die gefundenen Füllwörter mit ihrer Häufigkeit des Vorkommens. Nicht alle Fundstellen sind zwingend als Füllwort einzuordnen, zumal die Grenze durchlässig ist. Dennoch vermittelt die Tabelle einen Eindruck, unter welchen Füllwörtern aktuelle Informatiktexte leiden.

Im einfachsten Fall können die Füllwörter in einem Text gestrichen werden, ohne dass der Inhalt der betroffenen Sätze dadurch berührt wird. Tab. 5.10 zeigt einige Beispiele hierfür. Die so entstehenden Sätze sind zum Teil nicht elegant formuliert. Die reine Tatsache, dass der Satz noch funktioniert, beweist den Tatbestand des Füllworts.

Betrachten wir den folgenden zweiten Beispielsatz, der die Füllwörter „selbstverständlich" und „entsprechend" enthält.

> An dieser Stelle muss durch die Zielanwendung selbstverständlich darauf geachtet werden, dass der Client einer entsprechenden Nutzung seiner Daten vorher zustimmt.

Werden hier die Füllwörter gestrichen, entsteht ein gültiger Satz desselben Inhalts, wobei im Vorgriff auf Abschn. 5.2.6 anzumerken ist, dass „an dieser Stelle" eine stark umgangssprachliche Färbung aufweist. Falls sich hinter dem Wort „entsprechende" eine Einschränkung der Nutzung verbirgt, müsste dies explizit und nicht in einem Füllwort verborgen formuliert werden.

Tab. 5.9 Analyse potenzieller Füllwörter in 112 Abschlussarbeiten der Informatik

Wort	Häufigkeit	Wort	Häufigkeit	Wort	Häufigkeit
aber	1762	gewöhnlich	48	oft	319
allesamt	4	grundsätzlich	154	ohne Weiteres	47
allzu	6	höchst	4	ohne Zweifel	1
also	1236	im Allgemeinen	92	praktisch	41
an sich	130	im Grunde	25	quasi	5
anscheinend	4	im Prinzip	9	recht	61
auch	6087	im Wesentlichen	36	regelrecht	2
augenscheinlich	4	immer	861	reichlich	1
ausdrücklich	12	in der Regel	196	relativ	204
beinahe	11	in der Tat	10	schlichtweg	2
bekanntlich	2	in diesem Zusammenhang	49	schon	357
bereits	1838	in etwa	16	selbstverständlich	27
besonders	298	in gewisser Weise	1	selten	68
bestenfalls	7	insgesamt	208	sicher	90
bloß	13	insofern	27	sicherlich	24
dabei	1747	irgendwann	8	so [a]	2810
doch	1870	irgendwie	5	sogar	135
durchweg	4	ja	12	sogleich	2
eben	89	jedoch	1733	sozusagen	7
eigentlich	416	kaum	134	stets	174
ein wenig	18	lediglich	563	streng genommen	3
einfach	399	letztendlich	102	tatsächlich	103
einige	488	letztlich	61	überaus	7
einigermaßen	3	mal	86	überdies	6
einmal	259	manchmal	15	überhaupt	60
entsprechend	327	maßgeblich	57	üblicherweise	46
erheblich	53	mehr oder weniger	10	ungemein	4
etliche	3	meist	291	ungewöhnlich	3
etwas	193	meistens	42	vergleichsweise	42
fast	129	mitunter	14	vermutlich	20
folgendermaßen	87	möglicherweise	65	völlig	24
fortwährend	14	möglichst	322	wiederum	291
freilich	2	nämlich	29	wirklich	50
ganz	76	naturgemäß	1	wohl	32
gänzlich	31	natürlich	92	womöglich	6
gelegentlich	12	nichtsdestotrotz	4	ziemlich	8
gemeinhin	4	normalerweise	21	zudem	162
gerade	110	nun	692	zumeist	21
geradezu	4	nur	3511	zwar	326
gewisse	90	offenbar	8	zweifellos	7
gewissermaßen	15	offensichtlich	15	zweifelsohne	4

[a] Das Wort wurde in den meisten Fällen nicht als Füllwort genutzt.

Tab. 5.10 Beispielsätze mit Füllwörtern, die einfach weggelassen werden können

Beispielsatz	Füllwörter
Betrachtet man allerdings den Fall einer TSP-Instanz mit 119 Knoten, so ergibt sich ein anderes Bild.	allerdings, so
Eine Verkleinerung der Segmente würde eine bessere Generalisierung ermöglichen, hätte aber wiederum eine höhere Rechenleistung und entsprechend auch einen höheren Speicherbedarf zur Folge.	auch, entsprechend, wiederum
Einerseits könnte dieser Schritt weitestgehend automatisiert werden; andererseits soll jedoch auch die Möglichkeit bestehen formatunabhängige Schriftarten, wie Handschriften, als Muster zu nutzen.	auch, jedoch
Wie schon in Kapitel 4 erwähnt wurde, sollen in späteren Versionen auch weitere Dateitypen unterstützt werden.	auch, schon
Im Modell von ActiveMailbox sind Connection-Pools im Sinne von ActiveRecord jedoch ganz und gar überflüssig, da jeder Client bereits eine eigene IMAP-Verbindung besitzt.	bereits, ganz und gar, jedoch
Durch die Möglichkeit der Suffix-Whitelist kann die Verarbeitung des Dateiinhalts auf bestimmte relevante Dateitypen beschränkt werden.	bestimmte
Die Funktionalität des Desktop-Wikis lässt sich mit Hilfe von Plug-Ins noch erheblich erweitern.	erheblich, noch
Das Passwort wird grundsätzlich stets in verschlüsselter Form gespeichert, um es – beispielsweise während des Debugging – nicht versehentlich zu kompromitieren.	grundsätzlich, stets
Hinter dem Testen und der Optimierung zur Testbarkeit steht im Grunde das Ziel, der korrekten Funktionsweise des eigenen Programms vertrauen zu können.	im Grunde
Die Arbeit ist im Wesentlichen dreigeteilt.	im Wesentlichen
Dies ist bedingt durch den Umstand, dass bei der Suche in der Hash-Tabelle immer alle Zeichen betrachtet werden müssen.	immer
Eine leistungsfähige Informationsverarbeitung entsteht maßgeblich durch das Zusammenwirken einer Vielzahl künstlicher Neuronen.	maßgeblich
Dadurch kann sichergestellt werden, dass praktisch keine Daten mehr verloren gehen, falls unbeabsichtigte Änderungen gespeichert wurden.	mehr, praktisch
Der letzte Punkt lässt sich wiederum in zwei allgemeine Fälle aufteilen, nämlich die Ausführung durch einen Interpreter und die Überführung in einen Zwischencode.	nämlich, wiederum
Da Start- und Endpunkt fest sind, operieren alle Algorithmen nur auf den Stopps zwischen dem ersten und letzten Stopp.	nur
Das Modell von Graphdatenbanken erlaubt ohne weiteres die Speicherung von beliebigen Beziehungen zwischen verschiedenen Datensätzen, ohne unbedingt ein vorgegebenes Schema beachten zu müssen.	ohne weiteres
Diese verhindert, dass einzelne Szenarien gar nicht ausgeführt oder schlichtweg innerhalb des Testprozesses vergessen werden.	schlichtweg
Ein Konzept, das sicher besondere Beachtung verdient, sind die hierarchischen Labels.	sicher
Wie diese Aspekte darlegen, ist es dem Framework tatsächlich möglich, das Vorgehensmodell 'Extreme Programming' zu unterstützen.	tatsächlich
Die Fitness eines kurzen Individuums ist vergleichsweise höher als die eines langen Individuums.	vergleichsweise
Die Gestaltung dieser Funktion ist dabei völlig frei.	völlig
Neben der Konfiguration der Felder einer Entität besteht zudem die Möglichkeit, Listenfelder sowie berechnete Felder anzugeben.	zudem

Tab. 5.11 Beispielsätze mit Füllwörtern, die mangelhafte Präzision anzeigen

Beispielsatz	Füllwörter
Dabei wurden beinahe alle hier genannten Werte miteinander kombiniert.	beinahe
Obwohl sich die Diagramme sehr ähneln, wird gerade in Abbildung 29 sichtbar, wo der Hauptunterschied zum ersten Konzept liegt.	gerade
Auf die webbasierten Wikis kann meist recht einfach von überall aus mit Hilfe eines Browsers zugegriffen werden.	meist, recht
Diese Vorgehensweise basiert auf der Annahme, dass die Nachbarschaft von möglichst ähnlichen Packstücken platzsparender ist.	möglichst
Bei manchen Benchmarks konvergiert das Verfahren offensichtlich zu einer dieser Spitzen.	offensichtlich

> An dieser Stelle muss durch die Zielanwendung darauf geachtet werden, dass der Client einer Nutzung seiner Daten vorher zustimmt.

Möchte man die umgangssprachlichen Bestandteile streichen, muss der Satz umformuliert werden und spätestens zu diesem Zeitpunkt kann das normative „muss" und die Passivkonstruktion („geachtet werden") anders formuliert werden.

> Die Zielanwendung garantiert dem Client, dass ausschließlich von ihm autorisierte Daten benutzt werden.

Es gibt allerdings auch viele Textstellen, an denen zwar ein Füllwort steht, aber seine Streichung den Inhalt ändert. Dies ist meist ein Hinweis auf unpräzise Formulierungen im Sinne von Abschn. 5.2.2. Füllwörter können also auch ein Indikator für mangelhafte Präzision im Text sein. Tab. 5.11 enthält einige entsprechende Beispielsätze.

Kein Autor ist frei von der Verwendung von Füllwörtern. Das liegt darin begründet, dass oft noch unscharfe, wolkige Gedanken der Ausgangspunkt bei der Suche nach der richtigen Formulierung sind. In solchen Situation ist es einfacher, die grobe Idee zunächst umgangssprachlich – inklusive Füllwörtern – aufzuschreiben. Wird der Text danach erfolgreich überarbeitet, verschwinden die Füllwörter langsam. Der Autor dieses Buches ist sich seiner Schwächen im Hinblick auf Füllwörter bewusst. Eigene Favoriten sind „also", „auch", „bereits", „dabei", „gerade", „grundsätzlich", „immer", „in der Regel", „jedoch", „lediglich", „letztlich", „meist", „so" und „zumeist", die trotz Überarbeitung immer noch überproportional im Buch enthalten sind.

5.2.6   Fach- statt Umgangssprache

Viele studentische Arbeiten leiden darunter, dass sich ihr Text zu eng an der Umgangssprache orientiert. Folglich thematisiert dieser Abschnitt explizit, welche Aspekte der
Umgangssprache in einer wissenschaftlichen Arbeit nicht erwünscht sind und wie man
der Fachsprache der Informatik besser gerecht werden kann.

Umgangssprache In   einer   wissenschaftlichen   Arbeit   sollte   salopper   Ton   und
umgangssprachliche Wendungen genauso vermieden werden wie Redensarten und Floskeln. Das ist keine Frage der Authentizität: Während man im Freundeskreis reden kann,
„wie einem der Schnabel gewachsen ist", wirkt es in geschriebenem Text unsachlich und zu
locker. Betrachten wir einen eher unscheinbaren Beispielsatz.

> Die Robotik fällt ganz raus, da sie für diese Arbeit nicht weiter von Bedeutung ist.

Der Ausdruck „fällt ganz raus" gibt dem Satz einen sehr saloppen Ton. Besser wäre es,
eine Formulierung wie „bleibt unberücksichtigt" zu verwenden. Alternativ kann der Satz
komplett umformuliert werden, indem das „nicht von Bedeutung" im Nebensatz genauer
ausgeführt wird.

> Diese Herangehensweise erlaubt es, von der Hardware der Roboter zu abstrahieren,
> weswegen die Aspekte der Robotik nicht weiter betrachtet werden.

Tab. 5.12 enthält drei weitere Beispiele, bei denen durch Umformulieren insbesondere die
inhaltliche Aussage präziser herausgestellt werden kann.

Tab. 5.12 Beispielsätze mit umgangssprachlichen Formulierungen

schlecht	besser
Benchmarks bei Programmiersprachen sind immer so eine Sache. Sie sind wie Werkzeuge. Mit unterschiedlichen Werkzeugen kann man unterschiedliche Dinge tun.	Jeder Benchmark bildet die Anforderungen einer Anwendungsdomäne anders ab und gewichtet diese unterschiedlich bei der Leistungsbewertung.
Das Gebiet, in dem man wohl die meisten Naos antrifft, ist die Standard-Platform-League des RoboCup.	Die Hauptanwendungsdomäne der Nao-Roboter ist die Standard-Platform-League des Robo-Cup.
Es wird nur ein einziger Berechnungsprozess angestoßen und zwar auf dem Server.	Die Berechnung findet ausschließlich in einem Prozess auf dem Server statt.

Superlative Nichtüberbietbare Steigerungen von Adjektiven und Adverbien sind in wissenschaftlichen Texten problematisch und sollten hinterfragt werden (Balzert et al., 2008, S. 243). Dupré (1998, S. 291 ff.) empfiehlt, Superlative nur in klar abgesteckten Bereichen zu benutzen – am Besten mit einer Metrik, die als Vergleichskriterium herangezogen wird. Dieselben Überlegungen gelten auch bei den Adjektiven „optimal" und „ideal", wie der folgende Beispielsatz illustriert.

> Erst im Zusammenspiel von IT- und Fachwissen können die Testfälle eine optimale Qualität erreichen.

Die „optimale Qualität" ist eine sehr starke Aussage, die in einem wissenschaftlichen Text nach einem Nachweis oder formalen Beweis verlangt. Vermutlich trifft der folgende Satz die Intention des Autors besser.

> Das Zusammenspiel von IT- und Fachwissen führt zur erwünschten Qualität der Testfälle.

Dabei nehmen wir an, dass vorab definiert wurde, was unter der Qualität eines Testfalls in diesem Kontext zu verstehen ist und welche erwünschten Eigenschaften die Qualität abbildet. Ist dies nicht der Fall, sollten diese Aspekt im Satz selbst genauer ausgeführt werden, wie die nachfolgende Variante demonstriert.

> Durch das Zusammenspiel von IT- und Fachwissen können Spezialfälle so in den Testfällen beschrieben werden, dass eine Zweigabdeckung von 95 % erreicht wird.

In Tab. 5.13 werden drei Beispielsätze mit Superlativen angeführt. Die Steigerungsform provoziert bestimmte Fragen, die wir entsprechend angeführt haben.

Ausrufezeichen Auch wenn es populäre Autoren wie Donald Knuth gibt, die das Ausrufezeichen als persönliches Stilmittel im wissenschaftlichen Schreiben etabliert haben (Knuth, 2003), sollte der Ausruf grundsätzlich sehr sparsam benutzt werden. Dupré (1998, S. 261) beschränkt das Ausrufezeichen in ihren Empfehlungen auf überraschende oder weltbewegende Aussagen. Zobel (1997, S. 63) weist darauf hin, dass nie mehr als ein Ausrufezeichen benutzt werden soll. Er empfiehlt jedoch, auch dies lieber zu vermeiden und die Aussage auf eine andere Art zu betonen, z. B. durch Formulierungen wie „entgegen der Erwartungen aus vorherigen Experimenten […]" oder „bemerkenswert ist […]". Wie unwissenschaftlich die ungewöhnliche Interpunktion wirkt, zeigt die Untersuchung in einem medizinischen

Tab. 5.13 Beispielsätze mit Superlativen

Beispiel	Bemerkung
Das Modell der Stichwortsuche ist zwar das effektivste Navigationsmodell, kann aber aufgrund der Eigenschaften menschlicher Nutzer nicht immer genutzt werden.	Ist die Auswahl der Navigationsmodelle klar umrissen? Wurde die Effektivität objektiv gemessen?
Für den Benutzer ist die Workflow-Perspektive wahrscheinlich die interessanteste Sicht auf die Daten des Servers.	Die Kombination des Superlativs mit dem Füllwort „wahrscheinlich" führt die Aussage ad absurdum.
Microservices passen ideal in die Philosophie von Docker mit seinem Single-Process-Modell.	Welche Eigenschaften machen die Kombination so vorteilhaft? Ist wirklich kein noch besserer Ansatz denkbar?

Fachgebiet von Bowman und Kinnan (2018), die herausgefunden haben, dass Arbeiten mit einem Ausrufezeichen im Titel weniger häufig zitiert werden.

Fremdwörter und englische Begriffe Auch ein wissenschaftlicher Text sollte für Leserinnen gut zugänglich sein, daher sind Fremdwörter und Anglizismen grundsätzlich sparsam zu verwenden. Da Englisch die wissenschaftliche Publikationssprache der Informatik ist, können englische Fachbegriffe in deutschsprachigen Texten problemlos verwendet werden. Sie müssen beim ersten Vorkommen eingeführt und mit einer deutschen Übersetzung versehen werden.

Inwieweit ein englischer oder deutscher Fachbegriff vorzuziehen ist, bleibt dem Autoren überlassen. Während es beispielsweise gute historische oder inhaltliche Gründe geben kann, nicht den „Compiler", sondern den „Übersetzer" zu verwenden, fühlen sich bei vielen Begriffen die deutschsprachigen Übersetzungen unnatürlich an. So kann der „Thread" noch als „Programmfaden" oder „leichtgewichtiger Prozess" übersetzt werden – bei den Begriffen „Webbrowser", „Client" und „Deployment" werden die Übersetzungen umständlicher.

Allerdings birgt die Besonderheit der englischen Sprache, zusammengesetzte Wörter getrennt zu schreiben, ein hohes Potenzial der Verwirrung, wenn sie in dieser Form in einen deutschen Satz gesetzt werden. So kann der folgende Satz für ein kurzes Stocken im Lesefluss sorgen: „Die erforderliche Modellierung von Produktlinien wird nur bedingt durch Requirements Engineering Werkzeuge unterstützt." In einigen Fällen lässt sich ein solcher Satz dadurch entschärfen, dass der englischsprachige Begriff kursiv gesetzt wird – dies muss dann jedoch konsequent überall gemacht werden, was das Textbild nachhaltig verändern kann. Im Beispiel hilft es darüber hinaus nicht, weil ja zwei englischsprachige Wörter mit einem deutschsprachigen Begriff kombiniert werden. Daher bietet es sich an, die üblichen Regeln des Rechtschreibrats für diese Fälle zu berücksichtigen (Rat für deutsche Rechtschreibung, 2018):

- Generell werden Begriffe, die aus mehreren Worten bestehen, im Deutschen zusammengeschrieben, was insbesondere auch für englischsprachige Begriffe gilt, die Eingang in deutsche Wörterbücher gefunden haben. Beispiele: Softwareengineering, Framebuffer und Blockchain.
- Englischsprachige Begriffe, die aus einem Adjektiv und einem Substantiv bestehen, können zusammengeschrieben werden, wenn der Fokus auf dem Adjektiv liegt. Andernfalls werden sie getrennt geschrieben. Beispiel: Fuzzylogic oder Fuzzy Logic, Softupdates oder Soft Updates, aber nur Deep Learning, Big Data und Genetic Algorithm.
- Bei Begriffen mit Eigennamen werden Bindestriche gesetzt. Beispiele: Moore-Nachbarschaft, Petri-Netz, Kolmogorov-Complexity und Akra-Bazzi-Theorem.
- Man kann bei zusammengesetzten Worten einen Bindestrich setzen, um gegebenenfalls unübersichtliche Zusammensetzungen besser zu gliedern, Missverständnissen zu vermeiden oder drei aufeinanderfolgende gleiche Buchstaben zu trennen. Beispiele: Job-Shop-Scheduling, Constraint-Satisfaction-Problem, Graph-Modeling-Language und Process-Scheduler.

In jedem Fall sollte der Einsatz englischsprachiger Begriffe maßvoll erfolgen und den korrekten Gebrauch der deutschen Sprache nicht beeinträchtigen. So können insbesondere englische Verben nicht konjugiert werden. Ein Negativbeispiel ist der folgende Satz.

> Pull-Requests werden von einem anderen Entwickler geprüft und dann gemerged.

Hier muss der Autor auf ein anderes Verb ausweichen und das Fremdwort an anderer Stelle im Text anführen, wie dies beispielsweise im folgenden umformulierten Satz durchgeführt wurde.

> Pull-Requests werden von einem anderen Entwickler geprüft und mittels einer Merge-Operation in den Hauptentwicklungszweig integriert.

Streichkandidaten Neben den bereits diskutierten Füllwörtern sind viele Sprachelemente, die den Text auflockern und blumiger gestalten, aber inhaltlich nichts beitragen, ebenfalls direkte Streichkandidaten. Dazu gehören Buzzwords und Klischees (Zobel, 1997, S. 14) – eine Abschlussarbeit muss nicht durch die neuesten Begriffe des Hype-Zyklus von Gartner motiviert werden, wenn diese für die Arbeit nicht relevant sind. Auch Adjektive ohne inhaltliche Notwendigkeit, Floskeln und Tautologien können gestrichen werden (Balzert et al., 2008, S. 242 f.). Zur letzten Klasse gehören beispielsweise Formulierungen wie „selektive Auswahl", „weiter fortsetzen", „mehrfach iteriert" und „restlos überzeugt". Werden

beispielhafte Aufzählungen angeführt, neigen manche Autoren dazu, mehrfach zu verdeutlichen, dass es sich um Beispiele handelt, wie in den Ausdrücken „z. B. X, Y, …" oder
„beispielsweise A, B, C etc.". Ein Beispiel liefert der folgende Satz.

> Auch hier gibt es bereits Vorlagen, welche die meisten gängigen Plattformen wie
> Android, iOS, JavaScript/TypeScript usw. unterstützen.

Das Wort „wie" zeigt bereits an, dass die folgende Liste beispielhaft und ggf. unvollständig
ist. Der Abschluss der Aufzählung mit „usw." ist redundant. Der Beispielsatz lautet bereinigt
wie folgt.

> Auch hier gibt es bereits Vorlagen, welche die meisten gängigen Plattformen wie
> Android, iOS und JavaScript/TypeScript unterstützen.

Abkürzungen und Akronyme   Texte mit einem Übermaß an nicht direkt lesbaren Kürzeln
geraten leicht unleserlich. Daher gilt die Grundregel, Akronyme und Abkürzungen bewusst
einzusetzen. Es gibt einige gängige Abkürzungen, die problemlos im Text genutzt werden
können, wie „z. B.", „d. h.", „i. d. R." und „usw.". Bei Arbeiten der theoretischen Informatik
kann hierzu „gdw." (genau dann wenn) gehören, wenn die Abkürzung der zu erwartenden
Leserschaft bekannt sein sollte. Zusätzlich sind Fachtermini, Maßeinheiten und Abkürzungen für zentrale lange Bezeichner möglich – diese sollten im Text beim ersten Vorkommen
eingeführt werden (Dupré, 1998, S. 80).

> Das Container-Runtime-Interface (CRI) erlaubt es Kubernetes, mit mehreren Container-
> Runtimes zu kommunizieren.

Ergänzend zur Einführung im Text kann in größeren Arbeiten ein zentrales Abkürzungsverzeichnis zum Nachschlagen sinnvoll sein.

Die Regeln für die Einführung von Akronymen gilt auch bei bekannten Fachtermini
wie „RAM", „CPU" oder „LAN". Diese führt man im Text nach den obigen Regeln ein,
z. B. „Random-Access-Memory (RAM)". Falls alternativ im Text ein anderer Begriff ausgeschrieben benutzt wird, ist die Einführung in der folgenden Form möglich: „Grafikprozessor
(GPU, engl. *graphics processing unit*)".

Auch für Maßeinheiten gilt die Grundregel, dass die jeweilige Abkürzung im Text eingeführt wird. Allerdings sind viele Maßeinheiten wie „MHz", „sec", „ms" und „MIPS" so
gebräuchlich, dass man je nach Zielpublikum auf ihre Einführung verzichten kann.

Lange Bezeichner stören den Textfluss, wenn sie immer wieder vollständig ausgeschrieben im Text verwendet werden. Daher bietet sich auch dort die Verwendung von Akronymen als eine mögliche Lösung an (Dupré, 1998, S. 81). Wenn beispielsweise in einer Arbeit das „Feedback-Arc-Set-Benchmark-Lastbalance-Experiment" ein zentraler Begriff wäre, könnte ein entsprechendes Akronym wie folgt eingeführt werden.

Das Feedback-Arc-Set-Benchmark-Lastbalance-Experiment (FABLE) unterscheidet sich von den bisherigen Untersuchungen durch [...]

Häufig leben Informatiker in der Gestaltung der Akronyme ihr Nerd-Dasein aus, wobei der Kreativität kaum Grenzen gesetzt scheinen. Nicht immer ist ein solches Akronym jedoch die beste Lösung. Daher sollte der Autor prüfen, ob nicht eine sprechende Abkürzung wie z. B. „FeedBalance" oder eine Zuordnung zu einem Namen wie z. B. „Balance-Experiment" passender ist. Eine solche Lösung könnte wie folgt im Text verankert werden.

Das Feedback-Arc-Set-Benchmark-Lastbalance-Experiment, im Weiteren als *Balance-Experiment* bezeichnet, unterscheidet sich von den bisherigen Untersuchungen durch [...]

Schreibprozess

6

In den meisten Fällen wird am Ende das geschriebene Dokument wahrgenommen, begutachtet und ggf. benotet. Der Entstehungsprozess ist dabei eine Nebensache und kann als persönliche Erfahrung verbucht werden. Die Wahrnehmung des Autors ist meist umgekehrt – er hadert mit schlechter Vorbereitung, Schreibblockaden, Situationen, in denen eine wichtige Quelle zu spät gefunden wird, und einem Betreuerfeedback, das mehr Änderungen und Überarbeitungen verlangt, als er zu investieren bereit ist. Die Hinweise in diesem Kapitel sollen dem Autoren helfen, Schwierigkeiten im Schreibprozess frühzeitig anzugehen und Vorkehrungen zu treffen.

6.1 Vor dem Schreiben

Der Schreibprozess beginnt noch vor dem Verfassen eines Textes. So kann eine Reihe früher Entscheidungen dem Autoren helfen, das weitere Vorgehen klarer zu strukturieren und die benötigten Revisionen des Manuskripts einschränken. In diesem Abschnitt thematisieren wir die Autor-Leser-Beziehung und grundsätzliche Stil- bzw. Layoutentscheidungen. Bei studentischen Abschlussarbeiten müssen vorab noch weitere Punkte geklärt werden, die wir in Kap. 7 besprechen.

Gespür für den Leser Bevor der Autor beginnt, Text zu verfassen, sollte er genau überlegen, wie sich seine Leserschaft zusammensetzen wird (Dupré, 1998, S. 367 ff.). Was sind deren Vorkenntnisse und ggf. Erwartungen? Eine Antwort auf diese Frage kann sowohl die Gliederung der Arbeit beeinflussen als auch Detailentscheidungen nach sich ziehen, z. B. inwieweit mathematische Notationen und Formalismen notwendig sind. Bei Schriftwer-

© Der/die Autor(en), exklusiv lizenziert an Springer-Verlag GmbH, DE, ein Teil von
Springer Nature 2025
K. Weicker, *Wissenschaftliches Schreiben in der Informatik*, Studienbücher Informatik,
https://doi.org/10.1007/978-3-662-69872-3_6

ken mit einer größeren Leserschaft kann man auch politische, religiöse oder demografische Besonderheiten hinterfragen, um sie im Text der Arbeit zu berücksichtigen.

Stilvorlage Werden bereits beim ersten Entwurf eines Schriftstücks Schriftarten und Gestaltungselemente einheitlich benutzt, vereinfacht dies den späteren Feinschliff der Arbeit. Hierfür bietet sich eine Stilvorlage an, in der ein Autor seine Entscheidungen und Vorgaben dokumentiert. Sie erfüllt beim Schreiben genau denselben Zweck, dem eine Programmierrichtlinie (engl. *Coding Convention*) bei der Programmierung dient. Eine Stilvorlage enthält Regelungen zu den nachfolgend aufgeführten Aspekten.

Definitionen: Wie werden Begriffe eingeführt? Im Text, als semantischer Block oder beide Formen in Abhängigkeit von Eigenschaften des Begriffs? Wird der definierte Begriff hervorgehoben und, falls ja, wie? (vgl. Abschn. 1.2.3 und 5.1.1; Zobel, 1997, S. 126 f.)

Literaturreferenzen: Wie werden Quellen im Literaturverzeichnis aufgeführt? Welche Metadaten werden berücksichtigt und wie werden die Einträge einheitlich gesetzt? Welcher Zitierstil wird im Text benutzt? (vgl. Abschn. 4.4 und 4.5; Dupré, 1998, S. 506 ff.)

Verschiebbare Blöcke: Welche Blöcke gibt es – Abbildungen, Tabellen, Quellcode, …? Wie werden diese nummeriert? Wie werden Unter- und Überschriften gestaltet? Wie wird im Text darauf referenziert? (vgl. Abschn. 5.1.2; Dupré, 1998, S. 506 ff.)

Tabellengestaltung: Welche Linien werden in Tabellen genutzt? Gelten Vorgaben bzgl. der Bündigkeit in Spalten? Sollen Tabellenfußnoten genutzt werden? (vgl. Abschn. 5.1.2; Dupré, 1998, S. 506 ff.)

Programmcode und Algorithmen: Gelten Vorgaben für den Satz von Quelltext und algorithmischen Abläufen? Gibt es eine maximale Größe bis zu der solche Bestandteile im Text gesetzt werden dürfen? (vgl. Abschn. 5.1.1 und 5.1.4; Zobel, 1997, S. 126 f.)

Schriftarten: Welche Schriftarten werden benutzt? Falls mehrere Schriftarten vorgesehen sind, was ist der Zweck für jede Schriftart? Werden Hervorhebungen durch Schrägstellung oder Fettdruck benutzt? Wenn ja, mit welcher Semantik? (vgl. Abschn. 2.4.2; Zobel, 1997, S. 126 f.)

Abkürzungen: Welche Abkürzungen sollen in der Arbeit Verwendung finden? (vgl. Abschn. 5.2.6; Dupré, 1998, S. 506 ff.)

Schreibweisen: Wie sollen insbesondere englische Fachbegriffe geschrieben werden? Welche Regelung gilt bei mehreren möglichen Schreibweisen? (vgl. Abschn. 5.2.6; Dupré, 1998, S. 506 ff.)

Während des Schreibprozesses muss die Stilvorlage bei neuen Entscheidungen aktualisiert und ergänzt werden, wenn sich andere Vorgaben als zweckmäßiger erweisen.

6.2   Vorgehensweise beim Schreiben selbst

Der kreative Prozess des Schreibens ist letztendlich individuell – und damit auch die Vorgehensweise des Autors. Entsprechend vielfältig sind die Meinungen und Empfehlungen in der Literatur und dem persönlichen Umfeld eines jeden Autors. Deininger et al. (1992, S. 33) orientieren sich beispielsweise am Schreiben von Softwaredokumentation, während Zobel (1997, S. 8 f.) seine Ausführungen stärker an der schrittweisen Verfeinerung des Dokuments orientiert.

Grobe Vorgehensweise Als groben Ablauf (und vielleicht kleinsten gemeinsamen Nenner vieler Empfehlungen) schlagen wir hier die folgenden fünf Schritte vor, die wir im Weiteren genauer ausführen:

1. Eckpunkte zusammenstellen
2. Logische Struktur als erster Entwurf einer Gliederung
3. Haupttext ausarbeiten
4. Einleitung fertigstellen
5. Abstract/Zusammenfassung schreiben

Eckpunkte zusammenstellen: Als Ausgangspunkt werden die wichtigsten Informationen und Gedanken gesammelt, die in jedem Fall in die Arbeit einfließen sollten. Das kann bei einem Paper zu einem abgeschlossenen Projekt das Resultat eines Brainstormings sein, in dem die Errungenschaften und Ergebnisse zusammengetragen werden (Zobel, 1997, S. 8 f.). Wird das Thema einer studentischen Arbeit von einer Betreuerin vorgegeben, liegen zu diesem Zeitpunkt noch keine eigenen Erkenntnisse vor. Dann können die Eckpunkte aus einer Literaturliste, der Aufgabenstellung und bekannten Vorarbeiten bestehen (Deininger et al., 1992, S. 33).

Logische Struktur als erster Entwurf einer Gliederung: Das Ziel dieses Schritts ist ein konkretes Gerüst, das im Weiteren schrittweise mit Text und Leben gefüllt wird. Zobel (1997, S. 8 f.) schlägt vor, zunächst eine logische Struktur auszuarbeiten – von den benötigten Grundlagen bis zu den Ergebnissen –, diese Struktur zu verfeinern und mit inhaltlich passenden Überschriften für die einzelnen Abschnitte zu versehen.

Haupttext ausarbeiten: Entlang der entworfenen logischen Struktur werden Einbettung, Methodik, eigenes Konzept, Umsetzung, Evaluation des Konzepts und eine Verknüpfung der eigenen Ergebnisse mit dem State of the Art ausformuliert. Dies ist meist kein linearer Prozess, sondern Autoren entwickeln den Text parallel an mehreren Stellen. Auch ist es Teil dieses Schritts, die Gliederung immer wieder zu hinterfragen und entsprechend anzupassen.

Einleitung fertigstellen: Die Einleitung ist quasi das Empfangszimmer der wissenschaftlichen Arbeit und muss den Rahmen, den Lösungsansatz und die Errungenschaften der Arbeit hinreichend repräsentieren. Daher empfiehlt es sich, die Einleitung vor dem Hintergrund des fertig gestellten Haupttextes zu schreiben. Viele Bausteine dafür sollten allerdings schon früh in der Phase „Eckpunkte zusammenstellen" gesammelt und vorformuliert werden.

Abstract/Zusammenfassung schreiben: Die Zusammenfassung ist das Werbeplakat, um Leserinnen für die Arbeit zu gewinnen. Da es sich dabei um eine ganz spezielle Kurzfassung der Erkenntnisse (vgl. Abschn. 2.5) handelt, sollte diese Zusammenfassung erst nach der Fertigstellung des Haupttextes verfasst werden. Erst zu diesem Zeitpunkt liegen alle Informationen und eigenen Interpretationen zum Inhalt vor.

Arbeit am Haupttext Liegen bereits eigene Ergebnisse vor oder stehen die Einzelschritte der wissenschaftlichen Arbeit relativ überraschungsarm vor Beginn der Arbeit fest, kann sich eine lineare Arbeitsweise anbieten. Laut Deininger et al. (1992, S. 33) eignen sich hierfür die folgenden Teilschritte:

1. eigenen Lösungsansatz beschreiben,
2. Resultate beschreiben und bewerten,
3. kritischer Rückblick auf den Verlauf der Arbeit und
4. Revision der Arbeit – auf syntaktischer und inhaltlicher Ebene.

Gerade bei Abschlussarbeiten kann dies gut funktionieren, wenn beispielsweise die Vorgehensweise aus einer vorgegebenen Aufgabenstellung direkt ableitbar ist. In anderen Fällen entsprechen die Rahmenbedingungen von Abschlussarbeiten häufig nicht diesem Ideal. Das liegt erstens daran, dass die Zeitrestriktionen sehr eng sind, sodass sich die Tätigkeiten des Schreibens, des Entwerfens von Konzepten und der Produktion von Ergebnissen zwangsweise überlappen. Zweitens werden häufig Studenten in der Abschlussarbeit mit Themen konfrontiert, die relativ neu für sie sind. Folglich muss sich der Autor schrittweise über mehrere Iterationen der Einordnung des Themas in Ergebnisse und Ansätze aus der Literatur annähern.

Die von Zobel (1997, S. 8 f.) vorgeschlagene Vorgehensweise gibt daher auch keine Reihenfolge bei der Bearbeitung der einzelnen Teile vor. Er empfiehlt stattdessen

1. die Überschriften der Abschnitte festzulegen,
2. jeden Abschnitt mit 20–200 Worten zu skizzieren und
3. daraus die einzelnen Abschnitte des Hauptteils zu formulieren.

Die zeitlich Abfolge kann sich an der sequenziellen Reihenfolge der Abschnitte orientieren, aber auch andere Reihenfolgen sind denkbar.

Ein Beispiel für eine nichtlineare Vorgehensweise kann die Einbettung der Arbeit in die Literatur und die Darstellung der benötigten Grundlagen sein. Denn tatsächlich sollen diese Teile nur solche Informationen beinhalten, die für das Verständnis und die Einordnung der eigenen Konzepte und Ergebnisse notwendig sind. Man sollte also als Autor nicht in die Beschreibung von Grundlagen investieren, bei denen die Gefahr besteht, dass sie am Ende nicht ins eigene Konzept eingehen. Auch kann man oft zu Beginn der Arbeit noch nicht abschätzen, mit welchem Detaillierungsgrad fremde Arbeiten und Grundlagen zu beschreiben sind. Daher empfiehlt der Autor dieses Buches,

1. zunächst volle Aufmerksamkeit auf die eigenen Konzepte und Ergebnisse zu legen,
2. dann die Einbettung und die Grundlagen auf der Basis der zuvor gesammelten Eckpunkte zu schreiben bzw. zu finalisieren, damit die Aufbereitung der eigenen Ergebnisse ideal vorbereitet wird, und
3. sich am Ende um das Fazit und den Ausblick zu kümmern, da sich diese Textpassagen idealerweise auch auf die Einbettung beziehen.

Die Empfehlung, Grundlagen und Einbettung spät zu schreiben, darf an dieser Stelle nicht so fehlinterpretiert werden, dass man sich inhaltlich darum erst spät kümmert. Tatsächlich sind grundlegende Definitionen und die Recherche zu konkurrierenden Konzepten und Arbeiten natürlich ein wichtiges Element früherer Phasen des wissenschaftlichen Arbeitens. Hier geht es lediglich darum, dass die Darstellung ideal auf die eigenen Schwerpunkte und Konzepte abgestimmt sein muss.

Strukturieren innerhalb eines Abschnitts   Gemäß der in Abschn. 5.2.1 präsentierten Prinzipien behandelt jeder Abschnitt genau ein Thema und jeder Absatz im Abschnitt eine zugehörige Idee. Darüber hinaus muss der Abschnitt, aber auch jeder seiner Absätze in sich geschlossen sein, den Bezug zum Text davor herstellen und eine Schlussfolgerung im kleinen Rahmen bieten (vgl. B-P-R-Regel in Abschn. 2.3.2). Dieser Rahmen an Anforderungen kann den eigentlich wichtigeren inhaltlichen Erkenntnisprozess erdrücken. Fasst der Autor zunächst seine wichtigsten Punkte als Stichworte zusammen, lässt sich der Abschnitt auf dieser Ebene strukturieren und in Absätze einteilen. Die Stichworte können dann zu Satzfragmenten ausgebaut werden. Dadurch lässt sich laut Zobel (1997, S. 8 f.) das eigentliche Schreiben in handliche Teile zerlegen. Zudem kann anhand der Stichworte oder Satzfragmente die Struktur immer wieder geprüft und andere Reihenfolgen ausprobiert werden. Die Leitfragen sind dabei: Was baut worauf auf? Wo lassen sich große Einheiten weiter in einzelne Ideen zerlegen? Kann ein Beispiel die Ausführungen verständlicher machen? Wie müssen die Übergänge zwischen Absätzen gestaltet werden? Liefert der Abschnitt am Anfang genug Hintergrundwissen? Und wird er am Ende gut in die gesamte Arbeit eingeordnet?

Geschätzter idealer Zeitaufwand   Sucht man im Internet danach, wie viele Seiten ein Autor pro Tag beispielsweise an seiner Abschlussarbeit schreiben kann, wird man sowohl mit beeindruckenden 5–10 Seiten als auch realistischeren 1–2 Seiten konfrontiert. Tatsächlich hängt dies nicht nur von der Eloquenz und Sprachgewandtheit des Autors ab, sondern maßgeblich auch davon, ob man etwas zu sagen hat und dies insbesondere gut vorbereitet hat. Qualitativ hochwertiger Text, der allen hohen Anforderungen einer wissenschaftlichen Ausfertigung standhält, kann in der formal-wissenschaftlichen Informatik nicht aus dem Stegreif und am Fließband produziert werden. Gerade diejenigen, denen das Schreiben nicht ganz leicht von der Hand geht, sollten ihren Text gut über gesammelte Stichworte vorbereiten.

Der Ertrag lässt sich jedoch nicht einfach als $\frac{Seiten}{Tag} \cdot Tage$ errechnen, denn die verschiedenen Abschnitte erfordern ein unterschiedliches Maß an Aufmerksamkeit. So benötigt der Hauptteil inklusive der Einbettung in die Literatur zwar den größten Anteil an der verfügbaren Zeit, sollte bei einer Abschlussarbeit allerdings nicht mehr als 80 % der gesamten Schreibzeit einnehmen – bei kürzeren Konferenz- oder Zeitschriftbeiträgen sind es nur maximal 50 %. Die restliche Zeit sollte zu etwa gleichen Teilen auf die Einleitung, die Schlusssworte (Fazit) und die Kurzzusammenfassung (Abstract) verwandt werden. Da diesen Bestandteilen einer wissenschaftlichen Arbeit besonders viel Aufmerksamkeit zufällt, sollte auch der Autor mit wesentlich mehr Sorgfalt agieren und immer wieder vereinfachen, redigieren und besser formulieren.

Flexibilität Viele studentische Autoren beginnen ein größeres Schreibprojekt mit der Erwartungshaltung, dass sie peu à peu druckfertigen Text produzieren. Dies trifft jedoch nicht einmal auf erfahrene Autoren zu – geschweige denn Studenten, denen das Schreiben meist wesentlich leichter fällt, wenn sie frei und ohne auf Stil und Form zu achten formulieren dürfen (Zobel, 1997, S. 8). In jedem Fall ist es notwendig, das Geschriebene immer wieder zu überarbeiten. In seiner kleinen Anleitung zum wissenschaftlichen Schreiben formuliert Raibert (1985) einprägsam: „Good writing is bad writing that was rewritten." Daher sollte jeder Autor nicht mit zu starren Vorstellungen ans Werk gehen, sondern flexibel genug sein, frühe Entscheidungen auf den Prüfstand zu stellen – sowohl bezüglich der Struktur des Textes als auch der Form, wie Konzepte und Ergebnisse präsentiert werden.

Strukturelle Fragen betreffen beispielsweise die Anordnung, wo welche Definition steht, Überlegungen, wann ein Konzept erst informell und dann formal eingeführt wird, und die Einbettung der Arbeit, d. h. wo welche Ideen aus der Literaturrecherche vorgestellt werden. Der Autor sollte immer hinterfragen, ob es irgendwie besser geht. So kann man ausprobieren, ob sich der rote Faden verändert, wenn Begriffsdefinitionen oder ein Abschnitt verschoben werden, und was in der Konsequenz angepasst werden muss.

Auch sollte die Bereitschaft vorhanden sein, schon fertig formulierten Text nochmals zu überarbeiten oder gar neu zu schreiben. Gerade wir Informatiker kennen die Situation aus der Softwareentwicklung: Manchmal ist es zielführender, wenn ein Teil des Quelltextes neu geschrieben wird und nicht durch Bugfixes mühsam und oft unzureichend repariert wird. Verständlicherweise fällt dies besonders schwer bei Passagen und Absätzen, an denen man bereits lange gefeilt hat, die aber im Gesamttext nicht richtig funktionieren. Raibert (1985) empfiehlt für solche Situationen eine Datei `price_winning_stuff.txt` anzulegen, in die man das Fragment packen kann, und danach die Passage nochmals neu zu schreiben.

Dieser Abschnitt als Beispiel Vermutlich ist dieser Abschn. 6.2 das beste Beispiel für seinen eigenen Inhalt. Seine Entstehung hat sich lange hingezogen, da die Gliederung

1. Grobe Vorgehensweise
2. Arbeit am Haupttext
3. Strukturieren innerhalb eines Abschnitts
4. Geschätzter idealer Zeitaufwand
5. Flexibilität

nicht offensichtlich war. Zu unterschiedlich sind die Herangehensweisen, sodass andere Gliederungsversuche wie „1. Lineares Schreiben", „2. Alternative Reihenfolgen", ...nicht funktioniert haben. Erst als ein gemeinsamer kleinster Nenner identifiziert war und damit der Kern des ersten Abschnitts feststand, hatte ich als Autor eine Chance den zweiten Abschnitt auf dieser Basis vernünftig zu strukturieren. Davor gab es viel halbfertigen und wieder verworfenen Text sowie lange Pausen, in denen ich lieber an anderen Stellen gearbeitet habe. Und vermutlich wären noch mindestens 1–2 Iteration in der Überarbeitung notwendig, damit es tatsächlich ein guter Text wird.

6.3 Umgang mit Schreibblockaden

Alle Autoren erfahren Phasen, in denen sie überhaupt nicht oder nur unzureichend mit einem Projekt vorankommen. Das ist nicht ungewöhnlich, sondern tatsächlich ein ganz normaler Teil des Schreibprozesses. Die Ursachen können darin liegen, dass man seinen Inhalt nicht richtig strukturiert bekommt, es mit einer einzelnen Textpassage nicht voran geht oder die Literatur nicht auf das richtige Maß an Information kondensiert werden kann. Die Probleme können für den Autoren so groß werden, dass über einen längeren Zeitraum der gesamte Schreibprozess ins Stocken gerät.

Gründe Schreibblockaden sind häufig darin begründet, dass der Autor in irgendeiner Hinsicht den eigenen Erwartungen nicht gerecht wird und sich dadurch einem erhöhten Druck ausgesetzt fühlt. Die Erwartungen können ganz unterschiedlich gelagert sein: zu wenig, zu speziell, zu trivial oder auch die Erkenntnis, dass die verschiedenen Bruchstücke einer Arbeit nicht offensichtlich zusammenpassen. Dieses große Anspruchsdenken ist meist auch der Grund für die vielbeschworene „Angst vor dem weißen Blatt", bei der die Blockade schon vor dem ersten Satz da ist.

In den wenigsten Fällen liegt eine Schreibblockade daran, dass man nichts zu sagen hätte. Zumeist ist das Gegenteil der Fall: Es sind zu viele Gedanken, Aspekte und Ideen, die der Autor nicht sortiert bekommt. Oft ist dies insbesondere bei der Einbettung in die Literatur zu beobachten, die junge Autoren damit überfordert, die Linie zu ziehen zwischen den

Informationen, die für die eigene Arbeit relevant sind, und dem weiteren Wissen, welches man sich im Zuge der Recherche angeeignet hat.

Oft ist auch der Faktor Zeit ein wichtiger Bestandteil einer Schreibblockade. Diese kann dadurch begründet sein, dass die nahende Abgabefrist einer Arbeit gepaart mit einem (realen oder gefühlten) langsamen Fortschritt für aufkommende Panik sorgt. Eine Blockade kann allerdings auch dadurch verursacht werden, dass man das Gefühl hat, dass der richtige Zeitpunkt nie da ist, um etwas aufzuschreiben – weil man der Meinung ist, dass entweder in einigen Wochen oder Monaten mehr Information zur Verfügung steht oder etwas anderes immer eine höhere Priorität einnimmt.

Auch psychologisch tiefer liegende Gründe können einen Autoren vom Schreiben abhalten. So kann eine Angst, sich mit seinem Wissen einer öffentlichen Diskussion zu stellen, den Autoren komplett blockieren. In diesem Fall liegt zwar vielleicht ein hochschulöffentlicher Auftritt im Rahmen eines Kolloquiums zur Abschlussarbeit in weiter Ferne, aber das Unterbewusstsein sucht seinen Weg, diese Situation frühzeitig zu verhindern. Ähnlich gelagert kann die Angst vor dem eigentlichen Abschluss des Studiums und damit dem Eintritt in das Arbeitsleben sein.

Maßnahmen Welche der im Weiteren aufgeführten Tipps und Tricks funktionieren kann, hängt von den tieferliegenden Gründen für die Schreibblockade ab. Insgesamt ist allerdings jeder Autor so individuell, dass keine allgemeine Regel aufgestellt werden kann, was wem und unter welchen Umständen genau hilft.

Ein allgemeiner Hinweis bezieht sich auf die Einrichtung von Ritualen (Balzert et al., 2008, S. 245). Diese helfen nicht nur bei Blockaden, sondern schaffen auch oft eine gute Voraussetzung für die Selbstorganisation des Autors. Dabei kann es sich um Routinen bzgl. der Uhrzeit handeln oder bestimmte Abfolgen, wie z. B. morgendliches Joggen, Duschen und dann drei Stunden Textarbeit. Andere steigen vielleicht in die tägliche Arbeit mit einer Mindmap ein, um die anstehenden Aufgaben klar vor sich zu sehen. Ganz nach persönlichen Vorlieben kann die eigene Musik-Playlist oder Düfte wie geschälte Mandarinen oder Kaffee genutzt werden, um eine kreative Stimmung zu erzeugen. Auch in die Kategorie der Rituale fällt das Bestreben, einen besonderen Arbeitsplatz einzurichten – zuhause oder indem man sich beispielsweise einen Arbeitsplatz in der Hochschulbibliothek sucht und diesen ggf. sogar reserviert, falls dies möglich ist.

Da mit jedem Tag, den man bei einer Schreibblockade nicht schreibt, die Hürde ein wenig größer wird, ist eine wichtige Gegenmaßnahme das Schreiben selbst – egal wie gut oder sinnvoll es gerade ist. Für den Autoren heißt dies: sich durchbeißen und dranbleiben, auch wenn es nur ein paar Sätze jeden Tag sind (Dupré, 1998, S. 615). Im Zweifelsfall sind es auch nur Stichworte, unvollständige Sätze, vage Assoziationen oder Ideen, die einem dabei weiterhelfen, herauszubekommen, was man eigentlich sagen möchte (Raibert, 1985). Und man sollte sich nicht dadurch einschränken lassen, was logisch als Nächstes geschrieben werden sollte, sondern einfach die einladendste Teilaufgabe wählen und das schreiben, was einem gerade am leichtesten fällt (Dupré, 1998, S. 613 f.). Manchmal entwickelt man dabei auch genügend Momentum im Schreibfluss, dass danach schwierigere Stellen leichter von der Hand gehen. Wenn einem der Einstieg in einen Abschnitt besonders schwer fällt, kann man auch einfach mit dem zweiten Satz anfangen und davor ein „[Hier fehlt noch was!]" setzen. Auch die Qualität des Textes sollte einen Autoren nicht aufhalten, denn es ist einfacher schlecht geschriebenen Text zu überarbeiten, als sofort druckreif zu schreiben.

Eine andere häufig genutzte Maßnahme lässt sich unter dem Stichwort „Vereinbarungen" zusammenfassen. In der schwächsten Form, trifft der Autor mit sich selbst eine Vereinbarung, z. B. genau eine Seite pro Tag zu schreiben (Dupré, 1998, S. 614). Wem dies zu unverbindlich ist, der kann auch eine Regelung mit jemandem treffen, dem man regelmäßig den aktuellen Stand erläutert und die konkreten nächsten Schritte darlegt. Diese Vorgehensweise kennen Informatiker evtl. aus der Software-Entwicklung, bei der sie in Stand-Up-Meetings oder Dailies dieselben Informationen hinsichtlich der Programmierung teilen. Der Kommunikationspartner ist dabei meist egal: Er muss keine Fachkenntnis besitzen. Dadurch eignen sich auch Nicht-Informatiker-Freunde oder Elternteile – die Vereinbarung selbst sorgt für Fortschritt und die Erläuterung des Plans hilft dem Autor seine nächsten Schritte zu strukturieren. In der schärfsten Variante liefert man seinen täglichen Fortschritt bei jemandem ab, der es gegenliest und ggf. sogar kommentiert (Dupré, 1998, S. 614 f.).

Zu guter Letzt können noch Kreativitätstechniken zum Einsatz kommen, um einen Fluss an Gedanken und Ideen in Gang zu setzen. Dies können beliebige Brainstorming-Methoden wie Mindmapping oder Gap-Filling sein. Balzert et al. (2008, S. 246 f.) schlagen die kreative Schreibtechnik des Clusterings vor, bei dem in einer Mindmap Assoziationsketten gesammelt und visualisiert werden. Wichtig ist dabei, zunächst nichts zu bewerten oder zu redigieren. Man kann sich auch frei über Skizzen (Dupré, 1998, S. 615), Kritzeleien, Stichworte oder gar Limericks einem Thema nähern. Das Ziel ist immer ein erster Ansatz, der im weiteren Schreibprozess ausgebaut und überarbeitet werden kann.

Strukturelle Probleme auflösen Ein Spezialfall der Schreibblockade liegt vor, wenn man von der Komplexität des Themas und den verschiedenen Teilaspekten so überwältigt ist, dass jeder Ansatz weiterzuschreiben als falsch empfunden wird und man keinen Weg aus der entstandenen inhaltlichen Sackgasse findet. Hier kann die Karteikartentechnik helfen, die wir bereits in Abschn. 2.3.3 vorgestellt haben:

1. Man fasst den Inhalt jedes Abschnitts kurz in wenigen Worten auf jeweils einer Karteikarte zusammen.
2. Anschließend kann man mit unterschiedlichen Reihenfolgen spielen, einzelne Teile weglassen und evtl. neue Karteikarten für verbindende oder überleitende Abschnitt dazunehmen.
3. Findet man einen Ansatz der besser funktioniert, wird der schon vorhandene Text gemäß der gewählten Reihenfolge umsortiert und die neuen Abschnitte mit ihren Stichworten hinzugefügt.

4. Im letzten Schritt wird der Text sequenziell überarbeitet, d. h., die Abschnitte und Sätze werden angepasst, Bezüge können besser hergestellt werden und die Übergänge werden neu formuliert.

6.4   KI-Chatbots im Schreibprozess

Mit der Veröffentlichung von ChatGPT[1] Ende 2022 wurde eine große öffentliche Debatte über die Verwendung computergenerierter Inhalte in Gang gesetzt. Im Rahmen des wissenschaftlichen Schreibens verbietet sich der Einsatz der Technologie für die Produktion druckfertigen Textes (vgl. Abschn. 4.7). Allerdings ist es ein ausgereiftes Werkzeug und in bestimmten Situationen bietet es sich an, ausgewählte Probleme auch mit diesem Werkzeug zu lösen.

Schreibblockade Wenn ein Autor an einer konkreten Stelle im Text hängt und nicht weiß, wie er weiter schreiben soll, kann eine entsprechende Aufforderung an den KI-Chatbot gestellt werden, den Text weiter zu formulieren. Der dabei produzierte Text sollte unter keinen Umständen direkt übernommen werden, kann jedoch Anregungen geben, die Schreibblockade zu überwinden. Auch kann ein Vorschlag entwickelt werden, wie man eine Überleitung zwischen zwei verschiedenen Ideen oder schon konkreten Absätzen realisieren kann, den der Autor dann in eigenen Worten formuliert.

Der nachfolgende Beispieldialog wurde am 23.12.2023 mit dem Sprachmodell ChatGPT 3.5 auf der Seite https://chat.openai.com/ geführt.

> Anfrage: Ich schreibe ein Buch über „Wissenschaftliches Schreiben" und komme an einer Stelle über den Einsatz von KI-Chatbots im Schreibprozess nicht weiter. Darf ich Dir den Absatz schicken?
>
> ChatGPT 3.5: Natürlich, ich stehe dir gerne zur Verfügung. Du kannst den Abschnitt über den Einsatz von KI-Chatbots im Schreibprozess hier teilen, und ich werde mein Bestes tun, um dir bei Fragen oder Anregungen zu helfen.
>
> Anfrage: [Erster Satz des Abschnitts von oben] Schreibblockade. Wenn ein Autor […] weiter zu formulieren.

---

[1] https://chat.openai.com

ChatGPT 3.5: In solchen Fällen kann der Einsatz von KI-Chatbots als kreativer Impulsgeber durchaus hilfreich sein. Autoren können den Chatbot nach Vorschlägen für die Fortsetzung ihrer Geschichte oder nach neuen Ideen für den Text fragen. Der Chatbot kann aufgrund seines Trainings auf eine breite Palette von Themen und Stilen zurückgreifen, um Anregungen zu bieten. Dabei ist es wichtig zu beachten, dass die generierten Texte möglicherweise nicht immer perfekt auf den Kontext des eigenen Projekts abgestimmt sind. [...]

Wie das Beispiel zeigt, besteht dabei jedoch die Gefahr, dass der Chatbot eher ins Schwafeln gerät und nicht wirklich eine neue Idee produziert. Bei anderen Versuchen eines Dialogs mit ChatGPT wurden allerdings auch konkrete Aufforderungen vorgeschlagen, wie eine Anfrage gestellt werden soll, oder der Spagat zwischen Chatbot und kreativer Autorenschaft vertieft. Hieraus könnten dann tatsächlich neue Impulse für Überwindung einer Schreibblockade abgeleitet werden.

Zusammenfassungen Sehr oft haben Autoren Schwierigkeiten beim Verfassen des State of the Art bzw. der Grundlagen einer wissenschaftlichen Arbeit. Gerade für solche Fragestellungen sind KI-Chatbots prädestiniert, da sie über ihre Arbeitsweise Textbausteine und Informationen aus vielen unterschiedlichen Arbeiten zusammenführen können. Die wichtigste Aufgabe des Autors bleibt allerdings die Kontrolle hinsichtlich der fachlichen Korrektheit. Da sich die Übernahme von so produziertem Text sowieso grundsätzlich verbietet, sollte also jede interessante Information der KI-Antwort überprüft und nachrecherchiert werden, bevor sie Eingang in die selbst formulierte Abhandlung findet.

Das nachfolgende Beispiel stammt ebenfalls aus einem Dialog mit ChatGPT 3.5 am 23.12.2023. Als Thema habe ich „Evolutionäre Algorithmen" gewählt, mit denen ich mich über viele Jahre selbst beschäftigt habe. Durch diese Wahl hoffe ich, Ungenauigkeiten zuverlässig erkennen zu können. Es handelt sich um einen durchgehenden Dialog, Kommentare sind eingeschoben. Das Beispiel soll illustrieren, dass insbesondere im wissenschaftlichen Bereich die generierten Texte mit einer gesunden Portion Misstrauen zu lesen sind.

Anfrage: Fasse mir bitte die wichtigsten Meilensteine in der Entwicklung des Gebiets der evolutionären Algorithmen zusammen.

ChatGPT 3.5: Die Entwicklung des Gebiets der evolutionären Algorithmen erstreckt sich über mehrere Jahrzehnte und ist geprägt von wichtigen Meilensteinen. Hier sind einige der bedeutendsten Ereignisse in der Geschichte der evolutionären Algorithmen:

1. 1940er Jahre: Die Idee der evolutionären Algorithmen kann bis zu den 1940er Jahren zurückverfolgt werden. In dieser Zeit begannen Forscher wie Alan Turing und John von Neumann, Konzepte von adaptivem Verhalten und evolutionären Prozessen zu diskutieren.

Punkt (1) ist etwas zu optimistisch formuliert. Der Gedanke, biologische Konzepte mit Programmierung und Algorithmik zu verknüpfen, findet sich bei beiden Pionieren klar wieder. Aber evolutionäre Algorithmen als Gesamtkonzept sind kaum erkennbar. Immerhin: Frühere ähnliche Anfragen bei ChatGPT begannen an dieser Stelle mit Darwins „Origin of Species", was zwar Hintergrundwissen und gedankliche Grundlage ist, aber ganz sicher keinen Meilenstein der evolutionären Algorithmen darstellt.

2. 1960er Jahre: Der Biologe und Statistiker Ronald A. Fisher entwickelte das Konzept der genetischen Algorithmen, inspiriert von Prinzipien der natürlichen Selektion. Dieser Ansatz wurde jedoch zu dieser Zeit nicht weit verbreitet.

Auch hier schießt ChatGPT über das Ziel hinaus. Zwar verweist John Holland in seinen späteren Abhandlungen auf Fisher, aber der 1962 verstorbene Wissenschaftler blieb mit seinen Betrachtungen rein der Biologie und ihren Mechanismen verhaftet. Stattdessen fehlen tatsächlich zahlreiche erste konkrete Ansätze der evolutionären Algorithmen der 1950er und 1960er Jahre wie z. B. die Arbeiten von Bremermann (1962), Friedman (1956, 1958) sowie Friedberg et al. (1959).

3. 1970er Jahre: Der Biologe und Informatiker John Holland entwickelte die Idee der genetischen Algorithmen weiter. 1975 veröffentlichte er sein Buch „Adaptation in Natural and Artificial Systems", das als Meilenstein in der Entwicklung evolutionärer Algorithmen gilt.

Holland hat Physik und Mathematik studiert, als erster Informatiker an der University of Michigan promoviert und bekleidete später Professuren für Psychologie, Informatik und Elektrotechnik. Biologe war Holland nicht.

4. 1980er Jahre: Hans-Paul Schwefel trug zur Entwicklung evolutionärer Algorithmen bei und veröffentlichte 1981 ein Buch mit dem Titel „Numerische Optimierung von Computer-Modellen". In den 1980er Jahren wurde das Interesse an evolutio-

nären Algorithmen auch durch die Arbeiten von David E. Goldberg und Lawrence J. Fogel gestärkt.

Die Verdienste von Hans-Paul Schwefel sind unumstritten – und sie reichen sogar bis in die 1960er Jahre zurück. In diesem Zusammenhang sollte auch Rechenberg (1973) erwähnt werden. Die Zuordnung von Lawrence Fogel zu den 1980er Jahren ist ebenfalls seltsam. Seine ersten bahnbrechenden Arbeiten stammen aus den 1960er Jahren (Fogel et al., 1965). In den 1980er Jahren gab es keine Veröffentlichungen. Erst in den 1990er Jahren gewann sein Ansatz des evolutionären Programmierens durch gemeinsame Arbeiten mit seinem Sohn David B. Fogel (1992) an großem Interesse.

5. 1990er Jahre: In den 1990er Jahren erlebten evolutionäre Algorithmen eine breitere Anwendung und Popularität. Fortschritte in der Theorie und Implementierung, einschließlich spezialisierter genetischer Algorithmen wie das „Genetic Algorithm for Rule-Set Production" (GARP) und das „Steady-State Genetic Algorithm" (SSGA), trugen zu ihrer Anerkennung bei.
   [...]

Die hier angeführten Algorithmen stellen eine obskure Auswahl dar. Eine sehr spezielle, aber nicht wirklich weit verbreitete Anwendung (GARP) wird kombiniert mit dem Steady-State-Konzept als einer allgemeinen Variation im Ablauf des genetischen Algorithmus. Gerade in Abschlussarbeiten fallen häufig solche sehr spezifischen Ausführungen negativ auf, wenn sie keinerlei Relevanz für die eigene Arbeit des Studenten haben.
   Inzwischen weigert sich ChatGPT weitestgehend, Literaturreferenzen zu liefern. Wenn man also einen solchen Text durch Referenzen belegt haben möchte, um ihn nachzuprüfen, kann man nur eingeschränkt auf das Werkzeug zurückgreifen. Folgefragen nach den wichtigsten Wissenschaftlern auf dem Gebiet oder den bedeutendsten Veröffentlichungen können ggf. einige Anhaltspunkte liefern.

Anfrage: Kannst Du diesen Text noch mit wissenschaftlichen Referenzen anreichern?
ChatGPT 3.5: Leider kann ich keine direkten wissenschaftlichen Referenzen zu einzelnen Aussagen in meinem vorherigen Text bereitstellen, da meine Antworten auf einer breiten Palette von Quellen basieren, darunter Bücher, Artikel, Websites und mehr, und mein Training beinhaltete keine explizite Information über spezifische Quellen. Es ist immer ratsam, wissenschaftliche Arbeiten, Bücher und Artikel zu Rate zu ziehen, um detaillierte und spezifische Referenzen zu erhalten.

Jedoch kann ich allgemeine Hinweise auf einige Schlüsselwerke geben, die in der Literatur als Meilensteine in der Entwicklung der evolutionären Algorithmen anerkannt sind:

1. Holland, J. H. (1975). „Adaptation in Natural and Artificial Systems." University of Michigan Press. Dieses Buch wird oft als Pionierarbeit auf dem Gebiet der genetischen Algorithmen betrachtet.
2. Goldberg, D. E. (1989). „Genetic Algorithms in Search, Optimization, and Machine Learning." Addison-Wesley. David Goldberg ist ein herausragender Forscher auf dem Gebiet der genetischen Algorithmen, und dieses Buch ist eine umfassende Einführung in das Thema.
3. Schwefel, H.-P. (1981). „Numerical Optimization of Computer Models." John Wiley & Sons. Hans-Paul Schwefel trug bedeutend zur Entwicklung evolutionärer Algorithmen bei, und sein Buch bietet Einblicke in numerische Optimierung und evolutionäre Strategien.
4. Fogel, L. J., Owens, A. J., & Walsh, M. J. (1966). „Artificial Intelligence through Simulated Evolution." John Wiley & Sons. Lawrence J. Fogel war ein Pionier in der Anwendung evolutionärer Algorithmen auf maschinelles Lernen.

Es ist wichtig zu beachten, dass dies nur einige Schlüsselarbeiten sind, und es gibt viele weitere relevante Veröffentlichungen und Forschungsbeiträge in diesem Bereich. Für spezifischere und aktuellere Informationen empfehle ich, die Literaturdatenbanken einschlägiger wissenschaftlicher Journale zu durchsuchen.

Beim Querprüfen der ersten Antwort mit diesen Referenzen kann einem Autoren beispielsweise auch die kritische Einordnung von Lawrence Fogel bei der vorherigen Anfrage auffallen. Einziger inhaltlicher Fehler ist hier die fehlerhafte Bezeichnung „evolutionäre Strategie": Der richtige Begriff lautet „Evolutionsstrategie", wie er auch im Titel der deutschsprachigen Erstausgabe von Schwefel (1977) benutzt wird.

Für die Recherche von Grundlagenwissen kann der Dialog mit Sprachmodellen wie ChatGPT mit hilfreichen Informationen und Impulsen für weitere Recherchen aufwarten. Die komplette Übernahme von Texten verbietet sich schon aus ethischer Sicht, aber auch die einzelnen Informationen müssen in jedem Fall geprüft werden, bevor sie Eingang in die eigene Arbeit finden. Je spezifischer eine Fragestellung wird, umso mehr Vorsicht sollte ein Autor walten lassen, wie wir im Abschn. 4.6 dargelegt haben.

Technologische Grenzen der KI-Chatbots Zum Zeitpunkt der Drucklegung dieses Buches arbeiten die populären KI-Chatbots fast ausschließlich mit großen Sprachmodellen, die mit einer immensen Menge an Texten trainiert wurden. Das Ergebnis sind Wahrscheinlichkeiten für die Abfolge von Wörtern, die vom Anfragetext sowie der Historie des Chatverlaufs verändert werden. Es ist keine semantische oder logische Überprüfung involviert (Mao et al., 2023).

Es ist in der nahen Zukunft zu erwarten, dass neben den großen Sprachmodellen auch semantische Modelle und Wissensdatenbanken in die Chatbots integriert werden, wodurch mehr zuverlässige Aussagen möglich sein sollten (Wang et al., 2023). Erste technologische Ansätze wurden bereits vor einigen Jahren publiziert (Gunasekara und Vidanage, 2019). Derzeit werden Verbesserungen in den KI-Chatbots allerdings noch vor allem über ein Fine-Tuning der Modelle erreicht[2].

6.5 Endredaktion

Als Leser bewundert man oft den eleganten Schreibstil großer Autoren und übersieht dabei die Tatsache, dass selbst die Profis nicht auf Anhieb brillante, druckfertige Manuskripte abliefern (Zinsser, 2021, S. 4). Das veröffentlichte Werk ist dabei immer das Ergebnis einer Endredaktion, die oft noch einen maßgeblichen Einfluss hat.

Die Endredaktion als letzter Schritt im kreativen Teil des Veröffentlichungsprozesses wird im Englischen als *Copy-Editing* bezeichnet. Sie geht über ein reines Textlektorat hinaus, welches sich auf sprachliche, grammatikalische und stilistische Aspekte konzentriert. Bei der Endredaktion werden auch inhaltliche Aspekte wie Logik, Konsistenz oder Klarheit überprüft und der Text entsprechend überarbeitet. Diese Phase sorgt für den Feinschliff und hat laut Zobel (1997, S. 122) den größten Einfluss auf den Leser – obwohl inhaltlich nichts Neues geschieht.

Die erste komplett fertige Version eines Schriftwerks besitzt häufig noch die folgenden Eigenschaften (Zobel, 1997, S. 123), die durch die Endredaktion adressiert werden:

- Der Text ist insgesamt zu lang,
- er enthält umständlich formulierte Sätze,
- Konzepte sind schlecht erklärt,
- Aussagen wiederholen sich,
- Inhalte, die eigentlich zusammen gehören, sind breit über den Text verteilt und
- er enthält Informationen, die bei abschließender Betrachtung für das Verständnis des Textes nicht erforderlich sind.

Die Endredaktion verfolgt nun das Ziel, den Text zu begutachten, die Probleme zu identifizieren und sie letztendlich zu beheben. Solange es nicht eine selbstständige Prüfungsleistung ist, kann für viele Aspekte eine externe Person herangezogen werden. Grundsätzlich sollte jede Möglichkeit genutzt werden, einfache Rechtschreib- und Zeichensetzungsfehler

---

[2] https://platform.openai.com/docs/guides/fine-tuning, zuletzt eingesehen am 23.12.2023.

vorher zu korrigieren – entsprechende Programme entlasten auch eine etwaige Korrekturle-serin, sodass sie sich auf die wichtigeren Probleme im Text konzentrieren kann. Inhaltliche Unschärfe kann eine externe Leserin allerdings kaum identifizieren, da ihr das Bild fehlt, was der Autor eigentlich vermitteln möchte. Daher muss auch der Autor selbst in die Rolle eines Lesers bzw. externen Kritikers wechseln (Zobel, 1997, S. 123).

Wurde vorab eine Stilvorlage erstellt (vgl. Abschn. 6.1), sollte diese Referenz auch in die-sem Schritt herangezogen werden, um zu überprüfen, ob stilistisch alles einheitlich umge-setzt ist. Ohne eine entsprechende Stilvorlage muss mehr Zeit für die Identifikation etwaiger Inkonsistenzen eingeplant werden. Darüber hinaus sind auch inhaltliche Aspekte zu über-prüfen, wie die folgende Liste nach Zobel (1997, S. 126 f.) zeigt:

- Sind Überschriften der Abschnitte konsistent mit ihrem Inhalt?
- Gibt es Begriffe, die nicht definiert wurden?
- Sind Abkürzungen und Akronyme beim ersten Mal ausgeschrieben und werden danach konsistent nur in der Kurzform benutzt?
- Sind die Abbildungen von ähnlicher Größe? Ist die Schrift gut lesbar und die Schriftgröße konsistent? Enthalten Liniendiagramme alle Beschriftungen?
- Werden Algorithmen und Programmcode konsistent dargestellt? Sind Variablen überall gleich benannt?

Bei Beiträgen zu Konferenzen und Fachzeitschriften obliegt die Endredaktion in der Regel ausschließlich dem Autoren, da die Prozesse der Herausgeber und Verlage kaum Zeit, Budget und Personal für eine zentral gesteuerte Endredaktion vorsehen. Institutionalisiert ist mir als Autor das Copy-Editing nur bei der Tagungsreihe „Foundations of Genetic Algorithms" begegnet, bei der zur Tagung lediglich Pre-Proceedings verteilt wurden. Der Autor hat anschließend basieren auf der inhaltlichen Diskussion bei der Tagung ein überarbeitetes Manuskript eingereicht, dem dann ein anderer Vortragender der Tagung als Copy-Editor zugeordnet wurde, um eine höchstmögliche Qualität in den Beiträgen zu erreichen. So gehen in das veröffentlichte Paper drei Mal Feedback und Überarbeitung aus dem Peer-Review, der Diskussion auf der Tagung und dem Copy-Editing ein. Das ist ein Aufwand der sich lohnt und der im Zweifelsfall bei eigenen Arbeiten vor der ersten Abgabe selbst organisiert werden muss.

Die Bedeutung dieser Phase im Schreibprozess wird abschließend nochmals durch ein Zitat von Zinsser (2021, S. 88) unterstrichen: „With every small refinement I feel that I'm coming nearer to where I would like to arrive, and when I finally get there I know it was the rewriting, not the writing, that won the game."

Bachelor- und Masterarbeiten

Die bisherigen Kapitel dieses Buches waren allgemein gehalten, auch wenn sie an verschiedenen Stellen mit dem wissenschaftlichen Anspruch eines zu veröffentlichenden Papers argumentieren. Während die wenigsten Studenten vor dem Ende ihres Studiums ein Paper verfassen, bereiten Aufgaben und zu verfassende Schriftwerke im Studium die benötigten Kompetenzen vor (Abschn. 7.1). Im Hinblick auf die großen zu verfassenden Schriften, die Abschlussarbeiten, werden in den weiteren Abschnitten die Themenfindung (Abschn. 7.2), die Vorarbeiten vor dem eigentlichen Schreiben (Abschn. 7.3), Besonderheiten hinsichtlich der Vorgehensweise (Abschn. 7.4), konkrete Hinweise zur äußeren Form der Arbeit (Abschn. 7.5) und einige beispielhafte Gliederungen (Abschn. 7.6) behandelt.

7.1   Überblick über studentische Arbeiten

Das konsekutive Studium macht Studenten schrittweise mit den Herausforderungen des wissenschaftlichen Schreibens vertraut: Über Projektdokumentationen und Seminararbeiten erlernen sie das Handwerkszeug, liefern mit der Bachelorarbeit ein größeres Dokument einschließlich einer wissenschaftlichen Einordnung ab und erreichen mit der Masterarbeit das Niveau einer umfangreichen wissenschaftlichen Arbeit. In diesem Abschnitt stellen wir den Charakter und die Anforderungen der unterschiedlichen Schriften vor.

© Der/die Autor(en), exklusiv lizenziert an Springer-Verlag GmbH, DE, ein Teil von Springer Nature 2025
K. Weicker, *Wissenschaftliches Schreiben in der Informatik*, Studienbücher Informatik, https://doi.org/10.1007/978-3-662-69872-3_7

7.1.1 Projekt- und Seminararbeiten

Das wissenschaftliche Schreiben wird im Verlauf des Studiums in zahlreichen Ausarbeitungen geübt – seien es nun Dokumentationen zu Projekten, fachlich vertiefende Seminare oder spezielle, nur zu diesem Zweck eingerichtete Lehrveranstaltungen.

Projektausarbeitung Mit einem Projekt ist meist eine praktische Arbeit verbunden und es werden damit als Prüfungsform höhere Kompetenzstufen als in Klausuren geprüft. Teil der Prüfung ist eine entsprechende Dokumentation des Projekts. Dabei handelt es sich zumeist nicht um eine wissenschaftliche Arbeit, sondern um einen klar umrissenen Auftrag. Auf eine Literaturrecherche und entsprechende Einordnung des Projekts in den wissenschaftlichen State of the Art wird verzichtet. Das wichtigste Kriterium ist die Nachvollziehbarkeit und eine klare Beschreibung aller Einflussfaktoren und Entscheidungen. Dies kann ggf. das logische Schlussfolgern und Begründen einer wissenschaftlichen Arbeit schärfen, ist allerdings generell mehr eine Übung des technischen Schreibens.

Seminararbeit Zu einem klar vorgegebenen Thema oder ausgehend von einer Originalarbeit muss der Student den Stoff eigenständig aufbereiten. Dazu gehört Literaturarbeit und -recherche und es werden verschiedene Quellen im Rahmen der Ausarbeitung verknüpft. Auch eine eigene Umsetzung oder Untersuchung ist in diesem Rahmen denkbar. In jedem Fall reicht es nicht, nur einen englischsprachigen Artikel zu übersetzen. Orientiert sich eine Seminararbeit stark an einer Quelle, sollte sich der Student an der Leitfrage orientieren, warum eine Leserin seine Ausarbeitung der Originalarbeit vorziehen sollte.

Laut der Curricularempfehlungen (GI, 2016) der Gesellschaft für Informatik umfasst eine Seminararbeit neben der systematischen Recherche auch die Zusammenfassung, Beurteilung und Einordnung von Konzepten und Methoden der Informatik, die abschließend wissenschaftlich korrekt dargestellt und präsentiert werden. Dabei wird zwischen den Seminaren im Bachelor- und Masterstudium unterschieden. Das Bachelorproseminar kann mehr angeleitet werden, während das Masterseminar zwar eine Betreuung, ansonsten aber eine eigenständige Bearbeitung vorsieht. Auch die überschaubaren Themen des Bachelorstudiums werden bei den Masterstudenten anspruchsvoller und gehen mit höherer Kontextualisierung oder Komplexität einher, z. B. durch Betrachtung komplexerer Beispiele oder Projekte.

7.1.2 Bachelorarbeit

Die Bachelorarbeit bildet als letzte große Prüfung den Abschluss eines Bachelorstudiums. Vor diesem Hintergrund ist es interessant, zunächst die Qualifikationsziele des zugehörigen Studiums zu betrachten. Daraus leiten sich die Eigenschaften der Bachelorarbeit ab.

Ziele des Bachelorstudiums Der Bachelorabschluss in Informatik ist der niedrigste akademische Grad, der Absolventen mit den Fähigkeiten, Fertigkeiten und Kenntnissen versorgt, um den Beruf des akademisch ausgebildeten Informatikers auszuüben. Die Absolventen sind in der Lage, wissenschaftliche Methoden und Erkenntnisse zur Analyse und Lösung von Problemen in der Informatik selbstständig anzuwenden. In Anlehnung an die Richtlinien der Gesellschaft für Informatik (GI, 2016) lassen sich die Kompetenzen eines Bachelors der Informatik wie folgt zusammenfassen[1]. Er kann

- formale Kalküle zur Modellierung von Problemen und Sachverhalten benutzen,
- Algorithmen entwerfen, verifizieren und bewerten,
- die Anforderungen an neue Systeme in ihrem Anwendungskontext analysieren,
- Systeme anforderungsgerecht entwerfen,
- größere Programmsysteme im Team professionell erstellen und testen,
- Technologien der Betriebssysteme, Datenbanken, Rechnernetze, Rechnerarchitekturen und der Wissensverarbeitung in konkreten Problemstellungen und Anwendungskontexten verwenden,
- Systeme und eigene Lösungen mit systematischen Verfahren empirisch evaluieren,
- wissenschaftlich arbeiten und sich den Stand der Technik erarbeiten,
- die Auswirkungen seiner Arbeit auf die späteren Anwenderinnen beurteilen und im Rahmen der Berufsethik handeln und
- Lösungen mündlich und schriftlich präsentieren.

Ziele der Bachelorarbeit   Im Einklang mit den Qualifikationszielen des Bachelorstudiums zeigt ein Student in der Bachelorarbeit, dass er in der Lage ist, ein umfangreiches Problem seines Fachgebiets innerhalb einer festgelegten Bearbeitungszeit nach wissenschaftlichen Methoden zu bearbeiten und dazu eine schriftliche Arbeit zu verfassen. Das Thema wird durch eine Professorin betreut, die den Verlauf der Bearbeitungszeit durch Konsultationen begleitet. Das Thema der Bachelorarbeit wird selbstständig bearbeitet und die zugehörige Hausarbeit als Schriftwerk selbstständig verfasst. In der Regel beträgt die Bearbeitungszeit für eine Bachelorarbeit an einer deutschen Hochschule drei Monate.

Eigenschaften   Von einer Bachelorarbeit wird erwartet, dass sie mit der Einordnung in die wissenschaftliche Literatur, den Querverweisen im Text, der präzisen Verwendung von Begriffen und nicht zuletzt dem logischen und schlüssigen Aufbau, die wichtigsten Charakteristika einer wissenschaftlichen Arbeit aufweist. Ein origineller wissenschaftlicher Beitrag im Sinne einer publikationswürdigen Erkenntnis wird jedoch nicht erwartet. Die Arbeiten enthalten oft weniger mathematisch-theoretische Grundlagen als Veröffentlichungen, sondern werden im Kern durch eine Literaturrecherche und ein Projekt mit den daraus

---

[1] vgl. auch § 3(2) der Studien- und Prüfungsordnung Bachelorstudiengang Informatik an der HTWK Leipzig vom 22.9.2020 auf der Seite https://www.htwk-leipzig.de/studieren/studiengaenge/studien-pruefungsordnungen/bachelorstudiengaenge/informatik.

gewonnenen Erkenntnissen zusammengehalten. Der Schwerpunkt der Arbeit ist nicht die Auseinandersetzung mit einem spezifischen Projekt oder einer Anwendung, sondern mit deren Bedeutung für das Fachgebiet der Informatik. Letztlich zeigt der Autor mit seinen Ausführungen, dass er die Methoden der Informatik zur Lösung eines Problems fundiert anwenden kann.

7.1.3 Masterarbeit

Die Masterarbeit schließt als zweite Abschlussarbeit das konsekutive Studium der Informatik ab. Analog zum Abschnitt über die Bachelorarbeit nähern wir uns den Eigenschaften der Abschlussarbeit vom höheren Ziel des gesamten Studiums aus.

Ziele des Masterstudiums Während für das Bachelorstudium der Informatik in den GI-Empfehlungen (GI, 2016) konkrete Grundlagen und Kompetenzen benannt werden, wird für die Masterstudiengänge lediglich darauf hingewiesen, dass die Vielfalt und Ausrichtung der Studiengänge eine allgemeine Empfehlung unmöglich machen. Generell soll der Masterabschluss den Absolventen befähigen, komplexe Fragestellungen zu lösen und selbstständig wissenschaftlich zu arbeiten, was ihn insbesondere auf eine anschließende Promotion vorbereitet. Eine beispielhafte Ausrichtung des Masterstudiums könnte sich durch die folgenden vertiefenden Kompetenzen vom Bachelorstudium unterscheiden:

- Methodenkompetenzen sowie vertieft formale, algorithmische, mathematische und technologische Kompetenzen ermöglichen die Analyse und Problemlösung mit gefestigten wissenschaftlichen Methoden.
- Mit aktuellen Methoden der Softwareentwicklung und des Softwareengineering können komplexe und eingebettete Systeme unter Berücksichtigung konkreter Rahmenbedingungen und interdisziplinärer Anwendungskontexte projektiert, entworfen und realisiert werden.
- Fundierte Fach- und Methodenkompetenz sowie fachspezifische Entscheidungs-, Kommunikations-, Sozial- und Personalführungskompetenz können für das Projektmanagement großer agiler Teams in der Softwareentwicklung eingesetzt werden.
- Die vertieften theoretischen Zusammenhänge und Ergebnisse stehen für die Anwendung zur Verfügung, insbesondere in Form des Transfers von Konzepten und Lösungen.

Jeder Studiengang kann grundsätzlich anders, z. B. wesentlich theoretischer, ausgerichtet sein oder den Schwerpunkt auf ein oder mehrere Spezialgebiete wie künstliche Intelligenz oder Data Science legen. Ein Masterstudiengang soll die Studenten grundsätzlich zur interdisziplinären Kooperation und zur aktiven Mitgestaltung der wissenschaftlichen Entwicklung des Fachgebiets befähigen.

Ziele der Masterarbeit Laut der Empfehlungen (GI, 2016) der Gesellschaft für Informatik behandelt die Masterarbeit eine anspruchsvolle Aufgabe aus einem aktuellen Forschungsgebiet, die auf der Grundlage der Konzepte und Methoden der Informatik, des einschlägigen Stands der Technik und mit neuen eigenen Ideen gelöst wird. Die Ergebnisse werden wissenschaftlich korrekt dargestellt und präsentiert. Bezüglich der kognitiven Prozessdimensionen reicht reines Anwenden nicht aus. Vielmehr muss Wissen von einem Kontext in einen anderen übertragen werden. Wünschenswert ist ein stärkeres Analysieren oder gar Bewerten von Konzepten in einem größeren Kontext. Dieser Kontext kann in seiner Komplexität bis auf betriebliche Projekte erweitert werden.

Der Student demonstriert mit seiner Masterarbeit, dass er ein anspruchsvolles, fachspezifisches Problem innerhalb einer vorgegebenen Frist durch selbstständige wissenschaftliche Arbeit unter Einbeziehung der relevanten Forschungsliteratur behandeln und dazu eine schriftliche wissenschaftliche Arbeit verfassen kann. Die Arbeit wird akademisch von einer Professorin im Rahmen von Konsultationen betreut. Die Bearbeitungszeit beträgt im Regelfall sechs Monate.

Eigenschaften Im Gegensatz zur Bachelorarbeit besitzt die Masterarbeit einen wissenschaftlichen Anspruch. Dazu gehört eine tiefgründige Recherche verwandter Arbeiten, deren Ergebnisse der Autor im Rahmen seiner Arbeit aufbereitet, analysiert und diskutiert. Zumeist wird ein stärkerer formaler Zugang zum Thema erwartet, was sich bei der Definition der Grundlagen, ggf. aber auch bei der logischen Argumentation in der Arbeit, zeigen sollte. Der Nachweis der Fähigkeit zu eigenständiger und origineller wissenschaftlicher Arbeit in der Informatik erfordert ein hohes Maß an Selbstständigkeit bei der Auswahl und Entwicklung von Konzepten.

7.1.4 Arbeiten des Studiums im Vergleich

Tab. 7.1 zeigt die verschiedenen wissenschaftlichen Arbeiten im Verlauf des Studiums und grenzt sie anhand verschiedener Eigenschaften voneinander und vom wissenschaftlichen Paper ab.

Im Gegensatz zu einem wissenschaftlichen Paper besitzen studentische Arbeiten ein Deckblatt mit den Kenndaten zur Einordnung der Arbeit – neben Autor und Titel enthält dies auch das Datum, die Betreuerin, eine Zuordnung zum Studiengang und ggf. die Lehrveranstaltung, in deren Kontext die Arbeit entstanden ist. Für Abschlussarbeiten wird an vielen Hochschulen eine konkrete Vorlage für die Gestaltung des Deckblatts vorgehalten. Dafür ist die Kurzzusammenfassung (Abstract) meist nicht notwendig. Bei den Abschlussarbeiten werden auch ein Inhaltsverzeichnis sowie Verzeichnisse der Tabellen und Abbildungen erwartet.

Umfang und wissenschaftlicher Anspruch nehmen von der Seminararbeit bis zur Masterarbeit zu. Die Ergebnisse einer Masterarbeit sollen ein Qualitätsniveau aufweisen, das

Tab. 7.1 Unterschiede zwischen verschiedenen wissenschaftlichen Arbeiten in Umfang und Bestandteilen

	Seminararbeit	Bachelorarbeit	Masterarbeit	Paper
Zeit	ca. 2 Monate	3 Monate	6 Monate	bis zur Deadline
Umfang in Seiten	5–15	30–60	60–100	4–12 (max. 25)
wissenschaftl. Anspruch	+	++	+++	+++
Deckblatt	ja	ja	ja	nein
Abstract	evtl.	evtl.	i.d.R. ja	ja
Inhaltsverzeichnis	i.d.R. nein	ja	ja	nein
Anhänge	evtl.	evtl.	evtl.	i. d. R. nein
Abb./Tab.verzeichnisse	nein	ja	ja	nein
Literaturverzeichnis	ja	ja	ja	ja
Sachindex	nein	nein	evtl.	nein

Quelle: Balzert et al. (2008, S. 151 ff.) (leicht modifiziert)

für eine Veröffentlichung als Paper auf einer Fachtagung ausreicht. Allerdings besitzen Abschlussarbeiten durch ihre Schwierigkeit und die beschränkte Zeit einen Projektcharakter. Dadurch können nicht zwingend positive Ergebnisse erwartet werden – so kann beispielsweise ein Ansatz mit Deep-Learning zur Erkennung verschmutzter Kleinteile in Sanitärinstallationen entwickelt werden, der am Ende der Arbeit keine akzeptable Erkennungsquote vorweisen kann. In der Konsequenz sind auch negative Ergebnisse bei Abschlussarbeiten sinnvolle Resultate, die auf Fachtagungen kaum eine Chance auf Veröffentlichung haben. Wichtig ist hierbei, dass alle konzeptionellen und methodischen Entscheidungen logisch gut begründet sind und der Autor am Ende selbst eine entsprechende Analyse und Bewertung seines Ansatzes vornimmt.

7.2   Themenfindung

Bevor das wissenschaftliche Arbeiten und Schreiben einer Abschlussarbeit den Arbeitsalltag des Studenten bestimmen kann, müssen die richtigen Rahmenbedingungen für den Startschuss gefunden werden. Die Suche nach dem richtigen Thema resultiert in einer Entscheidung, die nicht leicht umkehrbar ist und nur schwer nachjustiert werden kann – der Autor muss mehrere Monate mit dem Thema leben, es konkretisieren und mit Inhalt füllen. Ein Thema allein reicht für eine Abschlussarbeit nicht aus: Es muss eine akademische Betreuerin gefunden werden, die das Thema unterstützt und bereit ist, es bis zum erfolgreichen Abschluss zu begleiten.

Herkunft der Themen Es gibt drei mögliche Quellen für das Thema einer Abschlussarbeit: eine Professorin mit ihrer Arbeitsgruppe, ein Unternehmen bzw. eine externe Organisation und den Studenten selbst. Daraus ergeben sich unterschiedliche Herausforderungen und Aufgaben für den möglichen Bearbeiter des Themas, wie in den folgenden Abschnitten diskutiert wird.

Die Professorin oder eine Mitarbeiterin aus ihrer Arbeitsgruppe ist vor allem an Universitäten der übliche Weg zu einem Thema. Aus den großen drittmittelfinanzierten Forschungsprojekten der Universität ergeben sich zahlreiche Teilprobleme und Aufgaben, die per Aushang als Abschlussarbeit angeboten werden. Die Vorteile dieses Weges liegen auf der Hand: Die Suche nach einer Betreuerin entfällt, man wird durch das Forschungsprojekt Teil der zugehörigen Forschergruppe, was eine sehr gute Betreuung zur Folge hat, und man kann in der eigenen Arbeit auf konkrete Teilergebnisse des Forschungsprojekts aufbauen. Nachteilig kann eine konkrete Erwartungshaltung bezüglich der Ergebnisse sein – abhängig davon, wie zentral das eigene Thema als Baustein im Gesamtprojekt verortet ist. Auch sollte man sich vorab intensiv mit der verfügbaren Literatur und den bisherigen Zwischenergebnissen der Forschungsgruppe beschäftigen und durch ein Exposé vor Beginn der Arbeit klären, ob die eigenen Vorstellungen über Forschungsziele und Methoden mit denen der Betreuerin übereinstimmen.

Unternehmen oder Forschungsinstitute, z.B. die Fraunhofer- oder die Max-Planck-Gesellschaft, sind eine gute Quelle für mögliche Themen. Über ein Pflichtpraktikum, eine Werkstudententätigkeit oder über Aushänge findet der potenzielle Bearbeiter das Thema. Da jede Abschlussarbeit eine akademische Betreuerin und Erstprüferin benötigt, ist die Themensuche erst abgeschlossen, wenn eine Professorin als Betreuerin gewonnen wird. Dies ist in vielen Fällen nicht so einfach, wie es sich anhört, da die Betreuerin von einem ihr völlig fremden Thema überzeugt werden muss. Auch hier bietet es sich an, ein Exposé zu verfassen, in dem man das Thema selbst einordnet, mit einer knappen Literaturrecherche untermauert und konkrete Forschungsfragen benennt. Aus der Sicht der Betreuerin ist es ein diskussionsreicher Prozess, in einem praxisorientierten Thema aus einem Unternehmen den wissenschaftlichen Anteil zu identifizieren. Oft muss der Schwerpunkt der Arbeit verschoben werden. In seltenen Fällen ist es in der Vergangenheit vorgekommen, dass Studenten bereits einen Vertrag mit einem Unternehmen unterzeichnet haben, ohne das Thema vorher mit einer Betreuerin abzustimmen – im Extremfall kann ein solches Vorhaben schon vor Beginn scheitern. Grundsätzlich haben solche externe Themen meist den Charme, dass sie mit einer guten fachlichen Betreuung seitens des Auftraggebers einhergehen. Gerade bei Unternehmen kann die Arbeit selbst allerdings auch zum schwierigen Spagat zwischen einem verwertbaren Gegenwert für das Unternehmen, wie z.B. einer Produktentwicklung, und der wissenschaftlichen akademischen Sicht der Erstprüferin werden.

Der dritte Weg zu einem Thema orientiert sich an den Interessen des Studenten selbst, aus denen er eigenständig eine Forschungsfrage entwickelt. Für viele Betreuerinnen ist dies die erfreulichste Variante, da die fachlichen Vorlieben des Studenten eine persönliche Spezialisierung und erhöhte Motivation erwarten lassen. Ähnlich wie beim externen Thema muss der Student ein Exposé verfassen, eine Betreuerin gewinnen und sich auf die Schärfung des Themas gemeinsam mit der Betreuerin einlassen. Die Themenfindung als Einzelkämpfer bedeutet allerdings, dass man während der Bearbeitung kaum oder überhaupt nicht auf Unterstützung durch Forschungsgruppen oder Firmenmitarbeiter zurückgreifen kann.

Methodische Kategorien Abschlussarbeiten können sehr unterschiedlich ausgeprägt sein und reichen von einer reinen Kategorisierung und Systematisierung bestehender Ansätze in der Literatur, über die Prototypentwicklung als Machbarkeitsstudie (engl. *proof of concept*) bis zum mathematischen Beweis einer Aussage der theoretischen Informatik. Konkret kann man die folgenden vier Arten von Abschlussarbeiten (Berndtsson et al., 2008) anhand der Methodik in der Arbeit unterscheiden.

Beschreibende Vorhaben liefern den State of the Art zum gewählten Thema. In diese Kategorie gehört die klassische Literaturarbeit, die erschöpfend die vorhandenen Veröffentlichungen analysiert, kategorisiert und vergleicht. Es kann sich auch um eine Feldstudie handeln, die z. B. über Interviews wichtige Faktoren zu einer Fragestellung herausarbeitet. Die Innovation liegt bei beschreibenden Projekten in der eigenen Analyse – eine reine Zusammenfassung der Einzelergebnisse reicht nicht aus.

Theoretische Vorhaben zeichnen sich dadurch aus, dass sie konzeptionelle Überlegungen (nicht unbedingt Überlegungen der theoretischen Informatik) ohne praktische Umsetzung enthalten. Beispielsweise können verschiedene NoSQL-Konzepte hinsichtlich ihrer Eignung für ein bestimmtes Anwendungsszenario verglichen und bewertet werden, ohne dass diese durch eine konkrete Implementierung überprüft werden. In jedem Fall muss die Validität der getroffenen Schlussfolgerungen durch eine Beweisführung oder durch klare Bewertungskriterien nachgewiesen werden.

Anwendungsprojekte bestehen zu einem großen Teil aus einer praktischen Umsetzung in Form von Implementation und Test. Gute Beispiele sind Vorhaben, welche die Machbarkeit neuer Konzepte demonstrieren oder konkrete Erfahrungen zur Laufzeit, Barrierefreiheit etc. sammeln. Solche Themen leiden oft darunter, dass sie zu losgelöst von dem aktuellen State of the Art sind. Am Ende muss die Innovation und Bedeutung des Projekts über die eigentliche Anwendung hinaus demonstriert werden, was reinen Projekten aus der Schublade der Standardsoftwareentwicklung fehlt.

Vergleich von Theorie und Praxis stellt Konzepte aus der Forschung oder Lehrbuchmeinungen der Betriebspraxis in Unternehmen gegenüber. Hierfür müssen klare Vergleichskriterien bestimmt werden, mit denen sowohl die Lehrbuchmeinung als auch die Praxis im Unternehmen auf den Prüfstand gestellt werden. Eine abschließende vergleichende Auswertung stützt sich auf die jeweiligen Erkenntnisse.

Unabhängig von der Art der Arbeit muss am Ende ein Erkenntnisgewinn stehen, der mittels klarer Kriterien bewertet und eingeordnet wird. Das kann im Rahmen eines Anwendungsprojekts auch die Beseitigung einer technologischen Unsicherheit oder ein innovativer Einsatz eines Konzepts in einem Anwendungsszenario sein. Wichtig ist die systematische, wissenschaftliche Herangehensweise und abschließende Bewertung.

Grenze zwischen akzeptablen und inakzeptablen Themen Studentisch initiierte Themen werden oft mit einer Aussage der Art „Es gibt kein Werkzeug, das…" begründet. Dabei bleibt zunächst unklar, ob dieser Mangel durch einfache, routinemäßige Softwareentwicklung behoben werden kann. In diesem Fall wäre eine unwissenschaftliche Projektdokumentation zu erwarten, die nicht als Abschlussarbeit geeignet ist. Liegt der Schwerpunkt jedoch auf der Erforschung und Weiterentwicklung von Technologien, wird daraus eine wissenschaftliche Fragestellung. Dies soll an zwei konkreten Themenvorschlägen verdeutlicht werden.

Ein Student möchte in seiner Bachelorarbeit eine Software für einen Kleinroboter entwickeln, die den Roboter menschlicher bei der Präsentation auf Messen erscheinen lässt. Er schlägt das Thema „Präsentationssoftware für einen Kleinroboter" vor, dem man die eigentliche Herausforderung nicht ansieht – es könnte sich um eine sehr einfache Softwareentwicklung handeln. Stattdessen ist im Rahmen dieser Arbeit ein internes Modell notwendig, das kontrolliert, worauf der Roboter jeweils seine Aufmerksamkeit lenkt und wie er auf Veränderungen in seiner Umwelt reagiert. Diesen Aspekt könnte man mit der Titelwahl „Modellierung menschenähnlicher Aufmerksamkeit für Kleinroboter" ins Zentrum des Themas rücken. Wenn man befürchtet, dass durch die Betonung der Modellierung die praktische Umsetzung zu kurz kommt, könnte auch der etwas plakativere Titel „Menschliche Interaktion eines Roboters durch künstliche Aufmerksamkeit" eine Alternative sein.

Für eine Masterarbeit wird das Thema „Entwurf und Implementation eines synchronisierenden, quelloffenen UML-Plugins für Eclipse" vorgeschlagen. Im Gegensatz zum ersten Beispiel ist dieser Themenvorschlag detaillierter und vermittelt ein klareres Bild davon, was der Student als Ergebnis erwartet. Aus der Sicht der Informatik als Wissenschaft bleibt die Schwierigkeit jedoch unklar. Eclipse ist eine gängige IDE, für die es viele Plugins gibt, wie es auch für die Modellierungssprache UML viele Werkzeuge gibt. Entwurf und Implementation sind keine wissenschaftlichen Tätigkeiten und das Stichwort Open-Source macht die Ergebnisse nicht wissenschaftlicher. Einzig im Stichwort der Synchronisierung liegt ein spannender Aspekt, der nach Konzepten und Lösungen der Informatik verlangt. Daher könnte die Arbeit besser unter dem Titel „Synchronisation von Quellcode mit UML-Diagrammen" eingeordnet werden, auch wenn diesem Vorschlag noch Spezifik fehlt. Abhängig von der präferierten Methodik des Studenten wäre auch ein Titel „Bewertung von Konzepten zur Synchronisation von Quellcode mit UML-Diagrammen" oder eine genauere Benennung der involvierten Konzepte möglich.

Themenvorschläge, die sich vornehmlich auf die folgenden Tätigkeiten fokussieren, reichen typischerweise nicht für eine Abschlussarbeit aus und können bestenfalls im Betreuergespräch geschärft werden:

- reine Implementation eines Konzepts,
- Support existierender Systeme,
- Funktionserweiterungen von Anwendungssystemen,

- Debugging und
- Anpassung/Konfiguration von Systemen.

Eine bessere Ausgangsposition stellen hingegen Vorschläge dar, die sich mit den folgenden beispielhaften Aufgaben beschäftigen:

- Entwicklung, Analyse und/oder empirische Untersuchung von Algorithmen,
- Entwicklung neuer Konzepte und/oder Vergleich verschiedener Konzepte unter spezifischen Rahmenbedingungen,
- experimentelle Entwicklung mit dem Ziel, technologische Lücken bei der Erarbeitung von Softwaresystemen zu schließen,
- empirische Untersuchung von Methoden und Vorgehensweisen bei der Softwareentwicklung und
- Forschung zur Lösung von Problemen in speziellen Einsatzbereichen wie Bildverarbeitung, Verarbeitung geografischer Daten, künstliche Intelligenz, Visualisierung und Simulation.

Exposé als Ausgangspunkt für Betreuergespräche Unabhängig davon, woher ein Themenvorschlag stammt, sollten der Student und die mögliche Betreuerin in einer intensiven Diskussion prüfen, ob sie ähnliche Vorstellungen von den Inhalten, Schwerpunkten und der methodischen Vorgehensweise haben. Diese Auseinandersetzung können Studenten vorbereiten, indem sie in einem Exposé die wichtigsten Aspekte des geplanten Projekts darlegen. Stammt das Thema aus dem Umfeld der Betreuerin, prüft der Student mit dem Exposé, ob er das Problem verstanden hat und sich in der Lage fühlt, das Vorhaben in eine innovative Richtung zu bewegen. Muss die Betreuerin erst vom Thema überzeugt werden, sollte der Student betonen, was an dem Vorhaben originell und innovativ ist. Die folgenden Leitfragen können ihm dabei helfen: Welche Lücke wird im aktuellen Wissen geschlossen? Was kann eine Leserin aus der Abschlussarbeit lernen, was sie nicht an anderer Stelle erfahren kann? Speziell für Abschlussarbeiten sollte ein Exposé Aussagen zu den folgenden Punkten enthalten:

1. Einordnung in Themengebiete der Informatik, z. B. durch eine Verortung im ACM Computing Classification System[2].
2. Ziel des Projekts: Für welches Problem oder welche offenen Fragen der Informatik sollen Antworten oder zumindest Hinweise ermittelt werden? Wie soll am Ende der Arbeit der eigene Fortschritt objektiv beurteilt werden?
3. Bedeutung des Projekts: Eine klare Argumentationskette, möglichst mit Literaturreferenzen, soll verdeutlichen, warum das Thema wichtig und das Projekt ein wertvolles Unterfangen ist.
4. Plan: Hier wird die grobe Vorgehensweise einschließlich der geplanten Methoden skizziert – z. B. Fragebögen, theoretische Beweise, Implementation, experimentelle Messun-

---

[2] https://dl.acm.org/ccs

gen oder ein kontrolliertes Experiment mit Anwendern. Auch können erste Teilziele und Meilensteine identifiziert werden.

5. Gliederung: Aus einem ersten Entwurf des Inhaltsverzeichnisses sollte insbesondere der rote Faden ersichtlich sein und die Methodik der Arbeit widergespiegelt werden.

Die verschiedenen Blickwinkel des Exposés ermöglichen einer Betreuerin, früh kritische Punkte zu identifizieren. Wird hier beispielsweise ein Thema im ACM Computing Classification System ausschließlich unter der Kategorie „Software and its engineering > Software creation and management" eingeordnet, fehlt noch ein klares Bild vom informatischen Kern des Themas. Auch eine Gliederung, die an die Projektdokumentation einer Softwareentwicklung erinnert, oder das Fehlen konkreter Ideen für die Bewertung der eigenen Ergebnisse sind gute Ansatzpunkte für ein Gespräch zwischen Student und Betreuerin.

Entwicklungsstrategien und konkrete Hinweise zur Formulierung von studentischen Projektvorschlägen (engl. *project proposal*) können dem Buch von Berndtsson et al. (2008) entnommen werden.

Thema und Titel der Arbeit Das Thema der Abschlussarbeit ist in der Regel auch der Titel der Abschlussarbeit. Dies macht die Formulierung eines Themas nicht einfacher: Während man das Thema so spezifisch und genau wie möglich haben möchte, sollte ein Titel griffig, exakt und so kurz wie möglich sein (vgl. Abschn. 2.4.1). Dies birgt gerade bei den Abschlussarbeiten gehöriges Konfliktpotenzial. Häufig enthalten die ersten Vorschläge Titelfragmente wie „Konzeption und Implementation von …" oder „Untersuchung der …". Diese Fragmente sind zumeist Ausdruck davon, dass das eigentliche Thema noch nicht an der richtigen Stelle der Informatik verortet wurde oder das zu lösende Problem nicht vollständig identifiziert ist. Dessen ungeachtet können solche Tätigkeitsbeschreibungen meist ersatzlos wegfallen, da im Großteil der Abschlussarbeiten in der Informatik ein Konzept entwickelt, implementiert und untersucht wird.

Betrachten wir einige typische Beispiele für Themenvorschläge. Das erste Thema ist zu pauschal geraten und illustriert, wie die Tätigkeitsbeschreibungen den fehlenden Kern des Themas vertuschen.

> Entwurf und Implementierung einer E-Learning-Komponente für gestreute Speicherung (Hashing)

Wenn man den Vorspann streicht, bleibt als Thema nur „Eine E-Learning-Komponente für gestreute Speicherung" übrig. Eine wissenschaftliche Relevanz ist nicht erkennbar. Es muss für ein solches Thema also stärker auf die Konzepte des E-Learnings eingegangen werden. Der folgende Vorschlag umfasst den Hauptaspekt, mit dem die Arbeit am Ende beurteilt werden kann.

> Individuelle Lernpfade und ihre Auswirkungen auf den Lernerfolg am Beispiel eines E-Learning-Moduls über Hashing

Was dem ersten Beispiel an Spezifik und Details fehlt, hat das folgende zweite Beispiel zu viel.

> Release-Deskriptor-Versionierung – ein Konzept zur modularen Definition von Softwareprojekten. Grundlagen, Einordnung in das Konfigurationsmanagement und praktische Umsetzung mit Gradle

Der Titel ist zu lang und zu detailliert geraten. Insbesondere der zweite, wie ein Untertitel wirkende Teil versucht, über alle Inhalte und Ansprüche der Arbeit aufzuklären. Enthält der zweite Teil keine für das Verständnis wesentliche Information, kann er weggelassen und der verbleibende Rest sprachlich geglättet werden.

> Modulare Definition und Versionierung von Softwareprojekten durch Release-Deskriptoren

Fällt den Begriffen „Konfigurationsmanagement" oder „Gradle" jedoch eine entscheidende Bedeutung zu, ohne welche das Thema dem Autoren nicht gut genug abgegrenzt erscheint, muss ein Titel um diese Begriffe gebildet werden.

> Konfigurationsmanagement modularer Softwareprojekten durch Release-Deskriptoren in Gradle

Im dritten Beispiel wird zwar eine konkrete Aufgabe beschrieben, für die in der Arbeit ein Konzept entwickelt werden soll. Aber der Titel ist dabei zu breit geraten und könnte so fast den Umfang eines Lehrbuchs im Bereich der Operations-Research umfassen.

> Scheduling von Aufgaben mit Ressourcenzuweisung

In diesem Beispiel sollte in jedem Fall das Besondere hinsichtlich des Problems oder der Lösung herausgearbeitet werden. Sind die Ressourcen beispielsweise noch eingeschränkt verfügbar und wird ein evolutionärer Algorithmus als Lösungskonzept angestrebt, könnte das Thema der Arbeit wie folgt konkretisiert werden.

Evolutionäre Optimierung von ressourcenbeschränkten Schedulingproblemen

7.3   Einstieg ins Schreiben

Steht das Thema der Abschlussarbeit fest, könnte der Student theoretisch direkt damit beginnen, seine Gedanken zu Papier zu bringen. Ein derartiges Vorgehen entspricht einer Softwareentwicklung, bei der ohne Anforderungsanalyse, Entwurf und Programmierrichtlinien implementiert wird. Je nach Größe des Projekts führt dies zu massivem Mehraufwand beim Testen und Debuggen und im Extremfall zum Scheitern des Projekts (Glass, 1998). Nach den gleichen Mechanismen kann auch das unvorbereitete Schreiben einer Abschlussarbeit zum Fiasko werden.

Das entgegengesetzte Extrem ist meist der Fall, wenn Beiträge für Fachkonferenzen und Zeitschriften verfasst werden: Das Schreiben ist der letzte Schritt in der langen Auseinandersetzung des Wissenschaftlers mit dem Thema. Doch Studenten sind keine ausgewiesene Fachexperten im Thema der Abschlussarbeit, wenn sie mit der Bearbeitung beginnen. Das Curriculum ihres Studiengangs macht sie zu Autoren. Im Rahmen der Bearbeitung eines Themas entwickeln sie die notwendige Expertise, aber die vergleichsweise kurzen Bearbeitungszeiten in den Prüfungsordnungen sorgen dafür, dass sich der Schreibprozess und die eigentliche Forschungsarbeit überlappen müssen.

Voraussetzungen für den Beginn des Schreibens Die zentralen Aspekte des Exposés bringen nicht nur Autor und Betreuerin auf eine Linie, sondern helfen in erster Linie dem Autor, die Schwerpunkte in der schriftlichen Arbeit richtig zu setzen. Eine richtige Verortung des eigenen Themas im Gebiet der Informatik und die Kenntnis von ähnlichen Konzepten, Untersuchungen und Ergebnissen in der Literatur sind unabdingbare Voraussetzungen, um das Thema zu motivieren, zu untermauern und abzugrenzen.

Im seltenen Idealfall hat die praktische Umsetzung bereits begonnen und erste Ergebnisse liegen vor. Dann können die Grundlagen und die Referenzen auf die Literatur entsprechend des eigenen Erkenntnisstands ausgewählt werden. Dies ist jedoch bei dem engen Zeitrahmen heutiger Abschlussarbeiten in vielen Fällen unrealistisch. Wird der Startzeitpunkt des Schreibprozesses zu lange herausgezögert, reicht die Zeit nicht aus und es fehlt die Möglichkeit, den Text später zu überarbeiten. Daher sollte bei Abschlussarbeiten das Schreiben parallel zur Umsetzung der eigenen Ideen beginnen, sobald die wesentliche Recherche zu verwandter Literatur und ggf. zu Technologie und Werkzeugen beendet ist.

Literaturrecherche Viele Studenten haben Schwierigkeiten, im Rahmen ihrer Abschlussarbeit eine Literaturrecherche durchzuführen. Das kann an einer geringen Vertrautheit mit dem zu bearbeitenden Thema oder an einem aus einer praktischen Fragestellung motivierten

Thema liegen. Oft wird man als Betreuerin mit Aussagen konfrontiert getreu dem Motto „Da gibt es nichts außer Webblogs!", was durch eine Recherche des Betreuers zumeist schnell widerlegt werden kann. Wichtig ist, zunächst breit genug zu recherchieren: deutsch- und englischsprachige Suchbegriffe identifizieren, in wissenschaftlichen Literaturdatenbanken suchen und Hinweisen auf weitere Literatur folgen (vgl. Abschn. 4.2).

Die gefundene Literatur kann als Inspiration für die eigene Bearbeitung des Themas dienen (z. B. in Form von Konzepten oder Methodik). Was nicht ganz zum eigenen Thema passt, eignet sich häufig dennoch zur Abgrenzung, indem man als Autor aufzeigt, welche Voraussetzungen und Rahmenbedingungen andere Autoren benutzt haben. Letztlich sollte die praktische Umsetzung der eigenen Konzepte erst erfolgen, nachdem alternative Lösungs-ansätze in der Literatur recherchiert wurden. Im Rahmen meiner Betreuungstätigkeit ist es mehrfach vorgekommen, dass Studenten zu spät recherchiert haben und wichtige Impulse aus der Literatur nur oberflächlich in der schriftlichen Arbeit und überhaupt nicht in der praktischen Umsetzung berücksichtigen konnten.

Mit der Abschlussarbeit sollen Studenten ihre Reife und solide Fachkompetenz in der Informatik demonstrieren. Daher wird in der Regel erwartet, dass seriöse wissenschaftliche Literatur, d. h. Beiträge zu Konferenzen und Fachzeitschriften, zitiert wird. Wenn nur Inter-netquellen und (alte) Lehrbücher im Quellenverzeichnis erscheinen, wird dies eher negativ ausgelegt. Zu aktuelleren Themen findet man oft andere Bachelor- oder Masterarbeiten – diese sollten in jedem Fall durch Veröffentlichungen ergänzt werden, die ein Peer-Review durchlaufen haben.

7.4   Besonderheiten im Schreibprozess

Die begrenzte Bearbeitungszeit von Abschlussarbeiten und die Tatsache, dass es sich dabei um eine Prüfungsleistung handelt, wirken sich insbesondere auf die Gestaltung des Schreib-prozesses aus. Einige Aspekte werden im Weiteren diskutiert.

Verflechtung von Schreiben und Arbeiten   Wie in Abschn. 7.3 ausgeführt wurde, überlap-pen sich in der Regel die Forschungsarbeit und die Verschriftlichung in Form der Abschluss-arbeit. Dies sollte nicht als Manko, sondern als befruchtender Prozess angesehen werden – wissenschaftliches Schreiben und wissenschaftliches Arbeiten bedingen und beeinflussen sich gegenseitig.

Die schriftliche, evtl. sogar mathematisch-formale Konkretisierung eines Problems oder Sachverhalts zeigt neue Umsetzungsmöglichkeiten oder bisherige Denkfehler auf – nur was mathematisch exakt aufgeschrieben wird, kann auch implementiert werden. Wird eine formale Problembeschreibung geschoben, weil sie zu schwierig erscheint, ist oft ein Teil des Problems und seiner Lösung noch nicht richtig durchdacht. Auch die Literaturrecherche kann durch die Einordnung des Problems Bewertungsmöglichkeiten oder neue Lösungskon-zepte aufzeigen. Außerdem fallen Lücken in der eigenen Argumentation im geschriebenen

Text leichter auf als in einer irgendwie funktionierenden Softwareimplementierung – wenn Begründungen für bestimmte Entscheidungen oder eine Parameterwahl fehlen, kann dies die Schlüssigkeit des eigenen Konzepts gefährden.

Die praktische Arbeit an Lösungskonzepten beeinflusst das Schreiben der Arbeit. Schließlich sollen nur die Grundlagen eingeführt werden, die für das Verständnis der Aufgabenstellung und des eigenen Lösungskonzepts notwendig sind. Die Aufbereitung der Literatur als aktueller Stand der Wissenschaft sowie ggf. eine vertiefende Literaturrecherche hängen stark davon ab, was praktisch benötigt wird und in der Arbeit begründet werden muss. Die Ergebnisse einer vertieften Recherche können wieder Impulse für die eigenen Konzepte liefern.

Die Ungewissheit darüber, in welcher Detailtiefe oder wie stark zusammengefasst Literatur oder Ideen dargestellt werden müssen, passt ideal zur Vorgehensweise, eine Gliederung langsam mit Inhalt zu füllen. Stichworte werden gesammelt, umstrukturiert, führen zu Unterüberschriften und Punkten für einzelne Absätze. An den Stellen, an denen die Unsicherheit klein genug wird, können Textfragmente, Grafiken oder formale Definitionen erstellt werden, die schließlich zu einer ersten Version des fertigen Textes führen.

Interaktion zwischen Autor und Betreuerin   Das Thema der Abschlussarbeit muss als Prüfungsleistung selbstständig bearbeitet und die zugehörige schriftliche Arbeit auch selbstständig verfasst werden. Dennoch sehen die Prüfungsordnungen bzw. Modulbeschreibungen meist Konsultationen mit der Betreuerin vor. An meiner Hochschule, der HTWK Leipzig, ist dies sowohl in der Studien- und Prüfungsordnung durch die Einordnung der Bachelor- und Masterarbeit als Hausarbeit verankert – was Konsultationen grundsätzlich erlaubt – als auch durch den Passus „Der Prozess wird durch Konsultationen begleitet" in der Modulbeschreibung verpflichtend vorgeschrieben.

Im Rahmen der Konsultationen sollte der Student ein angemessenes Feedback zum Fortschritt der Arbeit bzw. der schriftlichen Ausarbeitung erhalten. Die Bandbreite des Feedbacks ist sowohl bei den Erwartungen der Studenten als auch bei den Angeboten der Betreuerinnen groß und reicht von eher oberflächlichen Statusberichten bis hin zu ausführlichen Hinweisen zum Zwischenstand der schriftlichen Ausarbeitung. Schefer-Wenzl und Miladinovic (2022) kategorisieren Betreuerinnen dadurch, wie stark sie Verantwortung für die Inhalte übernehmen und wie strenge Vorgaben sie zum Arbeitsprozess machen (vgl. Tab. 7.2). Jeder Student sollte sich zum Beginn seiner Arbeit darüber klar werden, welche Art von Betreuung und Feedback er sich wünscht, dies im Vorfeld mit potenziellen Betreuerinnen diskutieren und abwägen, ob die Konstellation funktionieren kann. In einem laufenden Betreuungsverhältnis kann allein das Wissen, wie eine Betreuerin „tickt", dem Studenten eine Hilfe für die Interaktion mit der Betreuerin sein, um die bestmögliche Betreuung unter den gegebenen Rahmenbedingungen zu erhalten.

Gerade im Hinblick auf die kurze Bearbeitungszeit von Bachelorarbeiten bietet es sich an, der Betreuerin bereits eine sehr frühe, noch bruchstückhaft gefüllte Version des Schriftwerks vorzulegen. Daran lassen sich bereits grundsätzliche Probleme im Aufbau der Arbeit disku-

Tab. 7.2 Kategorisierung der Betreuerinnen nach Schefer-Wenzl und Miladinovic (2022)

↓ Arbeitsweise	Verantwortung für Thema und Inhalt der Arbeit liegt bei	
	der Betreuerin	dem Prüfling
Selbst-organisiert	Gatekeeper oder Regulator: Verantwortung für den Arbeitsprozess liegt beim Autor, Betreuer fühlt sich für Ergebnisse verantwortlich und hat gewisse Erwartungen	Coach: Thema und Prozess liegt komplett in studentischer Verantwortung, Konsultationen finden auf studentischen Wunsch statt
Starke Führung	Kontrolleur: gibt Prozess und Meilensteine vor, hat klare Erwartungen hinsichtlich der Ergebnisse	Unterstützer: Autoren sind selbst für Ergebnisse verantwortlich, berichten der Betreuerin in einem eng vorgegebenen Prozess

tieren. Im weiteren Verlauf wird der zeitliche Rahmen für mögliche Anpassungen beständig kleiner. Immer wieder tendieren Studenten dazu, erst dann ein Probekapitel vorzulegen, wenn es komplett fertig, geschliffen und poliert ist. Aus psychologischer Sicht wird in diesen Fällen eine vornehmlich positive Rückmeldung erwartet und die Bereitschaft, größere Änderungen vorzunehmen, tendiert gegen null.

Inkrementelle Anpassung Die allgemeinen Hinweise zum Schreibprozess aus Abschn. 6.2 gelten vollumfänglich auch für Abschlussarbeiten. Insbesondere lässt sich die Struktur und Gliederung der Arbeit nicht komplett planen, sondern muss stattdessen fortlaufend angepasst werden. Selbst eine Gliederung, die vor Beginn der Arbeit von der Betreuerin genehmigt wurde, kann der Autor bei der Bearbeitung im Rahmen seines inhaltlichen Themas verändern und anpassen. So wird am Ende nicht bewertet, inwieweit die Arbeit der vereinbarten Gliederung entspricht, sondern ob die Abschlussarbeit schlüssig aufgebaut ist. Ein Autor sollte immer wieder den roten Faden in der Arbeit suchen und die Struktur inkrementell anpassen.

Plan B Abschlussarbeiten besitzen einen Projektcharakter, der sich aus der Einmaligkeit ihrer Bedingungen und dem festen Zeitrahmen ergibt (Hindel et al., 2006, S. 8). Unerwartete Erkenntnisse können nicht nur die Struktur der Arbeit beeinflussen. Im Extremfall kann sich herausstellen, dass die Zeit nicht für alle Teilaspekte des Vorhabens ausreicht. Dann muss es einen Plan B geben, den man mit der Betreuerin diskutieren sollte. Letztendlich muss die abgegebene Arbeit zum ausgemachten Thema benotet werden. Wird der inhaltliche Umfang einer Abschlussarbeit gekürzt, sollte dies so geschehen, dass die Validierung der erreichten Ergebnisse dennoch möglich ist.

Wird beispielsweise in einer Arbeit zu einer vorgegebenen Problemstellung ein Lösungskonzept entwickelt, dies umgesetzt und durch Experimente bewertet, dann sollte nicht der Teil mit den Experimenten komplett entfallen, da das Erreichte nicht mehr eingeordnet werden kann. Eher sollte versucht werden, sich bei der Umsetzung nur auf einen partiellen Prototypen zu beschränken und die Experimente darauf abzustimmen. Falls dies zeitlich nicht mehr machbar ist, muss zumindest das Ziel der Arbeit besser abgestimmt werden, dass man statt einer Bewertung des Konzepts lediglich auf den grundsätzlichen Nachweis der Machbarkeit (*proof of concept*) abzielt.

7.5 Form und Aufbereitung

Mit dem sehr kleinen, direkten Leserkreis einer Abschlussarbeit und den zusätzlichen Anforderungen, die an eine Prüfungsleistung gestellt werden, gelten auch für die schriftliche Aufbereitung der Inhalte einige Besonderheiten.

Grundlagen Die Ideen und Ausführungen eines Studenten sollten durch passende Grundlagen untermauert werden. Dies wird von den Studenten oft als „theoretischer Teil" bezeichnet, auch wenn dieser nichts mit theoretischer Informatik zu tun hat. Häufig haben diese Ausführungen das Problem, dass sie zu breit angelegt sind und viele Informationen enthalten, die im weiteren Verlauf der Arbeit nicht mehr aufgegriffen werden. Dies liegt manchmal an einer grundsätzlich zu schwach ausgeprägten Verknüpfung von Grundlagen und praktischer Arbeit. Oft liegt es aber auch daran, dass das Grundlagenkapitel früh geschrieben und nicht wieder überarbeitet wird. Um einen guten roten Faden in der Arbeit zu haben, ist eine gute Abstimmung der Grundlagen mit den eigenen Konzepten und Ausführungen essenziell.

Literaturreferenzen im Text Die Abschlussarbeit muss logisch aufgebaut sein und alles, was nicht selbst begründet wird oder allgemein bekannt ist, wird durch eine Literaturreferenz im Text als Quelle belegt. Dies sorgt in vielen Fällen für eine Unsicherheit, wo genau die Grenze zwischen „allgemein bekannt" und „zu belegen" zu ziehen ist. Wie in jeder wissenschaftlichen Arbeit sollte man dies am Zielpublikum festmachen – und das sind bei Abschlussarbeiten zunächst die Gutachterinnen im Zuge der Benotung. Informatikgrundlagen der ersten Studiensemester können meist als Allgemeinwissen vorausgesetzt werden. Wäre ich beispielsweise der Gutachter einer Arbeit, würde ich keinen Beleg für eine lineare Worst-Case-Laufzeit beim Suchen in einer verketteten Liste oder für die fehlende Verschlüsselung in den unteren Schichten des OSI-Schichtmodells erwarten. Konkret sollte dies mit den Betreuerinnen der Arbeit abgesprochen werden, die ja auch meist die Gutachten nach der Abgabe der Arbeit übernehmen. Besondere Sorgfalt ist geboten, wenn die Gutachterinnen einen unterschiedlichen Hintergrund haben. So kann die erste Gutachterin eine Spezialistin im Thema sein, während die zweite Gutachterin fachfremd ist. Gerade an den Hochschulen der angewandten Wissenschaften ist die zweite Gutachterin oft aus einem

Unternehmen. Die unterschiedlichen Erwartungen an den Umgang mit Literatur sollten vom Prüfling gleichermaßen berücksichtigt werden.

Veranschaulichung Viele Studenten tendieren zu wortreichen Beschreibungen ihrer Lösungsansätze und Konzepte. Dies erschwert der Leserin und Gutachterin die Arbeit, denn Abschlussarbeiten sind umfangreich, die wichtigsten Detailinformationen nicht leicht zu finden und die Zeit der Gutachterin knapp bemessen. Daher gilt für Abschlussarbeiten in verstärktem Maß die Grundregel, dass Ideen und Konzepte visualisiert werden sollten. Jede konzeptuelle Abbildung ist leichter zu lesen und es kommt mehr Information bei der Leserin an, als es der beschreibende Text zu leisten vermag.

Programmierleistungen Viele Studenten rücken die Programmierung in das Zentrum ihrer Arbeit, was bei den meisten Themen von Abschlussarbeiten suboptimal ist. Stattdessen sollten Konzepte und nachvollziehbare theoretische oder empirische Aussagen den inhaltlichen Schwerpunkt bilden. Daher sind in vielen Arbeiten die Programmierleistungen vornehmlich einfach oder prototypisch – es wird nur so viel programmiert, wie benötigt wird, um ein Konzept umzusetzen, einen Vergleich durchzuführen oder eine Technologie zu untersuchen. Direkt in der Abschlussarbeit werden meist nur sehr kurze Quelltext-Auszüge angeführt. Größere Abschnitte können im Anhang untergebracht werden, wobei auch dort mehrseitige Quelltext-Listings eher eine Seltenheit sind. Stattdessen kann die Programmierleistung in Gänze in digitaler Form auf einem Datenträger oder im Repository eines Versionsverwaltungssystems zur Verfügung gestellt werden.

Dokumentation von Ergebnissen Die Ergebnisse stellen den Höhepunkt einer Abschlussarbeit dar und sollten daher bestmöglich aufbereitet werden. Typische Mittel hierfür sind Grafiken und Funktionsplots für den visuellen Vergleich, ggf. Tabellen mit exakten Messwerten und Hypothesentests für den empirischen Beleg von beobachteten Effekten. Da Ergebnisse ohne ihre Einordnung und Bewertung wenig wert sind, sollten nachvollziehbare Schlussfolgerungen aus den präsentierten Ergebnissen gezogen werden. Die Abbildungen und Tabellen sind klug auszuwählen, dass die Leserin die Schlussfolgerungen gut nachvollziehen kann. Zu viele experimentelle Daten und Abbildungen verstellen den Blick auf das Wesentliche. In solchen Fällen ist eine adäquate Auswahl im Haupttext der Arbeit sinnvoll und die restlichen Ergebnisse werden in den Anhang geschoben.

Layout An vielen Hochschulen gibt es klare Vorgaben zur äußeren Form der Arbeit, welche naturgemäß jegliche Empfehlung in diesem Abschnitt außer Kraft setzen. Falls es keine solche Vorgaben gibt, oder die vorhandenen Vorgaben nicht alle Aspekte der äußeren Form regeln, kann auf die folgenden Richtlinien zurückgegriffen werden. Der Haupttext wird meist mit der Schriftgröße 10pt oder 12pt gesetzt (Balzert et al., 2008, S. 176) – in jedem Fall ist der gesamte Text in derselben Schriftgröße gesetzt. Überschriften werden gemäß ihres Rangs etwas größer gesetzt, wobei alle Überschriften des gleichen Rangs dieselbe Schriftgröße haben. Der Zeilenabstand ist meist 2pt mehr als die Schriftgröße – größere Abstände wie z. B. 1,5-Spacing sind sehr ungewöhnlich (Balzert et al., 2008, S. 179). Für die schriftliche Arbeit wird in der Regel eine Schriftart mit Serifen gewählt, da die Serifen die Zeilenführung betonen, was das Lesen größerer Textpassagen erleichtern soll. Meist wird der Blocksatz als angenehmer als ein Flattersatz empfunden. Die Zeilenbreite sollte so gewählt werden, dass etwa 60–80 Zeichen pro Zeile gedruckt werden. Beim Druck der Arbeit (ein- oder doppelseitig) und ihrer Bindung gibt es häufig Vorgaben, z. B. von der Hochschulbibliothek, oder Wünsche von der Betreuerin, die im Zweifelsfall durch den Studenten zu erfragen sind. Insgesamt geht der Trend eher zu papiersparenden Varianten, z. B. mit doppelseitigem Druck und einer flexiblen Paperbackbindung. An einigen Hochschulen werden Abschlussarbeiten in rein digitaler Form akzeptiert.

7.6   Beispielhafte Gliederungen

Eine gute Gliederung reflektiert verschiedene Aspekte einer Abschlussarbeit:

- den roten Faden als logisch nachvollziehbarer Pfad von einer Fragestellung zu neuen Erkenntnissen und
- die Balance zwischen dem State of the Art, analytisch-theoretischen Überlegungen, der konstruktiven Umsetzung eigener Ideen und den darauf ruhenden Erkenntnissen.

Abb. 7.1 illustriert den zweiten Punkt. Das Fundament der Arbeit wird durch gesicherte Erkenntnisse aus der Literatur und dem Grundlagenwissen der Informatik gebildet. Die beiden Säulen symbolisieren den wissenschaftlichen Erkenntnisprozess. Auf der linken Seite werden in der Auseinandersetzung mit der Literatur Hypothesen und logische Zusammenhänge abgeleitet. Die rechte Säule besteht aus eigenen konstruktiven Ergebnissen, z. B.

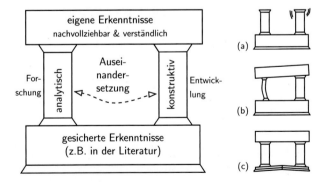

Abb. 7.1 Beziehung der verschiedenen Teile einer Abschlussarbeit zueinander. Rechts sind drei Situationen dargestellt, bei denen das Gleichgewicht nicht stimmt: (**a**) fehlende Erkenntnisse oder Bewertung, (**b**) zu starker Fokus auf eigene praktische Entwicklung und (**c**) zu dünnes Fundament

1 Einleitung 1
 1.1 Motivation 2
2 Grundlagen genetischer Algorithmen 3
 2.1 Der kanonische genetische Algorithmus 4
 2.2 Die Individuen einer Population 4
 2.3 Die Population 5
 2.4 Die Fitnessfunktion 5
 2.5 Die genetischen Operatoren 14
 2.6 Kodierung von Integerzahlen 18
 2.7 Wie viele Kodierungen gibt es? 23
 2.8 Das Schema-Theorem 24
 2.9 Der Stand der Forschung 26
3 Experimente 27
 3.1 Vorgehensweise 27
 3.2 Erzeugung der Kodierungen 27
 3.3 Einfluss der Parameter genetischer Algorithmen 29
 3.4 Experimentell gefundene Kodierungen 39
 3.5 Kodierungen für den uniformen Crossover 51
 3.6 Untersuchungen zur Mutation 53
 3.7 Experimente für vier Bit 55
 3.8 Schemaanalyse der Kodierungen 55
4 Schlussbemerkungen 58
 4.1 Fazit 58
 4.2 Ausblick 58

Abb. 7.2 Gliederung einer Arbeit, die inhaltlich den Einfluss von binären Kodierungen auf genetische Algorithmen untersucht und beispielhaft Probleme im Aufbau und der Balance der Teile aufzeigt

durch Umsetzung von Konzepten oder eigenen konstruktiven Beweisen und Theoremen. Die rechte Teilabbildung verdeutlicht, wie eine zu starke Vernachlässigung eines der Aspekte das Gesamtgefüge der Abschlussarbeit nachhaltig gefährden kann.

In den restlichen Abschnitten dieses Kapitels werden einige Gliederungen analysiert, die durch reale Abschlussarbeiten der vergangenen Jahre inspiriert sind. Dabei werden jeweils der roten Faden, die Balance sowie formale Aspekte untersucht.

Erstes Beispiel Abb. 7.2 zeigt die Gliederung einer Arbeit aus dem Umfeld der genetischen Algorithmen. Auf der formalen Ebene ist der alleinstehende Abschn. 1.1 als einziger Abschnitt im ersten Kapitel problematisch. Es fällt auf, dass die Abschnitte des zweiten Kapitels sprachlich aus dem Rahmen fallen – viele werden mit einem Artikel eingeleitet, was sonst nirgendwo in der Arbeit vorkommt. Abschn. 2.7 enthält als einziger eine Frage als Überschrift.

Eine Analyse der Gliederung offenbart verschiedene Probleme im roten Faden. Erstens scheinen die maximal zwei Seiten der Einleitung kaum für eine adäquate Einführung, Einordnung und Abgrenzung des betrachteten Problems auszureichen. Der Grundlagenteil wirkt relativ breit, wobei der direkte Bezug zur Forschungsfrage in Abschn. 2.9 ausgesprochen dünn geraten ist. Die Eigenleistung in Kap. 3 lässt keinen roten Faden erkennen und wirkt oberflächlich wie eine Sammlung verschiedener Teilaspekte – zudem erscheint der Inhalt ab Abschn. 3.5 gemessen an der Seitenzahl sehr knapp. Letztlich fehlt eine richtige Auswertung und Bewertung der Ergebnisse, die sich auf einer Seite in Kap. 4 kaum unterbringen lässt.

Zur Balance der einzelnen Teile: Trotz der stattlichen Seitenzahl in Kap. 2 scheint das Fundament durch reine Grundlagen eher dünn zu sein. Die Aufbereitung der eigenen Erkennt-

1 Einleitung 1
  1.1 Anlass 1
  1.2 Zielsetzung 1
  1.3 Motivation 2
  1.4 Abgrenzung 2
  1.5 Aufbau der Arbeit 3
  1.6 Verwendete Framework-Versionen 3
2 Grundlagen 4
  2.1 Einleitung 4
  2.2 JavaServer Faces 4
  2.3 Komponenten-Frameworks 6
  2.4 W3C-Standards 7
  2.5 XHTML 7
  2.6 Barrierefreiheit 10
3 W3C-Konformitätstest 13
  3.1 Einleitung 13
  3.2 W3C Markup Validator 14
  3.3 MyFaces 14
  3.4 OmniFaces 15
  3.5 PrimeFaces 16
  3.6 Auswertung und Vergleich 17
4 BITV-Test 23
  4.1 Einleitung 23
  4.2 Grundlagen des BITV-Tests 23
  4.3 MyFaces 25
  4.4 OmniFaces 27
  4.5 PrimeFaces 30
  4.6 Auswertung und Vergleich 32
5 Einführung in die Komponentenmodifizierung 35
  5.1 Einleitung 35
  5.2 Probleme und Anforderungen 35
6 Konzept 38
  6.1 Einleitung 38
  6.2 Architektur 38
  6.3 Vererbungslinie 39
  6.4 Möglichkeiten der Veränderung 41
7 Praktische Umsetzung 43
  7.1 Einleitung 43
  7.2 Implementierung 43
  7.3 Abgrenzung 48
8 Ergebnisse der Komponentenmodifizierung 49
  8.1 Einleitung 49
  8.2 W3C-Konformitätstest 49
  8.3 BITV-Test 50
  8.4 Auswertung 53
9 Zusammenfassung und Ausblick 55

Abb. 7.3 Gliederung einer Arbeit, die verschiedene Komponenten-Frameworks hinsichtlich Barrierefreiheit und deren Anpassbarkeit an Nutzerwünsche untersucht und als Beispiel für Probleme im formalen Aufbau dient

nisse fehlt ebenfalls. In der oberflächlichen Analyse wirkt dies wie eine Kombination der Fälle (a) und (c) in Abb. 7.1.

Zweites Beispiel Abb. 7.3 zeigt die Gliederung einer Arbeit, welche die Barrierefreiheit mehrerer Komponenten-Frameworks untersucht. Aus formaler Sicht fallen zunächst einige kleinere Probleme auf. Die Vielzahl der Überschriften und die mehrfache Verwendung von drei Überschriften auf einer Seite führen zu einer unnötigen Kleinteiligkeit der Gliederung. Ferner beginnen die Kap. 2–8 mit einem Abschnitt „Einleitung", was unschön wirkt. Einleitende Texte können direkt am Anfang des Kapitels stehen – und falls sich hinter diesen Überschriften inhaltlich mehr verbirgt, müssen aussagekräftigere Überschriften gewählt werden, die sich nicht wiederholen.

Der rote Faden hingegen ist klar erkennbar: In den Kap. 3 und 4 wird das Problem genauer identifiziert und quantifiziert, die Kap. 5–7 widmen sich der Problemlösung und die verbleibenden Kapitel präsentieren und diskutieren die Ergebnisse. Im Detail lässt sich jedoch an verschiedenen Stellen Verbesserungspotenzial erkennen:

- Kap. 3 und 4 mischen die Grundlagen zu den Prüfverfahren und die Ergebnisse der eigenen Untersuchung, was einerseits zu Doppelungen in den Überschriften der Unterabschnitte führt und andererseits die eigenen Ergebnisse nicht klar genug herausstellt.

1 Einführung	1
2 Speicherverwaltung	2
2.1 Manuelle Speicherverwaltung	4
2.2 Mark-and-Sweep Collection	5
3 Persistente Datenstrukturen	10
3.1 Datenstrukturen	10
3.2 Persistente Datenstrukturen	12
4 Konzept	15
4.1 Funktionsweise	16
4.2 Schnittstelle	18
4.3 Organisation des Speichers	19
4.4 Technische Details	21
4.5 Einschränkungen	22
4.6 Praxis	23
4.7 Parameter	24
5 Methodik	24
5.1 Benchmarking	25
5.2 Datenstrukturen	26
5.3 Messverfahren	26
6 Ergebnisse	27
6.1 Laufzeit	27
6.2 Speicherverbrauch	30
6.3 Parametrisierung	32
7 Fazit	36
8 Ausblick	37

Abb. 7.4 Gliederung einer Arbeit, die sich mit der Konzeptionierung und experimentellen Untersuchung einer neuen Technik für Garbage-Collection im Kontext persistenter Datenstrukturen beschäftigt

Eventuell wäre eine Umstrukturierung mit „3. Testverfahren für die Barrierefreiheit" und „4. Analyse der Komponenten-Frameworks" klarer nachvollziehbar.

- Die Kap. 5–7 scheinen sich an Projektdokumentationen zu orientieren: Anforderungen, Architektur, Implementation und Ergebnisse. Der wissenschaftliche Anspruch, ein Informatikproblem lösen zu wollen, rückt dabei in den Hintergrund.
- Kap. 5 umfasst nur drei Seiten – zu wenig für ein Kapitel in der Mitte der Arbeit, das zudem laut der Überschrift die zentrale Problemlösung der Arbeit vorstellt.

Im Hinblick auf die Balance sind hier viele Dinge richtig gemacht worden. Das Fundament ist solide, wenn man die Grundlagen aus den Kap. 3 und 4 mit einbezieht. Vielleicht kommt die wissenschaftliche Einordnung in ähnliche Studien zu kurz. Die analytische Säule ist durch die untersuchten Frameworks gegeben, während die konstruktive Säule durch den hinteren Teil der Arbeit repräsentiert wird.

Drittes Beispiel Abb. 7.4 zeigt die Gliederung einer Arbeit, welche ein neues Konzept für die automatische Speicherverwaltung von persistenten Datenstrukturen zum Thema hat. Die Gliederung weist keine formalen oder organisatorischen Schwächen auf. Die Überschriften sind sehr gut gewählt und ergeben einen deutlich ausgeprägten roten Faden. Lediglich im Rahmen der Einführung erscheint die Seitenzahl zu gering, um das betrachtete Problem adäquat zu motivieren und darzustellen. Kapitel 2 und 3 präsentieren die Grundlagen, das vierte Kapitel den eigenen Lösungsansatz und Kap. 5 und 6 befassen sich mit der Bewertung des vorgestellten Konzepts. Die Einordnung und Diskussion der Ergebnisse fällt eher schmal aus. Typisch für eine Bachelorarbeit ist daher der obere Querbalken in Abb. 7.1 etwas dünner, aber das Gerüst erscheint insgesamt sehr stabil.

Begutachtung wissenschaftlicher Arbeiten 8

Wie bereits in den vorherigen Kapiteln dieses Buches ausgeführt wurde (vgl. Abb. 1.1), ist die Begutachtung wissenschaftlicher Arbeiten der wichtigste Pfeiler für die Qualitätssicherung in der Wissenschaft. Die Kriterien, die dabei zum Einsatz kommen, sind das Thema von Abschn. 8.1. Das Peer-Review als Teil der Qualitätssicherung wird in Abschn. 8.2 ausführlich diskutiert. Die weiteren Abschnitte beleuchten zwei andere Aspekte des übergeordneten Themas der Begutachtung: in Abschn. 8.3 das eher kollegiale Korrekturlesen und Feedbackgeben sowie in Abschn. 8.4 die Sicht eines Prüfers auf eine studentische Arbeit.

8.1 Kriterien bei der Begutachtung

Eine wissenschaftliche Arbeit kann nach sehr vielen Kriterien bewertet und beurteilt werden. Dies reicht von K.-o.-Kriterien wie der Korrektheit der enthaltenen Aussagen, über qualitätsmindernde Aspekte wie eine unzureichende Einordnung in den aktuellen Stand der Wissenschaft bis hin zu Fragen des Feinschliffs wie Rechtschreibung, Ausdruck und Einhaltung üblicher Notationen. Je nach Renommee einer Konferenz oder einer wissenschaftlichen Zeitschrift werden die untergeordneten Kriterien bei der Frage, ob ein Paper angenommen werden kann, unterschiedlich stark berücksichtigt. Auch bei der Benotung von studentischen Arbeiten gehen diese Kriterien (oder auch nur ein Teil der Kriterien) mit unterschiedlicher Gewichtung in die Notenfindung ein.

Parberry (1994) gibt einen Überblick über mögliche Kriterien bei der Begutachtung von wissenschaftlichen Arbeiten in der (theoretischen) Informatik, die hier nach ihrer Bedeutung kategorisiert sind:

K. Weicker, *Wissenschaftliches Schreiben in der Informatik*, Studienbücher Informatik, https://doi.org/10.1007/978-3-662-69872-3_8

- mögliche K.-o.-Kriterien:
  - Korrektheit,
  - Signifikanz und
  - Innovation
- inhaltlich qualitätsmindernde Aspekte:
  - Motivation,
  - Aktualität und
  - Bündigkeit
- Kriterien, die meist nicht entscheidungsrelevant sind:
  - Zugänglichkeit,
  - Stil und Rechtschreibung sowie
  - Feinschliff

Parberry (1994) führt auch Eleganz als ein Kriterium an, was sich allerdings vornehmlich auf Beweise in der theoretischen Informatik bezieht und deswegen in diesem Kapitel von untergeordneter Bedeutung ist. Die andere Kriterien werden in den nachfolgenden Abschnitten genauer ausgeführt.

Korrektheit Dies ist naturgemäß ein wesentliches Kriterium für den Wert einer wissenschaftlichen Arbeit: Fehlerhafte Ausführungen sind nicht publizierbar. Sowohl bei den großen Aussagen einer Arbeit als auch bei den kleinen Details stellt sich die Frage, ob sie richtig begründet oder gar bewiesen sind. Auf dem Prüfstand stehen die Methodik, die Durchführung der Untersuchung, die mathematischen Formeln, die empirischen Aussagen sowie die Schlussfolgerungen und Interpretationen (Smith, 1990). Die zitierte Literatur muss relevant und sinnvoll im richtigen Kontext eingebettet sein und dadurch korrekt Aussagen begründen. Gefundene Fehler stellen nicht zwangsläufig die gesamte wissenschaftliche Arbeit infrage. Vielmehr ist abzuwägen, ob es sich dabei um eine Nebensächlichkeit handelt oder die Gesamtaussage der Arbeit gefährdet ist (Parberry, 1994).

Signifikanz Wie bedeutend ist der Beitrag der wissenschaftlichen Arbeit? Signifikanz kann sich auf verschiedenen Ebenen zeigen: Das betrachtete Problem ist bislang unzureichend gelöst oder noch gar nicht betrachtet worden (Smith, 1990), der vorgestellte Ansatz liefert interessante Impulse für weitere Forschung, es werden neue Zusammenhänge aufgezeigt oder die praktische Bedeutung eines Konzepts wird demonstriert. Signifikant ist dabei nicht gleichbedeutend mit kompliziert – ein sehr einfaches Puzzleteil kann zur Lösung eines komplexen Problems beitragen. Laut Smith (1990) können auch bereits existierende Ergebnisse in signifikanter Weise aufbereitet werden, z. B. im Rahmen eines Überblicksartikels (engl. *survey paper*) oder der Synthese mehrerer Ergebnisse. Wenn die Signifikanz bei der Begutachtung infrage gestellt wird, muss dies sehr gut begründet werden – Schlagworte wie „trivial" oder „offensichtlich" reichen nicht aus (Parberry, 1994). Grundsätzlich hängt die

Beurteilung der Signifikanz davon ab, wo etwas eingereicht wurde oder was damit erreicht werden soll (Smith, 1990): Eine hochrangige Konferenz hat andere Signifikanzkriterien als ein Doktorandenworkshop und an eine Masterarbeit werden andere Erwartungen gestellt als an eine Bachelorarbeit.

Innovation Für Zobel (1997, S. 130) ist Innovation ein zentrales Kriterium für die Akzeptanz einer Arbeit. Sie liegt vor, wenn ein neuer Ansatz oder eine originelle Idee verfolgt wird. Während sich Signifikanz auf die Bedeutung einer Arbeit bezieht, geht es bei der Innovation um Originalität. Diese kann in einer neuen Sichtweise oder einem neuen Verständnis liegen oder sich in einer nachhaltigen Wirkung auf die Praxis oder die Forschung ausdrücken. Der Innovationsgrad kann dadurch gemindert werden, dass bekannte Ergebnisse nur marginal oder trivial erweitert oder kombiniert werden. Ebenso kann eine mangelhafte Darstellung dazu führen, dass die eigene Leistung nicht deutlich wird und damit die Innovation verborgen bleibt. Der Innovationsanteil von Überblicksartikeln liegt in der Interpretation, der Verknüpfung und der daraus entwickelten neuen Perspektive (Smith, 1990): So ist es notwendig, dass verschiedene Ergebnisse aus der Literatur integriert und nicht nur kommentiert werden, dass das Thema ausgewogen und gründlich durch die wichtigsten Quellen abgedeckt wird und dass auch widersprüchliche Meinungen identifiziert werden.

Motivation Technische Brillanz und große Aussagen sind zu wenig für ein gutes Paper – die Arbeit soll in sich selbst begründen, warum sie wichtig ist (Parberry, 1994). Im Wesentlichen wird dies im Abschnitt „Motivation" eines Papers geklärt. Ausgangspunkt kann ein Widerspruch oder ein offenes Problem in der Literatur, eine eigene Beobachtung, ein Hinweis aus der Literatur oder der Mangel an relevanten Ergebnisse für die Fragestellung sein. In der Motivation kann der Betrachtungsgegenstand in einen größeren Zusammenhang gestellt werden – das langfristige Ziel könnte der empirische Beleg für eine technologische Aussage oder bei eher grundlegenden Arbeiten eine ganze Theorie mit vielen Axiomen und Aussagen sein.

Aktualität Eine aktuelle wissenschaftliche Arbeit sollte sich nicht mit inzwischen überholten Problemen beschäftigen. Vielmehr sollte sie sowohl den neuesten Stand der Wissenschaft berücksichtigen als auch aktuelle Themen aufgreifen (Parberry, 1994). Als guter Indikator hierfür dienen Literaturreferenzen aus der jüngeren Vergangenheit. Grundsätzlich prüft eine Gutachterin, ob die relevante Literatur der letzten Jahre berücksichtigt wurde.

Bündigkeit Inhalt und Form bilden idealerweise eine Einheit, d. h., alle Aussagen sollten knapp und präzise auf den Punkt gebracht werden, ohne dass Verständlichkeit und Zugänglichkeit darunter leiden. Die Länge der einzelnen Abschnitte sollte in einem proportionalen Verhältnis zu ihrer Bedeutung stehen. Abbildungen und Tabellen müssen einen Beitrag zum Paper leisten – zu viele ohne inhaltlichen Mehrwert und Diskussion im Text widersprechen der Bündigkeit (Smith, 1990). Von logischen Schlussfolgerungen wird Präzision erwartet statt heißer Luft und Pi-mal-Daumen-Begründungen. Bündigkeit bezüglich der angeführten Literatur bedeutet, dass die Auswahl der Quellen sowohl inhaltlich gut getroffen wurde als auch die Länge des Literaturverzeichnisses nicht zu viel Platz der Arbeit einnimmt.

Zugänglichkeit Grundsätzlich sollen Abstract, Einleitung und Schlussfolgerung für Nichtspezialisten verständlich sein: Dazu gehört, dass grundlegende Konzepte erklärt werden oder entsprechende Verweise auf Standardwerke enthalten sind (Parberry, 1994). Smith (1990) empfiehlt hierzu, den Zweck bzw. das Ziel der Arbeit klar zu definieren und ihren Beitrag zu beschreiben. Die Zugänglichkeit muss nicht in den technischen Tiefen der Arbeit umgesetzt werden: Details und Beweise wenden sich an Experten. So können dort auch spezielle Standardnotationen verwendet werden, die in den eher allgemein verständlichen Teilen wie der Einleitung gemieden werden.

Stil und Rechtschreibung Bei der Begutachtung einer Arbeit gilt für die Darstellung das volle Programm des wissenschaftlichen Schreibens (Smith, 1990): Rechtschreibung, Schreibstil und logischer Aufbau sollen den üblichen Standards entsprechen, der Text in Abbildungen lesbar sein, das Abstract eine gute Zusammenfassung liefern und insgesamt ein guter Lesefluss die Arbeit kennzeichnen. Laut Zobel (1997, S. 133) können manchmal kleine Fehler in Formeln kritisch werden, da man sich nicht sicher sein kann, wie gut der Autor seine Aussagen validiert hat. In ihren Empfehlungen begrüßt das COPE Council (2017) Verbesserungsvorschläge, wenn sie die Arbeit verständlicher machen, weist aber darauf hin, dass die Gutachterin die Arbeit nicht nach ihren eigenen stilistischen Vorstellungen und Wünschen umschreiben sollte.

Feinschliff Beim letzten Bewertungskriterium geht es darum, dass man der Arbeit ansieht, dass der Autor in alle Aspekte hinreichend investiert hat. Dies lässt sich in der Regel nur durch mehrmaliges Überarbeiten erreichen, indem jeder Satz, jede Argumentation und jedes Detail auf den Prüfstand gestellt wird. Negativindikatoren für mangelnden Feinschliff sind Stilbrüche im Text, uneinheitliche Notationen, überflüssige Sätze, strukturelle Probleme und Sätze, die anders enden, als sie beginnen.

Ernst et al. (2021) haben in einer Befragung von Gutachterinnen aus dem Fachgebiet des Softwareengineering ermittelt, wie groß die Bedeutung der verschiedenen Aspekte beim Peer-Review ist. Dabei wurden als wichtigste Bewertungskriterien identifiziert: die Korrektheit, Signifikanz sowie die konkrete Angabe von Argumenten, die für bzw. gegen eine Akzeptanz des Papers sprechen. Die unwichtigsten Kriterien sind Grammatik- und Rechtschreibfehler sowie Fehler im Literaturverzeichnis.

In derselben Untersuchung (Ernst et al., 2021) gaben Gutachterinnen an, woran sie die Qualität einer Arbeit festmachen. Die beiden am häufigsten genannten Aspekte beziehen sich auf die gewählte Forschungsmethodik, nämlich (a) wie stark sie sich an der Literatur und Standardverfahren orientiert und (b) ob sie für den Untersuchungsgegenstand des Arbeit geeignet ist. Diese beiden Aspekte werden durch einen angemessenen Detaillierungsgrad sowie durch die Tatsache ergänzt, dass auch Einschränkungen hinsichtlich der Gültigkeit der Aussagen diskutiert werden.

8.2 Peer-Review

Das Peer-Review sichert als zentraler Baustein der Qualitätssicherung, dass veröffentlichte Arbeiten den wissenschaftlichen Ansprüchen gerecht werden. Dabei wird eine zur Publikation eingereichte Arbeit von mehreren Gutachterinnen gelesen und bewertet. Eine Gutachterin wird auch als Peer bezeichnet – im Sinne einer auf wissenschaftlicher Ebene gleichgestellten Fachexpertin. Dabei adressiert die Gutachterin ihre Bewertung sowohl an den Autor als auch an die Entscheidungsträger, die am Ende darüber befinden, ob die Einreichung in einer Zeitschrift oder auf einer Fachtagung publiziert wird. An den Autor werden Hinweise gerichtet, wie er die Qualität seiner Arbeit verbessern kann. Den Entscheidungsträgern werden Argumente für oder gegen eine Veröffentlichung geliefert.

Da der Begutachtungsprozess sehr sensible Aspekte berührt, werden in Abschn. 8.2.1 einige ethische Grundregeln für die Gutachterin diskutiert. Das Verfassen des Gutachtens ist das Thema von Abschn. 8.2.2. Die weiteren Abschnitte behandeln seine Aufnahme und Weiterverarbeitung seitens der Entscheidungsträger (Abschn. 8.2.3) und der Autoren (Abschn. 8.2.4).

8.2.1 Ethische Regeln bei der Begutachtung

Wie Parberry (1994) ausführt, tragen Gutachterinnen eine große Verantwortung vor allem gegenüber jungen Nachwuchswissenschaftlern: Sie sind wichtige Feedbackgeber für einen Autor und können damit seine Karriere befördern oder hemmen. Mit Macht wächst auch die Verantwortung, was ebenso für ethische Regeln spricht wie die Tatsache, dass das gesamte Verfahren auf Vertrauen und der freiwilligen Teilnahme aller Beteiligten beruht (COPE Council, 2017).

Objektivität Eine Gutachterin sollte das eingereichte Paper vorurteilsfrei bewerten – ungeachtet der Person des Autors oder des Themas der Arbeit, das bei der Gutachterin positive oder negative Vorbehalte hervorrufen könnte (Parberry, 1994). Sind die Namen der Autoren für die Gutachterin zu sehen, kann diese sich vom Status einer Koryphäe beeindrucken lassen. Aber auch in einem Begutachtungsszenario, in dem die Namen der Autoren geheim gehalten werden, ist Anonymität nicht wirklich durchsetzbar – Forschungs-Communities zu speziellen Themen sind klein und so lässt sich ein Autor oder seine Forschungsgruppe oft mit hoher Treffsicherheit ermitteln.

Erkennt man Interessenkonflikte, lässt sich Objektivität nur schwer realisieren und die Gutachterin sollte die Begutachtung ablehnen (Zobel, 1997, S. 138). Dies kann gemäß dem COPE Council (2017) aus verschiedenen Gründen der Fall sein: Der Autor arbeitet an derselben Forschungseinrichtung, es gab eine enge Zusammenarbeit in der jüngeren Vergangenheit, das Verhältnis ist durch frühere Vorkommnisse belastet oder man hat selbst ein Manuskript zum gleichen Thema eingereicht oder arbeitet daran.

Zeitschriften und Fachtagungen legen gewisse Regeln fest, was akzeptabel ist und welche Arten von Beiträgen erwünscht sind. Eine Gutachterin sollte die diesbezüglich gewünschte Offenheit und Objektivität nicht durch ihre persönlichen Maßstäbe untergraben (Allman, 2008). Zwei Beispiele sollen dies im Weiteren illustrieren. Wenn für eine E-Learning-Fachtagung im Call-for-Papers „kritisch-reflexive Beiträge zur Digitalisierung" gewünscht werden, können entsprechende Einreichungen nicht durch eine Gutachterin als „zu weich" mangels empirischer Validation abgelehnt werden. Zweites Beispiel: Ein Workshop zu einem Spezialthema folgt der Prämisse, dass unvollständige und oft noch unausgereifte Arbeiten und Ideen erwünscht sind, um sie dort intensiv zu diskutieren. Dann darf der Charakter des Workshops nicht durch ambitionierte Gutachterinnen konterkariert werden, die fertige Ergebnisse wesentlich besser bewerten.

Die beiden vorangestellten Beispiele machen deutlich, dass das ethische Prinzip der Objektivität und die unterschiedlich ausgeprägten persönlichen Qualitätsstandards der Gutachterinnen Konfliktpotenzial bergen. Letztlich darf die Begutachtung einer Arbeit nicht dadurch negativ beeinflusst werden, dass der Autor im Peer-Review an einen „scharfen Hund" gerät. Große Fachtagungen versuchen dies teilweise durch ein statistisches Modell zur Kalibrierung der Gutachter auszugleichen (Cortes & Lawrence, 2021). Gutachterinnen sollten dessen ungeachtet allerdings in der Lage sein, sich auf unterschiedliche Niveaus der Fachtagungen und Zeitschriften einzustellen.

Fairness Während sich der Aspekt der Objektivität auf die Haltung der Gutachterin gegenüber der eingereichten Arbeit beschränkt, bezieht sich Fairness darauf, wie eine Gutachterin mit der Arbeit während der Begutachtung umgeht und wie Erkenntnisse an Autoren und Entscheidungsträger kommuniziert werden. Laut Allman (2008) sollte das Gutachten dem Autor den Eindruck vermitteln, dass seine Arbeit fair behandelt wurde. Das bedeutet, dass bei Unklarheiten, Ungenauigkeiten oder seltsamen Aussagen das Paper nicht sofort abgelehnt wird, sondern die Gutachterin dem vorgestellten Ansatz eine Chance gibt. Oft missfällt einer Gutachterin die Idee oder die Philosophie, die hinter einem Paper steht, deren Beurteilung jedoch nicht zur Disposition steht: Sie soll das konkrete Paper in seiner technischen Ausführung begutachten – ob sich die Idee dahinter durchsetzt, entscheidet die Wissenschaftsgemeinschaft (Allman, 2008). Es ist ein Gebot der Fairness, dass ein eingereichtes Paper mit einem durchschnittlichen Paper auf der Tagung oder in der Zeitschrift verglichen wird und nicht mit dem Ideal eines angenommenen Papers (Smith, 1990).

Durch die Wertschätzung der positiven Aspekte einer Arbeit kann Fairness in der Kommunikation des Gutachtens vermittelt werden. Insbesondere sind kritische Äußerungen ohne angemessene Begründung zu vermeiden – Negativbeispiele (Cormode, 2008) sind: „viele wichtige Referenzen wurden nicht berücksichtigt", „die bahnbrechende Arbeit von Jones muss angeführt werden" (wer ist Jones?), „die Vorgehensweise ist zu einfach/bekannt/praktisch/anwendungsfern/ ..." und „die Experimente sind nicht unabhängig wiederholbar" (was für nichttriviale Untersuchungen fast immer gilt). Kommentare dürfen nicht feindlich oder diffamierend sein (COPE Council, 2017). Das in der Regel übliche blinde Begutachtungs-verfahren, bei dem die Namen der Gutachterinnen dem Autor verborgen bleiben, macht es allerdings Gutachterinnen oft zu leicht, ihre Vorbehalte aus der Deckung heraus zu platzieren (Allman, 2008; Cormode, 2008).

Professionalität   Grundsätzlich sollte man eine Begutachtung nur dann annehmen, wenn man über ausreichende Expertise verfügt (COPE Council, 2017) – andernfalls sind entsprechende Bedenken frühzeitig dem Entscheidungsträger zu kommunizieren. Wurde die Begutachtung übernommen, hat man ein Gutachten zu verfassen. Auch wenn dieses Gutachten ausschließlich für die beteiligten Stakeholder ist und nicht publiziert wird, sollte man es dennoch ähnlich gut schreiben (Allman, 2008) – auch aus Respekt vor den Auto-ren. Tatsächlich empfiehlt Parberry (1994) der Gutachterin, sich vor dem Absenden eines Gutachtens zu fragen, ob man diesen Text unter seinem Namen publiziert sehen möchte – falls nicht, sollte man ihn überarbeiten. Ungeachtet davon, ob das Gutachten ablehnend oder positiv ist, wird es höflich, bestimmt und emotionslos (Parberry, 1994) geschrieben.

Die Gutachterin darf ihren doppelten Auftrag nicht aus den Augen verlieren: Der Ent-scheidungsträger erwartet eine faire und ehrliche Einschätzung der Stärken und Schwächen der Arbeit (COPE Council, 2017) und der Autor muss durch eine klare Kom-munikation nachvollziehen können, warum eine Entscheidung getroffen wurde (Allman, 2008) – sonst bleibt das Gutachten eine unverständliche Blackbox. Darüber hinaus muss dem Autor die Chance gegeben werden, seine Arbeit zu verbessern. Daher sollte das Gut-achten laut (Parberry, 1994) konstruktiv statt destruktiv sein, konkrete Kritik statt vager Kommentare enthalten und auch bei Ablehnung konkrete Verbesserungsvorschläge machen.

Ehrlichkeit   Zumeist agiert man als Gutachterin anonym. Dennoch sollte man dem Autor einen Eindruck davon geben, mit welcher Expertise begutachtet wurde. So empfiehlt Zobel (1997, S. 138), dies ehrlich inklusive aller persönlicher Beschränkungen mitzuteilen. Auch den investierten eigenen Aufwand und die Sicherheit, mit der man die Aussagen bestäti-gen oder widerlegen kann, sollte eine Gutachterin kommunizieren (Parberry, 1994). Das soll keinesfalls in einen Rechenschaftsbericht oder eine Selbstbeweihräucherung ausarten, sondern ein grobes Bild vermitteln, mit welchem Hintergrund begutachtet wurde, wo man aufgrund von Unklarheiten mit welchen Annahmen gearbeitet hat und welche Teile wie tiefgründig gelesen wurden.

Vertraulichkeit   Die begutachtete Arbeit ist unantastbar und unterliegt bis zu ihrer Veröf-fentlichung der Geheimhaltung (COPE Council, 2017). Das bedeutet, dass man sie nicht zitieren, über ihr Thema oder die bloße Existenz der Einreichung sprechen oder Teile davon verwenden darf (Parberry, 1994). Auch wenn dies selbstverständlich klingt, gibt es immer wieder Berichte, in denen Gutachterinnen Ideen oder sogar ganze Arbeiten abgelehnt und

später selbst veröffentlicht haben (Offutt, 2018). Wenn allerdings das Paper als unveröffentlichtes Manuskript bereits öffentlich verfügbar ist, kann man die Arbeit zitieren und
entsprechend der üblichen wissenschaftlichen Regeln verwenden (Parberry, 1994).

Zur Vertraulichkeit gehört, dass man niemanden in die Begutachtung einbeziehen darf
(COPE Council, 2017) – auch nicht Nachwuchswissenschaftler aus der eigenen Arbeitsgruppe. Allerdings zeigt die Studie von Ernst et al. (2021), dass sich in der untersuchten
Fach-Community nur 24 % der Gutachterinnen an diese Regel halten.

Zeitnahe Reaktion Verzögerungen im Publikationsprozess sind bei Zeitschriften vielleicht
noch zu verkraften, bei Fachtagungen müssen die Gutachten jedoch rechtzeitig eintreffen, da
bis zur Durchführung der Tagung nur ein geringer zeitlicher Spielraum besteht. Die Begutachtung sollte daher zügig erfolgen, ohne jedoch die Gründlichkeit zu vernachlässigen (Parberry, 1994). Laut der Studie von (Ernst et al., 2021) benötigen 56 % der Gutachterinnen
durchschnittlich mehr als zwei Stunden für die Begutachtung eines Beitrags zu einer Fachtagung, 36 % benötigen 1–2 h. Bei Einreichungen für Zeitschriften ist der durchschnittliche
Aufwand höher: 88 % benötigen hierfür mehr als zwei Stunden.

8.2.2 Schreiben des Gutachtens

Die Begutachtung einer Arbeit im Rahmen eines Peer-Reviews mündet in einem schriftlichen Gutachten. Dieses beinhaltet laut Smith (1990) in jedem Fall eine Empfehlung, ob
die Arbeit in einem spezifischen Forum veröffentlicht werden kann, und eine Liste der
notwendigen und empfohlenen Änderungen am Paper.

Lob und Tadel Der Text des schriftlichen Gutachtens besteht üblicherweise aus folgenden
Teilen (Smith, 1990):

- In maximal fünf Sätzen wird der Inhalt der begutachteten Arbeit zusammengefasst. Dies
  zeigt dem Autor, dass sich die Gutachterin hinreichend tief mit dem Paper beschäftigt
  hat und es richtig verstanden hat. Auch für Entscheidungsträger kann diese Zusammenfassung wichtig sein, um weitere Informationen für die Entscheidung zu erhalten.
- Das Ziel der Arbeit wird bewertet, insbesondere mit den Kriterien Signifikanz, Motivation, Aktualität und Innovation.
- Die Qualität wird anhand der Kriterien Korrektheit, Bündigkeit, Zugänglichkeit, Stil und
  Rechtschreibung sowie Feinschliff beurteilt.
- Ferner muss der Text eine Empfehlung für oder gegen eine Veröffentlichung enthalten
  und ausreichend begründen.

Insgesamt sollte der Text des Gutachtens so strukturiert sein, dass der Autor klar erkennen kann, wo die Gutachterin die Hauptprobleme in der eingereichten Arbeit sieht (Allman, 2008) – Zwischenüberschriften wie z. B. „Kritische Probleme", „Weniger wichtige Punkte" und „Kleinkram" können hierbei hilfreich sein.

Es ist einfacher, sich in einem Gutachten auf Fehler und Probleme eines Papers zu konzentrieren als Positives und Negatives abzuwägen. Umso wichtiger ist die Empfehlung von Allman (2008), alle gut gelungenen Aspekte im Gutachten hervorzuheben, wofür er einen Abschnitt „Gründe, das Paper zu akzeptieren" empfiehlt. Dies gilt insbesondere für Arbeiten, welche die Gutachterin ablehnt. Laut Zobel (1997, S. 137 f.) kann in solchen Fällen aus den wertvollen Teilen heraus eine Einschätzung entwickelt werden, was der Beitrag eines verbesserten Papers sein könnte.

Verbesserungsvorschläge In der Studie von Ernst et al. (2021) identifizierten die Gutachterinnen Sachlichkeit und Hilfsbereitschaft als wichtigste Eigenschaften für ihre Tätigkeit. Daher sollte der Text des Gutachtens geprüft werden (Zobel, 1997, S. 135), ob er als Leitfaden für die Überarbeitung durch den Autor geeignet ist. Konkret sollte ein positives Gutachten die notwendigen Änderungen, die vor der Veröffentlichung unbedingt durchzuführen sind, vollständig oder anhand anleitender Beispiele aufführen (Zobel, 1997, S. 137f).

Selbst Arbeiten, die eine Gutachterin in einem negativen Gutachten nicht für die Veröffentlichung empfiehlt, sind bis in eine akzeptierbare Detailebene zu prüfen. Auf dieser Basis werden nicht nur die Mängel erläutert, sondern Empfehlungen abgegeben, wie diese zu beheben sind (Zobel, 1997, S. 137f). Wird eine Ablehnung vor allem dadurch begründet, dass das angestrebte Forum nicht passt, kann eine besser passende Zeitschrift oder Fachtagung empfohlen werden (Smith, 1990). Auch hierfür sind Verbesserungsvorschläge willkommen, welche dort die Akzeptanzchancen erhöhen (Zobel, 1997, S. 135). Wenn allerdings die Gutachterin zur Einschätzung kommt, dass die Arbeit durch weitere Maßnahmen kaum ein Publikationsniveau erreichen kann, sollte dies gut begründet im Gutachten dargelegt werden (Zobel, 1997, S. 135).

In den Verbesserungsvorschlägen fordern Gutachterinnen gerne zusätzliche Informationen, Erläuterungen oder Untersuchungen ein. Allman (2008) stellt hierzu klar,

- dass sich diese Forderungen auf das eingereichte Paper und nicht auf zukünftige Forschungsrichtungen beziehen sollten und
- dass angesichts enger Seitenvorgaben die Forderung nach mehr mit einer Empfehlung einhergehen sollte, wo gekürzt werden kann.

Das COPE Council (2017) betont, dass Kommentare und Erläuterungen, wie die Arbeit selbst durch zusätzliche Analysen etc. verbessert werden kann, hilfreich sind – es ist jedoch nicht die Aufgabe der Gutachterin, die Arbeit über ihre bestehenden Grenzen hinaus zu verbessern.

Da die Arbeitszeit der Gutachterinnen kostbar ist, korreliert die für ein Gutachten aufgewendete Zeit bis zu einem gewissen Grad mit der Qualität der eingereichten Arbeit, ohne dass Fairness und Professionalität darunter leiden. Immer wieder werden Gutachterinnen mit Arbeiten konfrontiert, die nicht fundiert sind, kaum recherchierte Literatur enthalten, nicht korrekturgelesen wurden und vermutlich nur ein Versuchsballon sind, um nützliche Hinweise für die Weiterentwicklung der Arbeit zu erhalten. Angesichts des fehlenden Engagements des Autoren können diese Arbeiten mit verminderter Sorgfalt behandelt werden (Zobel, 1997, S. 133).

Punktevergabe nach Kriterien Manchmal ist die Gutachterin angehalten, die Qualität der eingereichten wissenschaftlichen Arbeit durch Vergabe von Punkten in mehreren Kriterien zu bewerten. Die Kriterien orientieren sich an den in Abschn. 8.1 vorgestellten Aspekten. Das in Abb. 8.1 dargestellte Begutachtungsformular zeigt ein Beispiel. Ernst et al. (2021) formulieren typische Kriterien für Softwareengineering-Konferenzen: Signifikanz, Innovation, Präsentation (als Zusammenfassung der Kategorien Stil, Rechtschreibung und Feinschliff) sowie Korrektheit, die hier fachspezifisch in Zuverlässigkeit (engl. *soundness*) bezüglich der Forschungsmethodik und Überprüfbarkeit der Ergebnisse unterteilt wird.

Gesamtempfehlung Das Gutachten enthält in jedem Fall eine Empfehlung, wie mit der eingereichten Arbeit weiter zu verfahren ist. Diese Gesamtbeurteilung kann erfolgen durch

- Einstufung auf einer numerischen Skala, z. B. von 10 (sehr hohe Qualität) bis 0 (ungenügend), oder durch
- eine konkrete Handlungsempfehlung, z. B. aus der Menge „akzeptieren", „mit wesentlichen Auflagen akzeptieren", „überarbeiten und erneut einreichen" und „ablehnen".

Aus der Perspektive einer Gutachterin kann für eine Einordnung eines Papers der Zwischenschritt über die inhaltlich-qualitative Kategorisierung nach Smith (1990) sinnvoll sein:

1. bedeutsame Ergebnisse,
2. gute, solide, interessante und wertvolle Arbeit,
3. kleiner, aber nützlicher Beitrag zum Wissen,
4. elegant und technisch korrekt, aber ohne jegliche praktische oder theoretische Relevanz,
5. weder elegant noch nützlich, aber nicht wirklich falsch,
6. falsch und irreführend und
7. so schlecht geschrieben, dass eine Bewertung unmöglich ist.

Die hier eingeordneten Arbeiten können dann auf eine abstrakte oder grobgranulare Gesamtempfehlung abgebildet werden. Laut Smith (1990) fällt weniger als 1 % der begutachteten Arbeiten in die Kategorie (1), in (2) liegen weniger als 10 % und in (3) sind es 10–30 %.

Im Arbeitsalltag einer Gutachterin gibt es gewisse wiederkehrende Standardsituationen, die ein eher pauschales Gutachterverhalten nach sich ziehen. Parberry (1994) hat einige dieser Situationen beschrieben, die in Tab. 8.1 zusammengefasst sind.

Wie oben betont wird, muss die Gesamtbewertung durch die textliche Stellungnahme begründet sein. Daher ist die Forderung von Zobel (1997, S. 135) ernst zu nehmen, vor Absenden des Gutachtens zu überprüfen, ob das Urteil hinreichend untermauert ist. Er weist ferner darauf hin, dass kurze und oberflächliche Gutachten ein Indikator dafür sind, dass nicht sorgfältig genug begutachtet wurde. Vor allem im Fall einer Ablehnung sollte der Nachweis akribisch geführt werden, warum die Arbeit nicht annehmbar ist. Auch die Kategorisierung als „überarbeiten und erneut einreichen" hat ihre Tücken und sollte nur empfohlen werden, wenn für die Arbeit eine realistische Chance gesehen wird, dass sie dann akzeptiert wird (Zobel, 1997, S. 134).

Begutachtung per Formular   Meist ist ein Gutachten nicht völlig frei zu erstellen, sondern die Fachkonferenz oder die Zeitschrift stellt ein Formular für diesen Zweck zu Verfügung. Abb. 8.1 zeigt ein Beispiel. Heutzutage sind im Webbrowser ausfüllbare Formulare die Regel. Alle in den vorherigen Absätzen beschriebenen Bestandteile eines Gutachtens sind hier beispielhaft aufgeführt.

In seltenen Fällen ist im Begutachtungsprozess einer Fachtagung eine vergleichende Komponente in das Begutachtungsformular integriert. Dabei werden jeder Gutachterin meh-

Tab. 8.1 Typische Situation bei der Begutachtung nach Parberry (1994)

Situation	Merkmale	Konsequenz
Thema verfehlt	sprengt den inhaltlichen Rahmen der Tagung/Zeitschrift	ablehnen und besseres Forum empfehlen
Fehlerträchtig	große Fehler	ablehnen, falls der Fehler irreparabel erscheint, sonst überarbeiten und neu einreichen lassen
Übungsniveau	geringer Anspruch und Ergebnisse leicht herleitbar	falls es sich nicht um ein bislang unlösbares Problem handelt, ablehnen
Langweilig	Motivation fehlt und auch der Rest weckt kein Interesse	falls ein signifikanter Beitrag erkennbar ist, überarbeiten und wieder einreichen
Schlechte Darstellung	mehr Skizze als Paper, unklare Aussagen, schlechter Schreibstil	ist ein Wert erkennbar, viele konkrete Hinweise zur Überarbeitung geben; bei zu großer Konfusion, ablehnen
Zweitverwertung	die Schlüsselergebnisse sind bereits anderweitig veröffentlicht	ablehnen mit dem Hinweis auf die Erstveröffentlichung; falls neuer Inhalt vorhanden ist, ggf. ein „Revisiting"-Paper empfehlen
Geringe Signifikanz	es ist nur eine kleine Erweiterung früherer Arbeiten	akzeptabel, wenn die Länge der Arbeit ihrer Signifikanz entspricht

```
FORMULAR FÜR GUTACHTEN

Titel:
Autor:
Gutachter:

ERKLÄRUNG DES GUTACHTERS
Ich bestätige hiermit die Richtigkeit der folgenden Aussagen:
- Ich habe die Arbeit gelesen.
- Ich bin nicht voreingenommen gegenüber Arbeiten des Autors.
- Ich habe das Gutachten selbst erstellt und nicht delegiert.
- Ich werde den Inhalt der Arbeit vertraulich behandeln und nicht vor
  der Veröffentlichung der Arbeit verwenden.


NUMERISCHE BEWERTUNG
                                    exzellent ...... schlecht
                                    | 1 | 2 | 3 | 4 | 5 | 6 |
Originalität/Innovation          :
Qualität/Korrektheit             :
Signifikanz/Aktualität           :
Bündigkeit/Zugänglichkeit/Stil   :
Adäquate Literaturreferenzen     :
Gesamtempfehlung                 :

ZUSAMMENFASSUNG
Fassen Sie den Ansatz und die wesentlichen Ergebnisse der Arbeit
zusammen.

KOMMENTARE
Kommentieren Sie die folgenden Aspekte:
    - sind die Ziele der Arbeit klar?
    - werden die eigenen Beiträge herausgestellt?
    - ist die Arbeit gut organisiert und geschrieben?
    - entsprechen Notation und Begriffe dem Standard?
    - sind die Details genau genug beschrieben?
    - enthält die Arbeit genügend Beispiele?
    - wird der Ansatz hinreichend analysiert und hinterfragt?
    - sind die Ergebnisse allgemein anwendbar?

MASSNAHMEN ZUR VERBESSERUNG
Was muss geändert werden in einer zu veröffentlichenden Version?

VERTRAULICHE KOMMENTARE AN DAS PROGRAMMKOMITEE
- Wie sicher sind Sie in Ihrer Einschätzung?
- Gibt es Aspekte, denen das Programmkomitee genauer nachgehen sollte?
```

Abb. 8.1 Fiktives Beispiel eines Begutachtungsformulars

rere Arbeiten zugeteilt, die sie priorisieren und in eine Rangfolge bringen soll. Für jedes Paper ist die Position in der Rangfolge auf dem Formular anzugeben.

Informationen für das Programmkomitee Das Formular in Abb. 8.1 zeigt ganz unten einen typischen Abschnitt, in dem vertrauliche Kommentare an die Entscheidungsträger übermittelt werden können. Dort könnten z. B. Informationen über die Urteilssicherheit der Gutachterin oder vertiefte Argumente für die Originalität und Signifikanz der Arbeit untergebracht werden. Folgt man allerdings dem ethischen Grundprinzip der Fairness, so fällt mir als Autor und langjährigem Gutachter kaum eine Information ein, die nicht besser sichtbar für Autor und Entscheidungsträger im allgemeinen Text des Gutachtens platziert werden könnte. Insbesondere sollten die vertraulichen Kommentare laut dem COPE Council (2017) keinesfalls für Anschuldigungen oder vernichtende Kommentare verwendet werden.

8.2.3 Peer-Review als Teil der Entscheidungsfindung

Im Peer-Review ist die Gutachterin letztlich nur eine Auftragnehmerin, die ihre fachliche Meinung zu einigen wenigen eingereichten Arbeiten abgeben soll. Sie hat keinen darüber hinausgehenden Überblick und weiß insbesondere nicht, mit welchen anderen Arbeiten ein begutachtetes Werk in Konkurrenz steht. Die Gutachtertätigkeit ist eine unentgeltliche Leistung im Dienste der Wissenschaft und gehört zu den beruflichen Pflichten eines Wissenschaftlers (Smith, 1990).

Den Überblick über den gesamten Prozess einer Einreichung hat bei einer Fachtagung der Vorsitzende des Programmkomitees bzw. bei Zeitschriften der Herausgeber oder das Herausgebergremium (engl. *editorial board*). Auf der Basis der Gutachten des Peer-Reviews treffen sie letztlich die Entscheidung, wie mit einer eingereichten Arbeit weiter zu verfahren ist.

Gesamtprozess bei Konferenzen Bei Fachtagungen begleitet der Vorsitz des Programmkomitees alle relevanten Schritte von der Formulierung des Call-for-Papers mit aktuellen Schwerpunkten über die Akquisition der Gutachterinnen, die Organisation der Peer-Reviews bis hin zur Entscheidung, welche Arbeiten in welcher Form auf der Konferenz vorgestellt werden. Da der Termin der Konferenz schon lange feststeht, gibt es für diesen gesamten Prozess einen engen Zeitplan. Die Zuordnung der Gutachterinnen zu den einzelnen Einreichungen erfolgt entweder, indem versucht wird, das Thema des Papers mit der Expertise der Gutachterin in Übereinstimmung zu bringen. Alternativ erfreut sich das Paper-Bidding großer Beliebtheit, bei dem die Gutachterinnen ihr Interesse und ihre Bereitschaft für jedes eingereichte Paper auf der Basis des Titels und des Abstracts signalisieren und ein Computersystem daraus die Zuordnung ableitet. Liegen alle Gutachten vor, ist die Entscheidung für oder gegen ein Paper immer im Kontext der Auswahl eines guten Tagungsprogramms aus der Gesamtheit der Einreichungen zu sehen. Durch den engen Zeitrahmen stehen als

Entscheidung nur die Optionen „ablehnen" oder „akzeptieren (mit geringen Auflagen)" zur Verfügung, wobei bei einigen Tagungen eine Akzeptanz als Poster auch bedeuten kann, dass ein 10-seitiges Paper in eine 2-seitige Kurzfassung überführt werden muss.

Gesamtprozess bei Zeitschriften Fachzeitschriften nehmen laufend Einreichungen entgegen, die sehr individuell weiter bearbeitet werden. Meist sucht das Herausgebergremium geeignete Experten und versucht, sie als Gutachter zu gewinnen. Die Fristen für das Peer-Review sind wesentlich großzügiger gesetzt als bei Konferenzen. Bei der Entscheidung über eine Einreichung steht das gesamte Arsenal der Möglichkeiten zur Verfügung, einschließlich „überarbeiten und erneut einreichen", da zumindest grundsätzlich kein Zeitdruck besteht. Anders kann sich der zeitliche Rahmen gestalten, wenn für ein thematisches Sonderheft Beiträge gesucht werden.

Organisation des Peer-Reviews Für den Begutachtungsprozess selbst gibt es im Wesentlichen drei verbreitete Organisationsformen, die sich darin unterscheiden, wer welche Information sehen darf (COPE Council, 2017):

- Double-Blind-Review (oder Doppelblindgutachten) verbirgt die Identität der Autoren und der Gutachterinnen voreinander. Das bedeutet insbesondere, dass der Autor eine anonymisierte Version seiner Arbeit einreichen muss, aus der er alle Hinweise auf seine Person entfernt hat.
- Blind-Review (oder manchmal auch Single-Blind-Review) schützt lediglich die Identität der Gutachterinnen, denen wiederum bekannt ist, wer die zu begutachtende Arbeit verfasst hat.
- Open-Review realisiert maximale Sichtbarkeit: Die Namen der Autoren und Gutachterinnen sind jeweils bekannt, die Gutachten sind mit ihrer personellen Zuordnung sichtbar und können diskutiert werden. Ein Beispiel hierfür ist die noch im Internet sichtbare[1] Begutachtung des Artikels von Soergel et al. (2013).

Laut der Studie von Ernst et al. (2021) favorisieren 58 % der Gutachterinnen das Double-Blind-Review, während Blind-Review von 27 % und Open-Review von 14 % bevorzugt werden. Dort wird auch angemerkt, dass das Open-Review mit einer wesentlich größeren Verbindlichkeit seitens der Gutachterinnen einhergeht.

Die gesamten Prozesse werden von Konferenzmanagementsystemen unterstützt. Populäre Beispiele sind EasyChair[2], ConfTool[3] und als Open-Source-Variante OpenReview[4], wobei letzteres speziell für die Erprobung unterschiedlicher Open-Review-Szenarien entwickelt wurde (Soergel et al., 2013).

---

[1] https://openreview.net/forum?id=xf0zSBd2iufMg, zuletzt eingesehen am 11.5.2024.

[2] https://easychair.org/

[3] https://www.conftool.net/

[4] https://openreview.net/about

Umgang mit Widersprüchen   Die Gutachterin hat den Auftrag, eine fachliche Meinung zur Signifikanz einer Einreichung abzugeben – dies ist immer eine subjektive Einschätzung und keine objektive Wahrheit (Smith, 1990). Daher können sich unterschiedliche Gutachten zu einer Arbeit widersprechen – ein Konflikt, der im Zuge der Entscheidungsfindung gelöst werden muss. Je nach gewünschter Transparenz können die Gutachterinnen in die Diskussion einbezogen werden – das COPE Council (2017) unterscheidet die folgenden Modelle:

- Vorsitz des Programmkomitees oder das Herausgebergremium übernimmt sämtliche Kommunikation mit den Gutachterinnen und Autoren, die nur selektive Informationen und Rückfragen bekommen.
- Die Gutachterinnen eines Papers sehen alle Gutachten zum Paper und können offen miteinander interagieren, während die Autoren außen vor sind.
- Im Open-Review können sich Autoren und Gutachterinnen beliebig in der Diskussion austauschen.

Folglich liegt die Verantwortung für die Auflösung der Widersprüche beim jeweils aktiven Personenkreis.

Für viele Konferenzen gibt es Präsenz- oder Videokonferenzsitzungen des Programmkomitees, in denen uneindeutig begutachtete Arbeiten in großer Runde diskutiert werden und um eine gemeinsame Entscheidung gerungen wird. Die Kultur des Programmkomitees einer Konferenz ist stets individuell geprägt. Einige Tagungen streben eine größtmögliche Sicherheit an, indem sie nur durchweg exzellent und gut begutachtete Arbeiten annehmen. Andere Tagungen suchen bewusst nach Arbeiten, die eine kontroverse Diskussion auf der Tagung entfachen können, oder sie möchten das Programm durch Exoten abwechslungsreicher gestalten.

Unabhängig davon, wie Entscheidungen getroffen werden, ist es wichtig, diese zu dokumentieren und den Autoren eine Zusammenfassung der ausschlaggebenden Gründe für oder gegen die Annahme des Papers mitzuteilen (Allman, 2008). Insbesondere bei Arbeiten mit kontroversen Gutachten, sollte den Autoren klar vermittelt werden, wie sie mit den unterschiedlichen Einschätzungen und Handlungsempfehlungen für die Überarbeitung umgehen sollen. Allman (2008) äußert einerseits die Hoffnung, dass in der Diskussionsphase unfaire Meinungsmache gegen eine Einreichung durch die Dokumentation verhindert wird, und schlägt andererseits vor, dass kontroverse Gutachten nach der Diskussionsphase von den Gutachterinnen überarbeitet werden, um den Autoren eine klarere Stellungnahme zu liefern.

Jede Entscheidung ist subjektiv   Programmkomitees und Herausgebergremien können noch so viel Aufwand in die Entscheidungsfindung investieren – es bleibt eine subjektive Entscheidung, die unter leicht veränderten Umständen anders ausfallen könnte. Das hat das NeurIPS-Experiment sehr anschaulich und mit großem Medienecho gezeigt (Langford & Guzdial, 2015; Cortes & Lawrence, 2021). Dort wurden 2014 für die *Conference on Neural Information Processing Systems*, einer großen Fachkonferenz zum maschinellen

Lernen, 170 Einreichungen an zwei verschiedene Unterprogrammkomitees übergeben und somit in zwei voneinander unabhängigen Verfahren begutachtet, diskutiert und abgelehnt oder angenommen. Die Entscheidungen der beiden Programmkomitees sind hochgradig inkonsistent und können wie folgt interpretieren werden (Cortes & Lawrence, 2021): Bei nochmaliger, unabhängiger Begutachtung wird

- jedes akzeptierte Paper mit der Wahrscheinlichkeit 0,495 abgelehnt – also fast jeder zweite akzeptierte Beitrag wäre nicht nochmal mit dabei – und
- jedes abgelehnte Paper mit der Wahrscheinlichkeit 0,175 angenommen.

Überraschend ist die große Unsicherheit bei der Identifizierung der qualitativ hochwertigen Arbeiten. Am anderen Ende des Spektrums ist die Einigkeit darüber, was nicht akzeptiert werden kann, wesentlich größer.

In ihrer Analyse weisen Cortes und Lawrence (2021) darauf hin, dass im Begutachtungs-prozess des Experiments eher grobgranulare Einordnungen benutzt wurden und dass evtl. mehrere Kriterien mit einer numerischen Skala die beobachteten Effekte verringern könn-ten. Sie haben in ihrer Analyse auch den Effekt von Gutachten untersucht, die spät, nach der eigentlichen Frist eingetroffen sind. Diese Gutachten sind tendenziell großzügiger und kürzer und verschärfen durch ihre Ungenauigkeit den im Experiment beobachteten Effekt.

Besondere Situationen In nahezu jedem Begutachtungsverfahren können ungewöhnliche Umstände auftreten, die in der Regel nicht erst bei der Erstellung des Gutachtens, son-dern direkt mit den Entscheidungsträgern zu klären sind. Dazu gehören Umstände, die eine Begutachtung verhindern. Ein Ausfall durch Krankheit oder andere besondere persönliche Belastungen können ebenso ein Grund sein wie die späte Erkenntnis der Gutachterin nach Erhalt der Arbeit, dass eine Befangenheit vorliegt.

Auch während der Begutachtung können sich Sachverhalte ergeben, die eine sofortige Kommunikation mit den Entscheidungsträgern nahelegen: Dies sind vor allem Fälle, in denen die Gutachterin den Verdacht hat, dass ethische Grundregeln verletzt wurden (COPE Council, 2017) – sei es durch Täuschung oder Plagiat. In diesen Fällen sollte die Gutachterin der Sache nicht selbst nachgehen, sondern sie in die Hände des übergeordneten Gremiums legen.

Typische Gründe für die finale Entscheidung Im Rahmen der Studie von Ernst et al. (2021) wurden verschiedene Kriterien zusammengetragen, die maßgeblich die finale Entscheidung auf dem Gebiet des Softwareengineering beeinflusst haben. Dabei störte die Gutachterinnen bei abgelehnten Arbeiten vornehmlich, dass

- Methodik und Behauptungen nicht zusammenpassen,
- Behauptungen übertrieben großspurig und damit ungerechtfertigt erscheinen,

- man dem Text schwer folgen kann,
- die Methodik schwer zu verstehen ist oder
- Behauptungen zwar berechtigt, aber nicht durch Beweise gestützt sind.

Gutachterinnen zufolge gilt für angenommene Arbeiten wiederum, dass sie

- eine klare und gesicherte Validierung besitzen,
- ein interessantes Problem betrachten,
- innovativ sind,
- über einen klaren Schreibstil verfügen und
- praxisrelevant sind.

8.2.4   Peer-Review als Feedback für den Autoren

Hat ein Wissenschaftler und Autor viel Zeit in seine Forschung und das Schreiben eines Artikels investiert, möchte er als Lohn für seine Mühen eine vorzeigbare Publikation erhalten. Folglich ist eine Ablehnung ein Rückschlag. Und selbst im Falle einer Annahme bedeutet jede Kritik zusätzliche Arbeit, kratzt am Ego des Autors und er fühlt sich unverstanden.

Wechselt man jedoch die Perspektive, so bietet das Verfahren des Peer-Reviews dem Autor Zugang zu hochrangigen Wissenschaftlerinnen. Seine Konzepte, Ideen und Ergebnisse werden auf den Prüfstand gestellt und er erhält qualifiziertes Feedback und Verbesserungsvorschläge für seine Arbeit. Ohne organisatorischen oder finanziellen Aufwand kann der Autor von einer Expertise profitieren, die er für kein Geld der Welt kaufen könnte.

Gut annehmbares Feedback   Aus der Sichtweise des Autors haben die Befragten der Studie von Ernst et al. (2021) angegeben, welche Aspekte sie an qualitativ hochwertigen Gutachten schätzen. Die Spitzenreiter der Befragung sind

- konstruktive Kritik mit der Anzeige von Verbesserungsmöglichkeiten,
- sachliche Aussagen, die auch begründet werden,
- Klarheit in dem Sinne, dass Aussagen und Empfehlungen präzise und detailliert sind,
- Gründlichkeit bei der Begutachtung, d. h., die Arbeit ist gut verstanden und das Gutachten bezieht sich sachlich auf den Inhalt des Papers,
- Fairness in dem Sinn, dass sowohl positive als auch negative Aspekte berücksichtigt werden, und
- demonstrierte Fachexpertise der Gutachterin.

Unter diesen Bedingungen ist ein Gutachten leichter annehmbar, auch wenn es harte Kritik enthält.

Unfair empfundenes Feedback Problematisch sind die Gutachten des Peer-Reviews für einen Autor, wenn zentrale Punkte nicht verstanden werden und negative Kritik nicht ausreichend begründet wird. Hat der Autor den Eindruck, dass die Gutachterin die Arbeit nur oberflächlich gelesen hat, kann er den vielleicht berechtigten Kern der Kritik umso weniger gut annehmen. Dem unbedarften Leser mag dies wie ein seltenes Phänomen vorkommen – tatsächlich ist Empörung relativ: Zu fast jeder Arbeit gibt es mindestens ein Gutachten, das beim Autor auf Unverständnis stößt.

Angesichts der Energie und des inhaltlichen Ringens, die in die Erstellung der Arbeit geflossen sind, führt ein als unprofessionell empfundenes Gutachten beim Autor zu Ernüchterung und Verärgerung. Die Bereitschaft, auf dieser Basis die Einreichung zu überarbeiten, ist gering. Veränderungsprozesse durchlaufen üblicherweise die vier Phasen Schreck, Festhalten, Loslassen, Anpassen (vgl. Weisbach, 2001, S. 377ff) – und das gilt auch für kleine ungeplante Veränderungen, zu denen wir genötigt werden. Konkret heißt das für unseren Umgang mit dem Feedback:

1. Schreck: Der erste Ärger ist erklärlich und meist schnell abgehakt. Falls nicht, verbleibt man in dieser Phase und legt die Arbeit ad acta, da sie offensichtlich nicht gut genug ist.
2. Festhalten: Der Autor verteidigt sein Konzept und seine Ideen – getreu dem Motto, dass die Gutachterin das wohl nicht richtig verstanden hat. Das kann zwar zur Schärfung der Argumentation in der Arbeit führen, wird aber substanzieller Kritik nicht gerecht.
3. Loslassen: Es gilt, die Kritik anzunehmen und vielleicht auch an manchen Stellen das eigene Konzept, die Methodik oder die Interpretation der Ergebnisse zugunsten neuer Gedanken loszulassen.
4. Anpassen: Erst wenn die Phasen zuvor durchlaufen sind, kann der Autor inhaltlich mit der geäußerten Kritik arbeiten und die Arbeit auf dieser Basis verbessern.

Aus einer Positivliste von Ernst et al. (2021) folgt durch Negation, welche Gutachteraussagen beim Autor nicht wertschätzend ankommen: unkonstruktive, unsachliche und unbegründete Äußerungen, reine Konzentration auf negative Aspekte, mangelnde Nachsicht gegenüber Nichtmuttersprachlern und Oberflächlichkeit beim Lesen des Papers und/oder zugehöriger Artefakte wie Daten oder Software.

Umsetzung des Feedbacks Viele Rückmeldungen der Gutachterinnen sind wertvoll und verbessern letztlich die Arbeit. Für Fachtagungen ist es aufgrund des engen Zeitrahmens kaum möglich, größere grundsätzliche Änderungen am Paper vorzunehmen. Daher werden die Wünsche nach Möglichkeit umgesetzt und in der Regel kommentarlos als Endfassung übermittelt. Können bestimmte Forderungen nicht umgesetzt werden, sollte das Programmkomitee (z. B. über ein Kommentarfeld der Konferenz-Management-Software) über die Gründe informiert werden.

Bei Zeitschriftenartikeln ist es üblich, im Fall größerer Änderungswünsche und Auflagen oder bei einer Überarbeitung und Neueinreichung ein Überarbeitungsschreiben (engl.

revision letter) zu verfassen. Darin wird genau dargelegt, welche Auflagen wie umgesetzt wurden. In diesem Schreiben können insbesondere verschiedene Aspekte klargestellt werden, wenn z. B. massiv andere Analysen oder Ergebnisse gefordert werden, die das Ziel und den Schwerpunkt der Arbeit verschieben würden und auf die daher verzichtet wird.

Schicksal abgelehnter Arbeiten Die Ablehnung eines eingereichten Papers ist keine Grundsatzaussage, dass die wissenschaftliche Arbeit nicht veröffentlichbar ist. Ein Autor sollte die geäußerte Kritik ernst nehmen und sie zur Verbesserung der wissenschaftlichen Ergebnisse und ihrer Aufbereitung nutzen. Es gibt viele geeignete Foren für eine Arbeit, seriöse nationale und internationale Tagungen und Zeitschriften mit unterschiedlichem Renommee, und es sollte in jedem Fall ein neuer Versuch unternommen werden, den Beitrag zu platzieren. Gewarnt sei an dieser Stelle vor Fake-Tagungen und Raubverlagen, die Einreichungen ohne ausreichende Qualitätssicherung publizieren und lediglich ein lukratives Geschäftsmodell durch hohe Autorengebühren darstellen. Im Internet gibt es verschiedene Ressourcen, die vor entsprechenden Foren warnen: Beall's List[5] mit potenziellen Raubverlegern, ein Ranking von Tagungen bei der Computing Research and Education Association of Australasia[6] und eine Checkliste zur Identifikation unseriöser Konferenzen[7].

Beispielhaft haben Cortes und Lawrence (2021) für alle bei der Tagung NeurIPS 2014 abgelehnten Arbeiten untersucht, ob sie danach in anderen Foren veröffentlicht wurden. Von den 1264 betroffenen Einreichungen wurde etwa ein Drittel auf anderen Tagungen publiziert – 11,5 % (146 Artikel) sogar auf Tagungen mit hohem Prestige. Etwa ein Fünftel der Arbeiten steht ohne Peer-Review im Internet zu Verfügung inklusive der 14 % (177 Artikel) auf der Pre-Publishing-Plattform ArXiv. Die restlichen Arbeiten (46 %) haben keine weiteren Spuren hinterlassen, wurden also evtl. gar nicht mehr weiterverfolgt oder sind in anderer Form z. B. innerhalb von Doktorarbeiten verarbeitet worden.

8.3 Aspekte des Korrekturlesens

Feedback zur eigenen Arbeit kann nicht nur über das aufwendige Peer-Review-Verfahren eingeholt werden. Jede wissenschaftliche Arbeit sollte vor ihrer Fertigstellung Korrektur gelesen werden. Und so wie bei Softwareentwicklung der Programmierer ein schlechter Tester seines eigenen Quellcodes ist, findet eine unabhängige Leserin auch bei schriftlichen Arbeiten andere Fehler und Probleme im Text als der Autor.

Voraussetzungen schaffen Ein großer Unterschied zwischen der Begutachtung einer vermeintlichen Endfassung im Peer-Review und dem Korrekturlesen eines Zwischenstands besteht in der Verbindlichkeit – viele Autoren neigen dazu, Texte in einem sehr unfertigen

---

[5] https://beallslist.net/, zuletzt eingesehen am 14.5.2024.
[6] https://portal.core.edu.au/conf-ranks/, zuletzt eingesehen am 14.5.2024.
[7] https://thinkcheckattend.org/, zuletzt eingesehen am 14.5.2024.

Zustand an Korrekturleserinnen zu übergeben. Je nach persönlichen Voraussetzungen und Fähigkeiten bezüglich Rechtschreibung und Zeichensetzung kann dies für die Korrekturleserin eine herausfordernde Aufgabe werden. Da es sich beim Korrekturlesen meist um einen kollegialen oder freundschaftlichen Dienst handelt, steht das Ergebnis in direktem Verhältnis zum Spaß an der Fehlersuche. Tiefgründige Kommentare zum logischen Aufbau einer Arbeit können im Wust falscher Kommasetzung ausbleiben oder untergehen. Aus diesem Grund sollte ein Autor vorab Werkzeuge wie z. B. die automatische Rechtschreibkontrolle (engl. *spell checker*) verwenden, um sprachliche Fehler zu beseitigen.

Auftrag Für das Korrekturlesen können letztlich dieselben Kriterien wie für das Peer-Review herangezogen werden (vgl. Abschn. 8.1). Allerdings kann eine Korrekturleserin nicht auf allen relevanten Ebenen gleichzeitig gründlich nach Fehlern und Problemen suchen. Daher sollte ein klarer Auftrag erteilt werden: Soll sie nach inhaltlichen Fehlern suchen oder nur Ausdruck und Rechtschreibung beachten? In der Tat ist es sinnvoll, unterschiedliche Personen für verschiedene Ebenen des Feedbacks einzusetzen. Manchmal sind auch fachfremde Personen gute Feedbackgeber, wenn sie mitteilen, was sie glauben, verstanden zu haben. Ein Autor sollte mit fachfremdem Feedback vorsichtig umgehen, da sich Korrekturleserinnen ohne inhaltliches Verständnis leicht von Fehlerhaftem beeindrucken lassen.

Die Korrekturleserin ist im Gegensatz zur Gutachterin im Peer-Review ausschließlich dem Autor verpflichtet – sie muss die Qualität nicht gegenüber einem übergeordneten Gremium wie z. B. einem Programmkomitee prüfen. Während dort ein großzügiges Review für den Autor positive Effekte haben kann, weil das Paper trotz qualitativer Mängel akzeptiert wird, hilft man dem Autor mit großzügigem Korrekturlesen nicht weiter. Das alleinige Ziel ist es, die Arbeit des Autors zu verbessern. Die Korrekturleserin sollte daher sorgfältig, kritisch und in ihren Kommentaren immer konstruktiv sein.

Es gibt auch Grenzen, wie weit Verbesserungsvorschläge in die Arbeit eingreifen dürfen – insbesondere bei Abschlussarbeiten als selbstständiger Prüfungsleistung. Auf Verständnisschwierigkeiten, die sich aus einer schlechten logischen Argumentation oder einem brüchigen roten Faden ergeben, ist hinzuweisen und selbige ggf. um konstruktive Vorschläge zu ergänzen. Ein Korrekturvorschlag darf jedoch nicht die Eigenleistung des Autors übertünchen, Argumente verfälschen oder Gedanken des Autors durch Ideen der Korrekturleserin ersetzen – schließlich ist es eine selbstständige Arbeit des Prüflings. Hinweise zu Fehlern in Grammatik, Rechtschreibung und Zeichensetzung sind daher zwar möglich, dürfen allerdings nicht das Level eines Lektorats erreichen.

Missverständnisse vermeiden Kommunikation ist heikel und geht oft schief, wenn Aussagen und Informationen anders ankommen, als sie gemeint sind – das gilt im Gespräch (Weisbach, 2001) ebenso wie im schriftlichen Austausch. Und da dies beim Korrekturlesen in beide Richtungen passieren kann, muss an beiden Stellen darauf geachtet werden, dass Missverständnisse ausgeräumt werden:

- Wenn Ziele, Konzepte oder Ergebnisse noch unscharf formuliert sind, ordnet die Korrekturleserin diese oft falsch in ihr Verständnis ein. Hier hilft nur, dem Autor das Verstandene zurückzuspiegeln, damit er Probleme erkennen kann. Wie in der Gesprächsführung kann zusammengefasst, mit eigenen Worten wiederholt oder klärend auf den Punkt gebracht werden (Weisbach, 2001, S. 149ff).
- Auch beim Feedback sollte die Korrekturleserin berücksichtigen, dass ihre Aussagen vom Autor falsch eingeordnet werden. Reaktionen wie „Dazu habe ich doch einen Halbsatz geschrieben!" sind normal, auch wenn die Rückmeldung eigentlich verdeutlicht, dass die Information nicht ankommt oder die Korrekturleserin deutlich weitergehende Aussagen wünscht. Kritik sollte daher detailliert und durch Angabe möglicher Maßnahmen konstruktiv sein.

Der erste Punkt soll mit einer konkreten Situation illustriert werden. Eine Bachelorarbeit liegt zwei Korrekturleserinnen vor, die unterschiedliche Signale aussenden: Einmal ist die Methodik schlecht beschrieben, und im anderen Fall sollte die generelle Aussage und der betrachtete Sonderfall klarer herausgestellt werden. Erst in der Auseinandersetzung der Korrekturleserinnen miteinander wird deutlich, dass beide völlig verschiedene Vorstellungen vom Forschungsziel der Arbeit haben. In der Konsequenz hat der Autor das einleitende Kapitel komplett überarbeitet, um Problem, Ziel und Methodik klarer abzustecken und damit für die Einordnung aller weiteren Ausführungen einen weniger missverständlichen Rahmen zu setzen. Ohne diesen „Streitfall" und die daraus resultierende Erkenntnis hätte der Autor versucht, mit kleinen punktuellen Änderungen den beiden Kritikpunkten gerecht zu werden, ohne das wesentliche Problem der Arbeit zu lösen.

8.4   Kriterien bei der Begutachtung von Abschlussarbeiten

Studentische Arbeiten, insbesondere Bachelor- und Masterarbeiten, unterlaufen im Rahmen der Notengebung ebenfalls einem Begutachtungsprozess. Dabei geht es nicht mehr um ein Feedback zur Verbesserung der Arbeit, sondern um die Einordnung ihrer Qualität in einen Notenrahmen. Auch dieser Prozess ist dem Peer-Review sehr ähnlich, allerdings mit dem Unterschied, dass er alle Aspekte des Korrekturlesens ausklammert. Ein weiterer Unterschied zum Peer-Review besteht darin, dass das Thema in der Regel im Rahmen einer Vereinbarung zwischen einer betreuenden Gutachterin und dem Autor festgelegt wurde, sodass die Rahmenbedingungen des Themas und die Historie der Bearbeitung nicht vollständig von der Begutachtung zu trennen sind.

Benotungskriterien   Die Kriterien orientieren sich an der allgemeinen Liste in Abschn. 8.1, wobei sich durch den besonderen Kontext der Benotung einer Prüfungsleistung die Gewichtung verschiebt. So wird in der Regel unterschieden zwischen

- formalen Kriterien, wie z. B. Wahl des Titels, Schreibstil, Struktur der Arbeit, Rechtschreibung und Grammatik, Länge und Layout sowie Tabellen und Abbildungen, – also Aspekten, die die Aufbereitung der Erkenntnisse betreffen – und
- inhaltlichen Kriterien, wie z. B. die wissenschaftliche Qualität, Innovationsgrad, Einleitung und klare Darstellung des betrachteten Gegenstands, Zusammenfassung der Ergebnisse und Schlussfolgerungen sowie Einbettung in die Literatur, – allesamt Aspekte bezüglich der Korrektheit, Schlüssigkeit und Relevanz der Erkenntnisse.

Durch die besondere Situation, dass häufig Gutachterinnen den Entstehungsprozess der Arbeit als Betreuerinnen begleiten, können prozessorientierte Kriterien, wie Selbstständigkeit und Verbindlichkeit, in die Notengebung mit eingehen.

Möglichkeiten der Notenfindung Es lassen sich zwei grundsätzlich verschiedene Ansätze bei der Notenfindung unterscheiden:

1. Auf der Grundlage eines schriftlichen Gutachtens werden die wissenschaftlichen Erkenntnisse der Arbeit mit den vorhandenen Mängeln abgewogen und der daraus resultierende Gesamteindruck in eine Note übersetzt.
2. Die Arbeit wird nach einem festen Kriterienkatalog bewertet. Die für die einzelnen Kriterien vergebenen Punkte werden nach einem vorgegebenen Schema gewichtet und aus der resultierenden Gesamtpunktzahl eine Note abgeleitet.

Beide Vorgehensweisen besitzen Vor- und Nachteile. Während (2) größere Objektivität suggeriert, stellt man in der Praxis oft fest, dass bestimmte Abschlussarbeiten schlecht durch ein unflexibles Bewertungsschema erfasst werden können, das wesentliche Aspekte nur unzureichend gewichtet oder unberücksichtigt lässt. Ansatz (1) wiederum erscheint flexibler und kann den individuellen Charakter und die Entstehungsgeschichte einer Abschlussarbeit besser erfassen – mit der Gefahr, dass bestimmte Aspekte subjektiv ausgeklammert werden. Dies kann bei der Erstellung des schriftlichen Gutachtens durch Verwendung eines Kriterienkatalogs abgefedert werden.

Der Autor dieses Buches ist grundsätzlich ein großer Befürworter der möglichst objektiven Notenfindung. Eine kriterien- und punktebasierte Bewertung der individuellen Leistung in einem Team-Softwareentwicklungsprojekt garantiert beispielsweise Transparenz und Fairness (Weicker, 2016, 2022): Auf einer objektiven Basis werden Abschlussberichte, Codeartefakte und mündliche Leistungen integriert, wodurch nachvollziehbar zwischen den Noten für verschiedene Teammitglieder im selben Projekt differenziert wird. Allerdings empfinde ich als Prüfer den Versuch dieser Objektivität im Ansatz (2) bei Abschlussarbeiten oft als unangemessen – zu individuell sind die Themen und Stolpersteine der Arbeiten, sodass eine unflexible, rein schematische Notenfindung der einzelnen Arbeit am Ende oft nicht gerecht wird. Haagsman et al. (2021) führen als Argumente gegen eine Notenformel an, dass die Gutachterinnen die Experten für das Thema der Abschlussarbeit sind und daher am besten selbst beurteilen können, wie sich Qualität aus unterschiedlichen Aspekten zusammensetzt und wie relevant ein Kriterium für das betrachtete Spezialgebiet ist.

Bewertungsschema   Ungeachtet der Vorgehensweise bei der Bestimmung der Note bietet sich ein Bewertungsschema (engl. *rubric*) als eine explizite Zusammenstellung von Kriterien an, welches sicherstellt, dass kein Aspekt im Zuge der Notenfindung vergessen wird. Die Kriterien eines Bewertungsschemas sind in der Regel klar definiert und werden mit Beispielen und einer Bewertungsskala veranschaulicht.

Ein ursprünglich aus dem Fachgebiet der Biologie stammendes Beispiel für ein solches Bewertungsschema sind die Fragen nach Reynolds et al. (2009), die jeweils mit „ja", „teilweise" und „nein" beantwortet werden:

1. Gesamtbild der Arbeit (engl. *high-order writing*):
   a. Ist der Text für das Zielpublikum geeignet, d. h., entspricht er dem gewünschten wissenschaftlichen Niveau?
   b. Enthält die Arbeit eine stichhaltige Begründung für die Bedeutung der eigenen Forschung im Kontext der aktuellen Literatur?
   c. Werden die Forschungsziele klar formuliert?
   d. Werden die Ergebnisse in der Arbeit kompetent interpretiert?
   e. Werden die Implikationen der Ergebnisse überzeugend diskutiert?
2. formale Aspekte (engl. *low- and mid-order writing*):
   a. Ist die Arbeit klar gegliedert?
   b. Ist die Arbeit frei von Schreibfehlern?
   c. Ist die Zitierweise im gesamten Text und im Literaturverzeichnis einheitlich und fachgerecht?
   d. Sind die Tabellen und Abbildungen übersichtlich, effektiv und informativ?
3. wissenschaftliche Qualität:
   a. Stellt die Arbeit einen bedeutenden Forschungsbeitrag dar?
   b. Ist die Literaturübersicht korrekt und vollständig?
   c. Sind die Methoden in Anbetracht der Forschungsfrage angemessen?
   d. Sind die Ergebnisse korrekt und nachvollziehbar?

Andere Bewertungsschemen versuchen, für jedes Kriterium die verschiedenen Kategorien durch Halbsätze oder anderweitige textuelle Beschreibungen klarer zu unterscheiden. Ein ebenfalls aus der Biologie stammendes Bewertungsschema nach Haagsman et al. (2021) ist in den Tab. 8.2, 8.3 und 8.4 dargestellt. Dort werden die meisten Aspekte durch mehrere Unterkriterien genauer gefasst und deren Abstufung textuell beschrieben.

Ein solches Bewertungsschema empfiehlt sich in jedem Fall. Die verschiedenen Kriterien helfen bei der Erstellung eines Gutachtens und sorgen dafür, dass alle üblichen Aspekte der Benotung berücksichtigt werden. Ist das Bewertungsschema auch den Studenten bekannt, kann es bereits während der Erstellung der Arbeit zur Selbstevaluation genutzt werden (Haagsman et al., 2021). Dadurch können Prüflinge die Schwerpunkte in der Arbeit unabhängig von einem Betreuerfeedback besser setzen.

Ob ein Bewertungsschema dabei hilft, Noten objektiver und vergleichbarer zu vergeben, ist nicht erwiesen. In einem Experiment haben Reynolds et al. (2009) geprüft, inwieweit verschiedene Gutachterinnen bei der Bewertung übereinstimmen. Dabei wurden 190 Abschlussarbeiten von geschulten Doktoranden und Post-Docs mithilfe der Fragen 1a–e und 2a–d des ersten vorgestellten Bewertungsschemas beurteilt. Für alle Fragen hat sich eine wenigstens moderate Übereinstimmung der Gutachterinnen gezeigt. Bei den Kriterien 1e (Implikationen der Ergebnisse), 2a (Gliederung der Arbeit) und 2d (Tabellen und Abbildungen) gilt sogar weitgehende Übereinstimmung. In dem durchgeführten Experiment wurden die inhaltlichen Kriterien 3a–d nicht berücksichtigt, da diese im Zweifelsfall spezifisches Expertenwissen voraussetzen.

Einflussfaktoren der Notengebung Wenn die Note nicht durch eine mathematische Formel aus der Einstufung von Einzelkriterien bestimmt wird, stellt sich die Frage, wovon sich Prüferinnen besonders beeindrucken lassen und welche Aspekte wie stark die Note beeinflussen. Genau die Frage „Wie tickt ein Prüfer?" hat zwei Untersuchungen angetrieben, die beide nicht in der Informatik durchgeführt wurden, aber einige interessante, verallgemeinerbare Einblicke zutage gefördert haben.

Haagsman et al. (2021) lagen 318 Bachelorarbeiten der Biologie vor, die durch Gutachterinnen mit dem Bewertungsschema der Tab. 8.2, 8.3 und 8.4 aber ohne Formelunterstützung benotet wurden. Die Arbeiten wurden in der Untersuchung in die Kategorien „ausreichend", „gut" und „exzellent" eingeteilt. Mittels einer Regressionsanalyse wurde eine Vorhersagemetrik gesucht, um die Arbeit anhand der 14 Kriterien des Bewertungsschemas der richtigen Kategorie zuzuordnen. Dabei hat sich gezeigt, dass die wissenschaftliche Qualität der Haupteinflussfaktor für die Notengebung ist. Gemeinsam mit wenigen anderen Kriterien können die Arbeiten den Kategorien zugeordnet werden:

- mittelmäßige wissenschaftliche Qualität und mittelmäßige professionelle Einstellung führt zu einer ausreichenden Note,
- mittelmäßig bis gute wissenschaftliche Qualität und gute Diskussion der Ergebnisse führt zu guten Noten und
- gute wissenschaftliche Qualität, gute Abstracts sowie guter Schreibstil führen zu exzellenten Noten.

Insgesamt kann man daraus ablesen, dass Autoren von Abschlussarbeiten vornehmlich auf die wissenschaftliche Qualität achten sollten. Ferner sind Aspekte wie die Struktur der Arbeit und die professionelle Einstellung wichtiger als die Rechtschreibung oder ein einprägsamer Titel.

Im Bereich der Wirtschaftswissenschaften hat Kurka (2014) ebenfalls nach einer Vorhersagemetrik für die Note der Bachelorarbeit gesucht. Durch die Prozessvorgaben der Charles

Tab. 8.2 Bewertungsschema nach Haagsman et al. (2021): Inhaltliche Kriterien

	unzureichend	ausreichend	gut
Wissenschaftliche Qualität			
– Kenntnis des Fachgebiets	keine ausreichende	ausreichende	hohes Niveau und Verständnis
– Diskussion der Ergebnisse der Literatur	fehlerhaft	korrekt	adäquat
– Argumente	nicht durch Belege gestützt	zumeist durch Belege gestützt	wissenschaftlich untermauert
– Fakten und Hypothesen	werden nicht unterschieden	werden nicht immer unterschieden	sind gut getrennt
– Integration der Einzelteile	lose Einzelinformationen	begrenzte Integration	gut integriert in neue Erkenntnisse
Einleitung und Gegenstand der Arbeit (Forschungsziel)			
– Informationsgehalt der Einleitung	unvollständig	ausreichend	genügend relevante Information sorgt für breitere Perspektive
– Prägnanz der Einleitung	enthält viel irrelevante Information	funktional und vornehmlich relevant	einprägsam und einladend
– Gegenstand der Arbeit	bleibt unklar	klar	klar und gut definiert
Diskussion/Schlussfolgerung			
– Diskussion	nicht vorhanden oder zu kurz	verknüpft lose Enden	guter Überblick der Arbeit
– Tiefe der Diskussion	fehlt	begrenzt	vertieft
– Schlussfolgerungen	fehlen oder nicht durch Ergebnisse gestützt	— im Einklang mit den Ergebnissen —	
Literaturreferenzen			
– Anzahl und Qualität	wenige (<20), kaum Primärliteratur	wenige (<20), ausreichend viele Primärliteratur	ausreichend, d.h. ≥ 20, viel Primärliteratur
– Recherche	hauptsächlich vom Betreuer	zumeist vom Autor	vollständig vom Autor
– Verweise im Text	keine oder falsche	vornehmlich korrekt im Text zitiert	komplett korrekt im Text zitiert
– Verzeichnis	unvollständig, inkonsistent	weitgehend vollständig, einheitlich, mit kleinen Fehlern	vollständig, übersichtlich und einheitlich

Tab. 8.3 Bewertungsschema nach Haagsman et al. (2021): Prozessorientierte Kriterien

	unzureichend	ausreichend	gut
Professionelle Einstellung			
– Unterstützung	in starkem Maß notwendig	regelmäßige Feedback-Sitzungen	minimales Feedback erforderlich
– Umsetzung des Feedbacks	kaum sichtbar	sinnvolle Verbesserungen	hervorragende Verbesserungen
– Engagement	nicht ausreichend bemüht	engagiert	enthusiastisch und engagiert
– Vereinbarungen/Termine	nicht eingehalten	— wurden verbindlich eingehalten —	

Tab. 8.4 Bewertungsschema nach Haagsman et al. (2021): Formale Kriterien

	unzureichend	ausreichend	gut
Titel			
– Länge und Aussagekraft	zu lang oder unpassend zum Inhalt	rechtfertigt den Inhalt	rechtfertigt den Inhalt, eingängig
Abstract			
– Verständlichkeit	unklare oder fehlende Zusammenfassung	vorhanden und klar	klar und prägnant
– Vollständigkeit	keine oder zu viel irrelevante Informationen	enthält alles Wichtige	beschreibt mit guter Gewichtung alle wichtigen Elemente
Schreibstil			
– Wissenschaftlichkeit	kaum gegeben	vornehmlich	prägnant und wissenschaftlich
– Verständlichkeit der Sätze	oft nicht richtig strukturiert, zu lang oder zu kurz	gut, bis auf wenige schlecht strukturierte Sätze	Lesen des Texts ist ein Vergnügen
– Wortschatz	wenig Variation	zumeist ausreichend	reichhaltig
– wichtige Begriffe	nicht erklärt	erklärt	gut erklärt
– Zeichensetzung	schlecht	in der Regel korrekt	gute Verwendung
Struktur			
– Reihenfolge der Absätze	unlogisch	zumeist gut	gut
– Übergänge	harte Brüche	zumeist logisch	fließend
– Gewichtung	unausgewogene Länge der Abschnitte	zumeist passen Inhalt und Länge	gut ausbalanciert
– Informationsgehalt	fehlplatzierte Informationen	passt meist zum Geltungsbereich	im Einklang mit dem Geltungsbereich
– Redundanz	häufige Wiederholungen	gelegentliche überflüssige Wiederholungen	nur wenn notwendig
– Gedankengänge	schwer nachvollziehbar	klar	klar und gut strukturiert
Rechtschreibung und Grammatik			
– Textverständnis	wird gestört und erschwert	nur unwesentlich beeinträchtigt	keine Beeinträchtigung durch Fehler
Länge und Layout			
– Länge	zu kurz bzw. zu lang	im akzeptablen Bereich	passt ideal
– Layout	uneinheitlich und nicht ansprechend	vornehmlich einheitlich und organisiert	einheitlich und gut organisiert
Abbildungen			
– Anzahl und Relevanz	zu wenig bzw. irrelevant	ausreichend und zumeist relevant	ausreichend, relevant und an die Arbeit angepasst
– Qualität	schlecht	zumeist gut	gut
– Legende	fehlend oder fehlerhaft	angemessen und gut verständlich	vollständig
– Textverweise	fehlend oder fehlerhaft, nicht im Text erläutert	gute Verweise und zumeist im Text erklärt	gute Verweise und gut erklärt

University in Prag gibt es für jede Arbeit Notenvorschläge der Betreuerin und einer unabhängig bestimmten Gutachterin. Anschließend wird jede Arbeit vor einem Prüfungskomitee verteidigt, welches die Endnote vergibt. Bei den betrachteten 100 Bachelorarbeiten konnte auf kein Bewertungsschema innerhalb der Gutachten zurückgegriffen werden. Vielmehr wurden bestimmte Kriterien manuell eingeschätzt oder im Nachhinein erhoben. Methodisch wurde per Bayesianischer Modell-Mittelung die Relevanz jeder Metrik als Prädiktor berechnet. Aus den so ermittelten Kandidaten wurde per Kleinster-Quadrate-Regression eine Vorhersageformel bestimmt. Die einflussreichsten Faktoren für eine gute Note sind:

- ein klarer Schreibstil,
- ein möglichst niedriger akademischer Grad der Betreuerin und
- ein möglichst hoher akademischer Grad der unabhängigen Gutachterin.

Für den Einfluss der akademischen Grade wird als Erklärungsversuch angeführt, dass professorale Betreuerinnen weniger stark führen und helfen als Doktoranden und Mitarbeiterinnen. Im Gegenzug könnten sie sich als unabhängige Gutachterinnen offenbar gut in fremde Themen eindenken und die dort erbrachten Leistungen würdigen.

Die wissenschaftliche Qualität war in dieser Studie kein möglicher Faktor, da sie ohne fachliche Qualifikation nur schwer im Nachhinein zu messen ist. Weitere Einflussfaktoren mit wesentlich schwächerer Ausprägung sind

- das individuelle kognitive Vermögen des Autors, was in der Untersuchung durch seine Mathematiknote im Studium repräsentiert wurde,
- eine große Anzahl an Literaturquellen,
- qualitativ hochwertige Quellen, d. h. nur wenige Internetquellen,
- mit einem negativen Einfluss eine große Anzahl an Abbildungen sowie
- ebenfalls mit negativem Einfluss eine große Anzahl an Formeln.

Dass sich Abbildungen und Formeln negativ auf die Note auswirken, erscheint auf den ersten Blick verwirrend und wird in der Studie damit erklärt, dass Autoren manchmal Halbwissen oder logische Brüche durch viele Abbildungen oder Formeln kaschieren wollten. Bezüglich des negativen Einflusses der Formeln ist auch die Erklärung denkbar, dass in Formeln Fehler wesentlich deutlicher zutage treten, weswegen der hohe Formelanteil selbst negativ ausgelegt wird. Unklar bleibt, ob die Ergebnisse spezifisch für die Wirtschaftswissenschaften oder auf andere Fachdisziplinen wie die Informatik übertragbar sind. In einigen in der Arbeit betrachteten Modellen haben die folgenden Faktoren ein positives Potenzial gezeigt, konnten in der abschließenden Regression jedoch nicht punkten: Literaturreferenzen aus hochrangigen Zeitschriften, eine Inhaltsübersicht in der Einführung, die Länge des Exposés vor Beginn der Arbeit und der Schriftsatz mit LaTeX.

Konkret kann ein Autor aus dieser Untersuchung die Hinweise mitnehmen, dass er auf einen klaren Schreibstil, eine gute Literaturrecherche und eine gut begründete Verwendung von Abbildungen und Formeln Wert legen sollte. Wichtig ist auch eine gute Absprache mit der Betreuerin im Vorfeld, damit der Betreuungsprozess für beide Seiten stimmig ist und es bei der Bewertung keine Überraschungen gibt.

Wissenschaftliche Vorträge

Erfolgreiches wissenschaftliches Schreiben mündet in vielen Fällen in eine mündliche Präsentation der Ergebnisse: Wird ein Konferenzbeitrag angenommen und veröffentlicht, ist auf der Konferenz ein Vortrag oder eine Posterpräsentation fällig; studentische Projekt- und Abschlussarbeiten sind meist mit einer Abschlusspräsentation verbunden. In diesem Kapitel thematisieren wir die Vortragsvorbereitung (Abschn. 9.1), die Foliengestaltung (Abschn. 9.2), Werkzeugunterstützung bei der Erstellung (Abschn. 9.3), das eigentliche Halten des Vortrags (Abschn. 9.4), typische Fehler (Abschn. 9.5) und die besondere Form der Posterpräsentation (Abschn. 9.6).

9.1   Planung eines Vortrags

Im Kontext dieses Buches über wissenschaftliches Schreiben wird davon ausgegangen, dass die Planung eines Vortrags auf eine schriftliche Ausarbeitung aufsetzt. Sie enthält alle für eine wissenschaftliche Arbeit relevanten Bestandteile und dient als Grundlage für die Vortragsgestaltung. Für Vorträge zu freien Themen, d. h. ohne vorheriges wissenschaftliches Arbeiten, sind die Vorgehensweisen allenfalls am Rande anwendbar.

Vortrag vs. schriftliche Ausarbeitung Ein Vortrag unterscheidet sich von einer schriftlichen Ausarbeitung durch zwei wesentliche Eigenschaften, welche die Planung eines Vortrags maßgeblich beeinflussen. Erstens ist die Zeit stark beschränkt, sodass in der Regel nie alle Details und Informationen der schriftlichen Ausarbeitung in die Präsentation einfließen können. Daraus folgt unmittelbar, dass der Vortrag seinen eigenen Fokus finden muss. Zweitens kann man im Paper oder in der Ausarbeitung vor- und zurückblättern, nachschlagen und

K. Weicker, *Wissenschaftliches Schreiben in der Informatik*, Studienbücher Informatik, https://doi.org/10.1007/978-3-662-69872-3_9

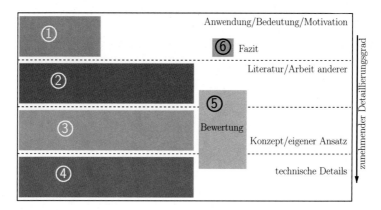

Abb. 9.1 Sicht auf die Gliederung eines Papers hinsichtlich der technischen Tiefe

sein eigenes Tempo bestimmen, während die Präsentation linear und meist ohne Interaktion während des Vortrags abläuft (Zobel, 1997, S. 141).

Für die weitere Diskussion soll die Sicht auf ein Paper oder eine Abschlussarbeit in Abb. 9.1 benutzt werden. Sie differenziert die Inhalte nach ihrem Detaillierungsgrad und geht beispielhaft davon aus, dass sich der Autor über die Abstraktionsebenen (1) Bedeutung, (2) Arbeit anderer, (3) Konzepte und (4) Details einer Problemlösung nähert. Es folgt eine Bewertung des Erreichten, die sich auf die drei letzten Ebenen beziehen kann, sowie ein Fazit, meist auf der Bedeutungsebene (1).

Kritische Vortragsgestaltung durch Weglassen Um eine schriftliche Ausarbeitung in einen Vortrag umzuwandeln, besteht die einfachste Vorgehensweise darin, so viel wegzulassen, bis es in das Vortragsformat passt. Dabei wird einfach die Gliederung der schriftlichen Arbeit übernommen und es werden so viele Einzelaspekte, Nebenschauplätze, Detailinformationen und manchmal sogar ganze Abschnitte weggelassen, bis die Vortragslänge passt. Dies wird beispielhaft in Abb. 9.2 illustriert.

Das Ergebnis sind meist wenig inspirierende Präsentationen. Sie bleiben durch Verzicht auf Details an der Oberfläche, zerfasern, erreichen die Zuhörerin nicht und werden durch fehlenden Kontext oder mangelhafte Verknüpfung der Bestandteile unverständlich. Die Gliederung einer schriftlichen Arbeit schafft es nicht, die Zuhörerin von Anfang an zu fesseln und die zentrale Aussage, das Konzept oder das Ergebnis durch den gesamten Vortrag hindurch in den Mittelpunkt der Präsentation zu rücken.

Der wissenschaftliche Geschichtenerzähler Bei der Gestaltung einer Präsentation sollte man sich bewusst sein, dass es einen Unterschied gibt zwischen der bloßen Zusammenfassung von Fakten und dem Erzählen einer spannenden und interessanten Geschichte. Möchte man sein Publikum nicht einschläfern oder langweilen, sollte ein wissenschaftlicher Vortrag laut Anholt (1994, S. 50 ff.) immer das Zweite sein.

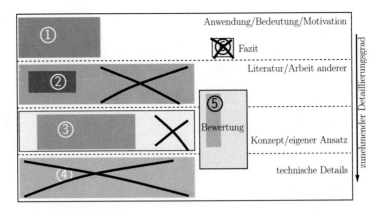

Abb. 9.2 Unvorteilhafte Gestaltung eines Vortrags durch Übernahme der Struktur des Papers und Weglassen von Informationen

Die zeitlich sehr kompakte Form eines Vortrags zwingt den Vortragenden, sich bei der Vorbereitung auf seine Botschaft zu konzentrieren: „Was ist die eine Sache, die die Zuhörerinnen in Erinnerung behalten sollen?". Peyton Jones et al. (1993) empfehlen, die Antwort auf diese Frage in den Mittelpunkt des Vortrags zu stellen und die Zuhörerinnen direkt damit zu konfrontieren. Um dies in der Vorbereitungsphase besser herauszuarbeiten, kann laut Anholt (1994, S. 18) eine Zusammenfassung der Botschaft in zwei bis drei einfachen, gut formulierten Sätzen hilfreich sein.

Noch stärker als beim Schreiben sollte beim Vortrag das Zielpublikum berücksichtigt werden. Die Zusammensetzung der Zuhörerschaft bestimmt, an welches Vorwissen der Vortrag angeknüpft und wie die eigenen Ergebnisse eingeordnet werden (Parberry, 1988). Wenn man den Vortrag innerlich als einen Dialog mit dem Publikum begreift, verschiebt sich der Fokus bei seiner Vorbereitung: Es stellt sich die Frage, was die Zuhörerinnen aus dem Vortrag lernen können und wie man als Vortragender während des Vortrags eine Beziehung zum Publikum aufbaut.

Versteht man den Vortrag als die Erzählung einer wissenschaftlichen Geschichte, ergibt sich die Handlung aus einer klar formulierten Frage und der schrittweisen Entfaltung und Herleitung einer Antwort (Anholt, 1994, S. 57). Parberry (1988) geht dabei nach dem Top-Down-Prinzip vor: Die Fragestellung wird motiviert und vorgestellt, ein Lösungskonzept wird auf einem hohen Abstraktionsgrad erarbeitet, ausgewählte technische Details werden vorgestellt und ein Fazit rundet die Geschichte ab. Das kann gut bei Geschichten funktionieren, die mit dem Lösungskonzept den wesentlichen Kern thematisieren und bei denen die technischen Details zwar Lücken füllen, aber für die Geschichte nicht wesentlich sind – Parberry (1988) schlägt dies explizit für Arbeiten der theoretischen Informatik vor.

Bei vielen Vorträgen müssen jedoch die verschiedenen Ebenen des Detaillierungsgrads aus Abb. 9.1 im Fazit aufgegriffen werden, um die Geschichte rund zu machen. Dann bietet sich das Zoom-In/Zoom-Out-Prinzip von Anholt (1994, S. 39 ff.) an: Beim Zoom-In arbeitet sich der Vortragende wie beim Top-Down-Prinzip von der Bedeutungsebene zum wichtigen

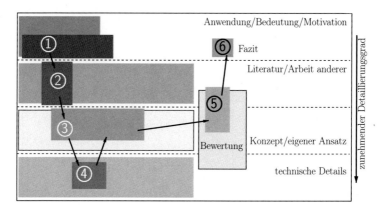

Abb. 9.3 Vortragsgestaltung nach dem Prinzip Zoom-In/Zoom-Out (sehr frei nach Anholt, 1994, S. 69)

Detail vor und ordnet die dabei gewonnenen Erkenntnisse beim anschließenden Zoom-Out auf den höheren Ebenen wieder ein. Dies ist in Abb. 9.3 beispielhaft verdeutlicht. Dieser Ansatz ermöglicht es, sowohl zu Beginn als auch am Ende des Vortrags die Bedeutung der Arbeit auf den verschiedenen Ebenen hervorzuheben. Dadurch wird die Relevanz des Themas aufgezeigt und der Ablauf des Vortrags ist durch klare logische und intellektuelle Leitplanken abgesteckt.

Die Fokussierung des Vortrags auf eine Botschaft hat Konsequenzen, denn die zahlreichen Nebenschauplätze der wissenschaftlichen Arbeit finden darin keinen Platz. Da Nebenhandlungen den Fluss der Haupthandlung behindern, sollten sie vermieden werden. Sollte dennoch eine Information aus einem Nebenschauplatz notwendig sein, so ist nach Anholt (1994, S. 67 f.) der notwendige Exkurs mit Anfang und Ende klar zu benennen, so knapp wie möglich zu fassen und danach die Haupthandlung wieder an dem Punkt vor dem Exkurs fortzusetzen.

Logischer Aufbau Aufgrund der linearen zeitlichen Struktur einer Präsentation müssen die einzelnen Teilschritte streng logisch aufeinander aufbauen (Anholt, 1994, S. 74). Dies bedeutet auch, dass sich der Vortrag auf das Notwendigste beschränkt (Peyton Jones et al., 1993). Die Vorgehensweise von Zobel (1997, S. 140) schlägt die folgenden Schritte vor:

1. Auswahl des einen Ergebnisses/Konzepts, das die Zuhörer lernen sollen,
2. Identifikation der Informationen, die zum Verständnis des Ergebnisses notwendig sind – es resultiert oft ein Baum mit der Gesamtaussage an der Wurzel,
3. Ausdünnen und Verdichten des Baums und
4. Überführung in die lineare Form der Präsentation.

Bei der Erstellung des Destillats für den Vortrag darf der Vortragende jedoch nicht der Versuchung erliegen, die Probleme und Schwächen der eigenen Arbeit zu verschweigen

(Peyton Jones et al., 1993) – diese müssen in jedem Fall im Vortrag angemessen dargestellt werden.

Ein packender, interessanter Einstieg In jeder Präsentation hat man nur eine Chance, die Zuhörerschaft zu begeistern und zu fesseln. Gelingt der Einstieg nicht, sinkt die Aufmerksamkeit während des Vortrags und es wird umso schwieriger, die Zuhörerinnen mit brillanten Ergebnissen und guter Vortragstechnik wieder für sich zu gewinnen. Daher sollte der Beginn eines Vortrags einerseits überraschen oder gar verblüffen und andererseits das zentrale Thema, die eigene Botschaft, in den Mittelpunkt stellen. Ein umfangreicher Literaturüberblick ist für den Einstieg eher ungeeignet, stattdessen kann ein prägnantes Beispiel besser in die Problematik des Vortrags einführen (Peyton Jones et al., 1993). Häufig liefert ein unerwartetes Szenario, ein Fakt oder eine Analogie einen motivierenden Aufhänger für den Rest des Vortrags.

Ein solcher Aufhänger kann ganz unterschiedlich ausgeprägt sein, z. B. eine Statistik oder Umfrage, ein Blick in kontroverse Fachdiskussionen der Vergangenheit oder eine gute Analogie aus einem ganz anderen Kontext. Im Folgenden wird jede Kategorie durch ein kleines Beispiel veranschaulicht.

- Ein Vortrag, der inhaltlich das Schwachstellenmanagement in der IT-Sicherheit berührt, kann beispielsweise mit einer entsprechenden Aussage aus einer Umfrage („according to the Ponemon Institute survey (2019), only 44 % of organizations used automated solutions for patch management"[1]) eingeleitet werden.
- Ein Vortrag über Garbage-Collection und neue Konzepte der Speicherverwaltung könnte mit einem Rückblick auf die Zeit eingeleitet werden, in der die kompetitive Umsetzbarkeit dieses Ansatzes grundsätzlich infrage gestellt wurde: „No explicit guidance based on experimental evidence is yet available on how to do this collection efficiently or in real time" (Cohen, 1981).
- Ein Vortrag, der sich mit der Speicherung, Erfassung oder Verarbeitung von Metadaten befasst, könnte das Konzept der Metadaten durch eine Analogie einführen, indem er beispielsweise die Pinakes der Bibliothek von Alexandria als antike Entsprechung vorstellt.

In allen Fällen bietet es sich an, spätestens in der Schlussbemerkung den Aufhänger im Kontext der eigenen Ergebnisse noch einmal im Rahmen des Zoom-In/Zoom-Out aufzugreifen. Oft ist es auch möglich, den Bezug bereits im Vortrag bei der Vorstellung der eigenen Konzepte herzustellen.

Einführender Vortragsteil Zu Beginn der Präsentation sollte der Vortragende laut McGeoch und Moret (1999) sowie Parberry (1988)

---

[1] https://www.scappman.com/post/why-companies-dont-patch, zuletzt eingesehen am 16.6.2024.

- das behandelte Problem vorstellen bzw. definieren,
- dem Publikum erklären, warum das Problem interessant ist,
- die relevanten Begriffe und Grundlagen vorstellen,
- das Problem in die wichtigsten Ergebnisse aus der Literatur einordnen,
- die eigenen Ergebnisse vorstellen, die im weiteren Verlauf des Vortrags näher ausgeführt werden, und
- den Zuhörerinnen eine klare Vorstellung davon vermitteln, was sie im weiteren Verlauf des Vortrags zu erwarten haben.

Die Reihenfolge ist dabei nicht vorgegeben, sondern ergibt sich individuell aus dem eigenen Thema mit seinen spezifischen Facetten. So kann z. B. der zweite Punkt auch mit dem vorletzten zusammenfallen, da sich anhand der eigenen Ergebnisse die Motivation gut illustrieren lässt. Bei den Grundlagen und der Literatur sollten Standardergebnisse nicht einfach vorausgesetzt, sondern den Zuhörerinnen in Erinnerung gerufen werden (Parberry, 1988). Der Vortragende muss sich bewusst sein, dass sein komplexes mentales Wissensnetz mit unzähligen Querverbindungen den Zuhörern unbekannt ist (Anholt, 1994, S. 76). Auch wenn wichtige Ergebnisse aus der Literatur nicht zwingend benötigt werden, sollte die Gelegenheit genutzt werden, die Arbeit anderer zu würdigen, was als Nebeneffekt einen Sympathiebonus beim Publikum mit sich bringt (Anholt, 1994, S. 48). In diesem eher einführenden Vortragsteil sollten allerdings noch keine detaillierten Algorithmen oder technischen Konzepte vorgestellt werden (McGeoch & Moret, 1999).

Hauptteil Im Kern des Vortrags müssen die Hauptergebnisse der eigenen Arbeit sowohl zusammengefasst als auch bezüglich ihrer Bedeutung eingeordnet werden (Parberry, 1988). Ferner muss hinreichend viel Detailinformation präsentiert werden, dass die Zuhörerinnen den Erkenntnisprozess nachvollziehen können. Bei einer empirischen Arbeit müssen die Rahmenbedingungen der durchgeführten Experimente ebenso beschrieben werden wie die Details und die Bedeutung der gewonnenen Erkenntnisse (McGeoch & Moret, 1999). Bei eher theoretischen Arbeiten sollte eine grobe Skizze des gesamten Beweises präsentiert werden, ergänzt um Beweisdetails für ein wichtiges Teilergebnis (Parberry, 1988).

Abschluss der Präsentation Die Schlussfolgerung sollte kurz und prägnant formuliert sein. Anholt (1994, S. 86 f.) empfiehlt, höchstens eine Hauptaussage mit maximal drei Nebenaussagen zu präsentieren – wenn möglich eher weniger. Dabei ist weniger der Ausblick auf große, zukünftige Arbeiten interessant als die Rückschau auf das Geleistete und die sich daraus ergebenden offenen Fragen (Parberry, 1988). Folgt der Vortragende der Zoom-In/Zoom-Out-Technik, wird hier die Einführung in das Thema wieder aufgegriffen, und die eigenen Resultate werden in den entsprechenden Kontext gestellt (Anholt, 1994, S. 85 f.).

Durchgängige Vortragselemente Durch die kompakte Darbietung eines Vortrags bietet es sich an, die Präsentation als äußerlich und inhaltlich geschlossene Einheit zu gestalten.

Zentrales Element sollte die Hauptaussage bzw. die Botschaft an die Zuhörerinnen sein. Wird die Botschaft immer wieder aus verschiedenen Perspektiven und mit unterschiedlicher Präzision dargestellt (Parberry, 1988), unterstützt der Vortragende sein Publikum dabei, seinen Gedankengängen zu folgen und sich das gesamte Aussagekonstrukt mental und intellektuell zu erschließen. Anholt (1994, S. 20 f.) formuliert diese gefühlte Redundanz im Vortrag bewusst provokativ: „Tell them what you're going to tell them. Tell them. Then tell them what you've told them." Damit wird als Nebeneffekt auch das zweite durchgängige Vortragselement erreicht, nämlich in den verschiedenen Vortragsabschnitten immer wieder den Bezug zum großen übergeordneten Thema herzustellen.

Möchte man den Vortrag inhaltlich noch stärker fokussieren, bietet sich ein durchgängiges Beispiel als Kristallisationspunkt für die inhaltliche Diskussion an. In der einfachsten Variante wird das Beispiel an mehreren Stellen aufgegriffen und daran die fachlichen Inhalte erläutert. Man kann allerdings auch den gesamten Vortrag rund um ein Beispiel konstruieren, wodurch sich seine Struktur noch weiter von der zugehörigen schriftlichen Arbeit entfernt, als dies sonst die Regel ist. Die resultierende Vortragsstruktur ist in Abb. 9.4 veranschaulicht.

Ein konkretes Beispiel, das ein durchgängiges Beispiel im Vortrag benutzt, wird in den Folien in Abb. 9.5 gezeigt. Der Vortrag wurde zur Veröffentlichung von Waßmann & Weicker (2012) gehalten und zeigt, wie mittels einer Netzwerkmodellierung und Maximaler-Fluss-Algorithmen die Stabilität einer zweidimensionalen Struktur aus Klemmbausteinen heuristisch bewertet werden kann. Ein Beispiel bestehend aus vier Klemmbausteinen zieht sich durch alle inhaltlichen Abschnitte des Vortrags und alle Berechnungsschritte werden an diesem Beispiel veranschaulicht. Auf Folie 13 (rechts Mitte) wird die Struktur modifiziert, um zu zeigen, wie ein Gegengewicht die Berechnung der in der Struktur wirkenden Drehmomente verändert. In der Motivation wurde auf dieses Beispiel verzichtet, da dort mit einem Beispiel aus der Literatur besser motiviert werden konnte. In der Diskussion taucht die betrachtete Struktur mit anders dimensionierten Steinen als Teil eines größeren Tragwerks auf.

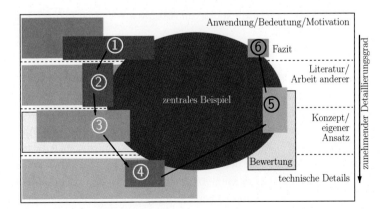

Abb. 9.4 An einem durchgängigen Beispiel ausgerichtete Vortragsgestaltung

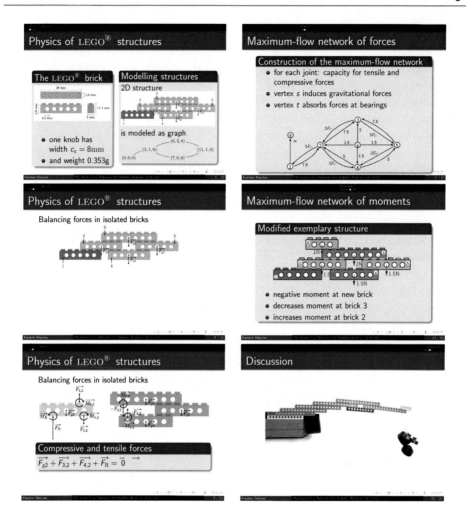

Abb. 9.5 Präsentationsfolien aus einem Vortrag zur Arbeit von Waßmann & Weicker (2012), die ein durchgängiges Beispiel benutzt

Planung des zeitlichen Ablaufs In der Regel steht für einen Vortrag ein festes Zeitfenster zur Verfügung – dies gilt sowohl für Fachtagungen als auch für studentische Prüfungssituationen, in denen die Prüfungsordnung bzw. der Prüfungsplan einen Zeitrahmen vorgibt. Als wichtigste Grundregel darf die vorgegebene Zeit niemals überschritten werden (Parberry, 1988; Anholt, 1994, S. 16 f.). Bei Fachtagungen kann die Zeitangabe auch die anschließende Diskussion beinhalten, sodass von der reinen Vortragszeit ca. 5 min abzuziehen sind (Parberry, 1988). In jedem Fall ist es ratsam, vorab zu klären, ob das Zeitfenster inklusive oder exklusive der Zeit für die Diskussion zu verstehen ist.

Pro Folie ist mit 1–4 min Vortragszeit zu rechnen – dies ist abhängig vom Vortragsstil und der prozentualen Gewichtung von Folieninhalt und freier Erläuterung des Inhalts. Als Richtwert gibt Anholt (1994, S. 22) 2 min pro Folie an, während Parberry (1988) von 1–2 min und bei kurzen Tagungsvorträgen gar eher von 1 min ausgeht. Diese Angaben kann man benutzen, um sehr früh in der Vortragsplanung die Anzahl der Folien und damit Struktur und Ablauf zu planen. Ein zweiter wichtiger Aspekt ist ein gutes zeitliches Gleichgewicht zwischen den Einzelteilen. Für einen 45-minütigen Vortrag empfiehlt Anholt (1994, S. 22) 10 min für die Einleitung, 30 min für den Hauptteil und 5 min für Zusammenfassung und Schlussfolgerung. Eine 25-minütige Präsentation würde mit ähnlichen Proportionen geplant werden: 5 min für die Einleitung, 17 min für den Hauptteil und 3 min für den Schluss.

Die Erstellung und Planung der Präsentationsfolien ist allerdings nur die halbe Vorbereitung. Auch die elegante, knappe und präzise Erläuterung anhand der Folien muss gut überlegt und geplant sein. Und für die konkrete Zeitplanung muss der Vortrag geprobt werden. Dabei ist zu bedenken, dass ein und derselbe Vortrag vor unterschiedlichem Publikum Anpassungen im gesprochenen Text erfordert und daher auch neu geübt und geprobt werden muss (Anholt, 1994, S. 27). Je freier im Vortrag gesprochen und je weniger abgelesen wird, desto lebendiger wirkt der Vortrag. Daher sollte die Vorbereitung so gut sein, dass möglichst wenig Karteikarten oder Bildschirmnotizen in einem Präsentationsmodus benötigt werden. Gerade bei Präsentationen zu eigener Forschung ist meist weniger der Inhalt als die richtige, elegante Formulierung der Schwerpunkt des Übens und Probens.

Trotz bester Vorbereitung kann es vorkommen, dass am Tag des Vortrags nicht alles nach Plan läuft. Technische Probleme, unerwartete Zwischenfragen oder andere Schwierigkeiten können den Zeitplan durcheinander bringen. Um solchen Situationen vorzubeugen, wird in der Vorbereitung ein Plan B erstellt: Man überlegt sich, welche Abkürzungen im letzten Drittel möglich sind und wie man dadurch bestimmte Details fast unmerklich überspringen kann (Deininger et al., 1992, S. 48). Ein besonders elegantes Mittel sind hierfür unsichtbare Hyperlinks, die auf eine spätere Folie verweisen.

9.2   Gestaltung der Präsentationsfolien

Die Bezeichnung „Präsentationsfolie" ist wie der englische Begriff *presentation slide* historisch geprägt. Er bezieht sich auf die heute fast ausgestorbenen Overheadprojektoren, auf die eben jene durchsichtigen, beschriebenen oder bedruckten Folien aufgelegt wurden. In diesem und den weiteren Abschnitten wird nur auf die heute übliche Erstellung am Computer und Präsentation mit dem Beamer eingegangen.

Titelfolie und Basisdaten Die erste Folie muss zwingend den Titel des Vortrags, den Namen des Vortragenden und seine Hochschule bzw. sein Unternehmen enthalten (Dupré, 1998, S. 486). Optional können auch das Vortragsdatum und der Name der Fachtagung oder Veranstaltung hinzugefügt werden. So kann die erste Folie bereits während der Einführung

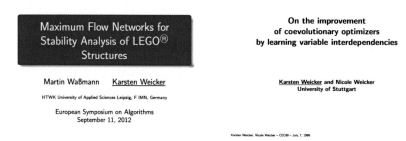

Abb. 9.6 Beispiele für die Gestaltung einer Titelfolie

durch einen Moderator oder beim Eintreffen des Publikums nach einer Kaffeepause gezeigt werden. Abb. 9.6 zeigt zwei Beispiele für Titelfolien. Beruht der Vortrag auf einer schriftlichen Arbeit von mehreren Autoren, ist es üblich, alle Autoren auf der Titelfolie aufzuführen und den Vortragenden z. B. durch Unterstreichung zu kennzeichnen.

Zusätzlich sollen auf jeder weiteren Folie der Name des Vortragenden, der Titel, ggf. das Datum und die Nummer der Folie angegeben sein. Die Foliennummer erlaubt es den Zuhörerinnen, in der späteren Diskussion direkt auf eine Folie Bezug zu nehmen. Dies ist beispielsweise in den Folien in Abb. 9.5 erkennbar: Am unteren Rand der Präsentationsfolien sind Vortragender und Vortragstitel jederzeit präsent. Die Foliennummer und die Anzahl der Gesamtfolien ist unten rechts erkennbar. Die beiden Folien links in der Mitte und links unten haben die gleiche Foliennummer, da dort mit der Grafik gearbeitet wird und Details eingeblendet werden.

Übersichtsfolie für Inhalt Viele Vorträge beginnen nach der Titelfolie mit einer Übersichtsfolie, also einem Inhaltsverzeichnis – das ist ein denkbar schlechter und demotivierender Einstieg in einen Vortrag. Dupré (1998, S. 486) empfiehlt stattdessen, zunächst auf einer Folie das betrachtete Problem oder einen motivierenden Aufhänger zu thematisieren. Eine Übersichtsfolie ist dann höchstens als dritte Folie eine Option.

Gerade bei studentischen Vorträgen wird von vielen Betreuern und Prüfern eine Übersichtsfolie erwartet. Sie kann auch einen entsprechenden Mehrwert bieten:

- Die Erwartungen der Zuhörerinnen können klar abgesteckt werden und
- der Vortragende kann sich auf diesen Überblick im Vortrag beziehen, um die Zuhörerinnen wieder einzusammeln und zu verdeutlichen, wo er sich inhaltlich gerade befindet.

Der Autor dieses Buches ist allerdings selbst kein Freund der Übersichtsfolie, da sie meist für einen Metavortrag verwendet wird – insbesondere dann, wenn das betrachtete Problem nicht auf einer Folie zuvor dargestellt wurde. Die bloße, wortreiche Erläuterung der Gliederung eines Vortrags bleibt vom Inhalt losgelöst und stellt eine Verschwendung von Vortragszeit dar. Stattdessen sollte eine solche Folie inhaltlich genutzt werden, z. B. um zu erläutern,

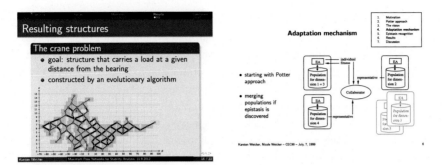

Abb. 9.7 Beispiele für die durchgängige Anzeige des Aufbaus eines Vortrags: in der links dargestellten Folie am oberen Folienrand, wobei jede einzelne Folie als Punkt dargestellt wird, und in der
rechts dargestellten Folie als Kasten in der oberen rechten Ecke

warum die Aspekte in dieser Reihenfolge präsentiert werden (Dupré, 1998, S. 486) oder um
bereits einen Einblick in die verwendete Methode zu geben (z. B. „Die in *Interviews* ermittelten Anforderungen resultierten in einem *Konzept*, das in den anschließenden *Experimenten*
empirisch untersucht und validiert wurde.").

Das Einsammeln der Zuhörerinnen als zweiter, oben genannter Vorteil einer Überblicksfolie kommt nur dann zum Tragen, wenn die inhaltliche Übersicht im weiteren Verlauf des
Vortrags immer wieder gezeigt wird – oder besser: ständig präsent ist. Es empfiehlt sich
daher, die Gliederung des Vortrags und die aktuelle Position auf jeder Folie anzuzeigen
(Dupré, 1998, S. 487 f.). Wie dies realisiert werden kann, ist an zwei Beispielen in Abb. 9.7
dargestellt.

Richtgrößen Für Präsentationsfolien wird eine große, serifenlose Schrift empfohlen. Das
klarere Schriftbild und der größere Zeichenabstand ermöglichen eine gute Lesbarkeit auch
für entfernt sitzende Zuhörerinnen. Außerdem wird auf Folien vornehmlich mit Stichworten
gearbeitet, sodass der Vorteil der Serifen, eine Zeile im Text besser halten zu können, nicht
zum Tragen kommt. Konkret sollten die Schrift so groß gewählt werden, dass sie am Com-
puterbildschirm auch noch aus 2 m Entfernung gut lesbar ist. Anholt (1994, S. 106) merkt
hierzu an, dass die Schriftgröße auf den Folien nicht zu groß sein kann. In der Regel sollten
nicht mehr als 10–12 Zeilen Haupttext auf einer Präsentationsfolie untergebracht werden.
Ein schlechtes Beispiel für die Gestaltung von Folien sind Vorlesungsfolien vieler Dozen-
tinnen, die gleichzeitig Skript sein sollen; zudem entspricht der Vortragsstil einer Vorlesung
meist nicht der Dynamik eines wesentlich kürzeren wissenschaftlichen Vortrags, was sich
ebenfalls in den Folien niederschlägt.

Simplify your slides Jede Präsentationsfolie muss von den Zuhörerinnen erfasst und verstanden werden. Das bedeutet, dass sehr volle Folien mehr intellektuelle Aufmerksamkeit
erfordern als einfache Folien. Wenn ein Vortragender der Idee erliegt, ganze Sätze auf seine

Folien zu packen, bleiben ihm eigentlich nur zwei Möglichkeiten: (a) er liest seine Folien vor oder (b) er lässt sein Publikum selbst lesen und erzählt dazu etwas anderes. Beides sind schlechte Vortragsstile, denn (a) ist unglaublich langweilig und (b) überfordert fast alle Menschen, die nicht gleichzeitig lesen und zuhören können. Folglich gilt die Grundregel: Ganze Sätze gehören nicht auf Vortragsfolien (Deininger et al., 1992, S. 47).

Vortragsfolien sollten so gestaltet sein, dass sie die wichtigsten Aspekte und Aussagen für die Zuhörerinnen hervorheben und dem Vortragenden ausreichend Hilfestellung während des Vortrags geben (Parberry, 1988). Da die Bedürfnisse dieser beiden Vortrags-Stakeholder weit auseinander liegen können, muss bei der Vorbereitung der Folien die richtige Balance gefunden werden. Grundsätzlich gehört alles erläuternd Gesprochene nicht auf die Folien. Darüber hinaus ist jede Entscheidung für oder gegen eine Information auf den Folien von der Überlegung geprägt, welche Details für den Vortrag unbedingt notwendig sind und wie möglichst viele Details weggelassen werden können, weil sie der erzählten Geschichte nicht dienlich sind (Anholt, 1994, S. 106). Für die Gestaltung der Folien werden hauptsächlich Stichworte, Zeichnungen, Messkurven und andere Abbildungen verwendet (Parberry, 1988). Auch Definitionen sind möglich, falls deren Präzision benötigt wird und Mehrdeutigkeiten zu beseitigen sind.

Auch in Form und Gestaltung der Präsentationsfolien spiegelt sich das Grundprinzip wider, den Erzählfluss zu unterstützen (Anholt, 1994, S. 106). So sollte der Stil aller Folien einheitlich sein, um nicht vom Inhalt abzulenken. Der Einsatz von Farbe ist sparsam und dezent, auf multimediale Effekte wie Animationen oder inhaltslose Folienübergänge wird verzichtet (Dupré, 1998, S. 484) und Verzierungen wie grafische Icons oder Memes, die keinen Inhalt transportieren, werden weggelassen. Vorsicht ist auch bei der Technik geboten, welche die einzelnen Stichworte auf einer Folie nach und nach erscheinen lässt: Dies bremst den Vortragenden durch die zusätzliche technische Interaktion, lässt der Zuhörerin wenig Zeit, die neu erscheinenden Texte zu lesen, und zeugt von wenig Vertrauen des Vortragenden in seine Präsentationsfolie als Ganzes bzw. sein Publikum.

Jede Folie innerhalb der Präsentation erfüllt eine Aufgabe – und es sollte tatsächlich nur eine Aufgabe sein. Wenn ein Vortragender beim Vereinfachen seines Vortrags feststellt, dass durch das Weglassen von Details und Erläuterung eine Folie nur noch spärlich gefüllt ist, ist dies kein grundsätzliches Problem: lieber eine gut verständliche Folie zu einem Thema als gut gefüllt zu mehreren Themen. In der Vorbereitung eines Vortrags empfehlen Spillman und Parberry (2000), sich für jede Vortragsfolie zu überlegen, was deren Zweck und Schlussfolgerung im Kontext des gesamten Vortrags ist. Manchmal kann es sogar nützlich sein, den Zuhörerinnen die Schlussfolgerung auf jeder Folie schriftlich zu präsentieren, um Missverständnissen beim stärker visuell veranlagten Teil des Publikums vorzubeugen.

Je einfacher und wortärmer die Folien beim Vereinfachen werden, umso mehr Sorgfalt ist hinsichtlich der Rechtschreibung angebracht – denn jeder Fehler wird im Vortrag besonders auffallen (Dupré, 1998, S. 503) und ungewöhnlich groß erscheinen.

Grafische Elemente Die meisten Menschen können visuell aufbereitete Information leichter verarbeiten als reinen Text, was sich in dem bekannten Sprichwort „Ein Bild sagt mehr als tausend Worte" widerspiegelt. Aus diesem Grund ist z. B. ein konzeptuelles Bild besser geeignet als eine Ansammlung von Stichworten, um daran im Vortrag neue Ideen zu erläutern. Ebenso lassen sich komplexe Vorgänge oder Fragestellungen oft leichter an einem kleinen Beispiel erklären, das darüber hinaus visuell aufbereitet werden kann. Bei empirischen Arbeiten sind Auswertungen von Messwertreihen besser verständlich, wenn sie anhand eines Diagramms statt einer mit Zahlen gefüllten Tabelle präsentiert werden (McGeoch & Moret, 1999).

Bilder und Veranschaulichungen sind häufig bereits Teil der schriftlichen Arbeit, die dem Vortrag zugrunde liegt. Daher ist die Versuchung groß, diese Elemente im Vortrag einfach wiederzuverwenden. Grafische Elemente dienen im Vortrag jedoch einem anderen Zweck als im Paper und müssen daher dem Fokus des Vortrags angepasst werden (Anholt, 1994, S. 95). Letztlich werden Bilder und Grafiken auf den für den Vortrag relevanten Kern reduziert, sodass man sie gut erklären und den Beitrag zum Ganzen herausstellen kann. Dieses Prinzip gilt auch für Diagramme, bei denen z. B. die Anzahl der Linien stark reduziert werden sollte, um die enthaltenen Informationen leicht erfassbar zu machen (Anholt, 1994, S. 96 ff.).

In der visuellen Gestaltung ist die Einfachheit das oberste Prinzip. Balken in Diagrammen oder Vierecke, die Komponenten repräsentieren, gewinnen keinen Mehrwert durch eine dritte Dimension und bleiben deshalb zweidimensional. Der Einsatz von Farben sollte wohlüberlegt erfolgen und dieselbe Farbe konsistent im gesamten Vortrag für das gleiche Objekt oder mit derselben Semantik eingesetzt werden (Dupré, 1998, S. 484). Zu kleine Schrift ist insbesondere in den grafischen Elementen eines Vortrags zu vermeiden (vgl. Dupré, 1998, S. 489 ff.). Das ist auch der Grund, warum Standard-UML-Diagramme oder große Screenshots selten Teil eines guten Vortrags sind. Generell kann ein zu kleiner, unleserlicher Text nicht mit einem mündlichen Hinweis (z. B. „Sie können das vermutlich nicht erkennen, aber Sie verstehen die Idee.") gerechtfertigt werden (Deininger et al., 1992, S. 47).

Komplexe Sachverhalte Je komplizierter eine Folie bzw. je komplexer der dargestellte Sachverhalt ist, desto mehr Zeit benötigt eine Zuhörerin, um den Inhalt zu verstehen (Deininger et al., 1992, S. 47). Damit steigen die Anforderungen an den Vortragenden, der durch geschicktes Führen durch die Folie das Publikum maßgeblich unterstützen kann. Oft hilft es, komplexe Ideen so einfach wie möglich zu erklären – Analogien, alltägliche Situationen oder die Sicht auf neue Ideen im Kontext alter Paradigmen können dabei hilfreich sein (Dupré, 1998, S. 494).

Formale Bestandteile wie Definitionen und Theoreme sollten immer anhand eines Beispiels veranschaulicht werden (Peyton Jones et al., 1993), wie auch jeglicher komplexer Sachverhalt am Beispiel erklärt wird. Ob in einem Vortrag mathematisch-logische Formeln erforderlich sind, hängt vom Thema und vom Zielpublikum ab. In jedem Fall sollten Formeln oder auch Quelltext immer erst nach einer informellen Erklärung präsentiert werden.

Die Verwendung von Bildern und grafischen Veranschaulichungen zur Erläuterung komplexer Sachverhalte ist immer eine gute Idee. Allerdings verschiebt ein komplexes, nicht intuitiv erfassbares Bild das Problem nur auf eine andere Ebene. Manchmal können Farben helfen, die Komplexität aufzubrechen (Anholt, 1994, S. 118), z. B. indem verschiedene Bestandteile des Bildes entsprechend ihrer Bedeutung unterschiedlich eingefärbt werden. In vielen Fällen hilft ein schrittweiser Bildaufbau, bei dem das Bild entlang des erläuternden Erzählfadens vervollständigt wird (Anholt, 1994, S. 114 ff.). Dies ist eine sehr hilfreiche und bewährte Technik, die es dem wissenschaftlichen Erzähler ermöglicht, seine Geschichte transparent zu halten und gleichzeitig voranzutreiben – im Gegensatz zur oben erwähnten schrittweisen Enthüllung einer Stichwortliste, die höchstens einen kurzen Aha-Effekt hervorruft. Lässt sich ein komplexes Bild nicht vereinfachen, sollte der Vortrag so geplant werden, dass die Zuhörerin zunächst mit der Schlussfolgerung konfrontiert wird, die dann im Bild gezeigt und erläutert wird (Anholt, 1994, S. 119 f.).

Vortragsende Die Folien am Ende der Präsentation sollten knapp und präzise sein, sodass das Vortragsende nicht in die Länge gezogen wird. Dupré (1998, S. 488 f.) empfiehlt den Vortrag mit zwei Folien zu beenden:

- einer Schlussfolgerungsfolie, die den Titel oder die konkret bearbeitete Forschungsfrage aufgreift – „was wurde erreicht?" –, und
- einer Abschlussfolie, welche die Ergebnisse in das übergeordnete Gesamtbild einordnet und ggf. konkrete offene Fragen benennt – „was bedeutet es?".

Je nach Thema und Erzählfluss kann der Inhalt der oben angeführten Abschlussfolie auch am Ende der vorgestellten Ergebnisse besser aufgehoben sein. Dann endet der Vortrag mit der Schlussfolgerungsfolie.

Zu vermeiden ist die inzwischen weit verbreitete Unsitte, Vorträge mit einer Folie zu beenden, auf der sich der Vortragende für die Aufmerksamkeit bedankt und um Fragen bittet – beides reicht mündlich. Vielmehr sollten die Ergebnisse oder Schlussfolgerungen als Ausgangspunkt für die Diskussion noch sichtbar sein. Auch eine Folie mit der verwendeten Literatur ist für das Publikum nicht hilfreich – in der Regel gibt es eine zugehörige schriftliche Ausarbeitung, in der die interessierte Zuhörerin später nachschlagen kann.

9.3   Technische Hinweise zur Folienerstellung

Ähnlich wie bei der Wahl des Textsatzsystems muss vor der Erstellung der Präsentationsfolien eine entsprechende Softwareentscheidung getroffen werden. Oft ist es naheliegend, in derselben Systemwelt wie bei der schriftlichen Arbeit zu bleiben. Dies ist jedoch keine Selbstverständlichkeit, wie im Folgenden anhand der unterschiedlichen Vor- und Nachteile der Lösungen diskutiert wird.

Grundsätzlich wird die Wahl des Werkzeugs davon beeinflusst, wie später präsentiert werden soll. So kann es bei Fachtagungen vorkommen, dass der Vortragende nicht sein eigenes Notebook verwenden kann, sondern einen vorgegebenen Präsentationsrechner nutzen muss. Dies kann dadurch begründet sein, dass der Zeitverlust beim Wechsel zwischen Vortragenden minimiert werden soll oder Rahmenbedingungen durch Aufzeichnung oder Streaming bestimmt werden. Daher ist es am besten, den Vortrag als PDF-Datei zu exportieren. So kann man mit jeder technologischen Lösung beim Vortrag klar kommen. Auch für den Fall, dass das eigene Notebook aus anderen Gründen nicht genutzt werden kann, ist ein USB-Stick mit der PDF-Datei des Vortrags die Rettung.

Powerpoint und Office Impress Wie schon die Textverarbeitungsprogramme haben die Präsentationsprogramme der Office-Lösungen den Vorteil, dass sie den Studenten seit ihrer Schulzeit vertraut sind. Darüber hinaus erlaubt der Ansatz, Text- und Bildelemente beliebig platzieren zu können, maximale Flexibilität und Freiheit bei der Gestaltung der Folien. Oft wird die freie Verfügbarkeit einer großen Anzahl an Folienvorlagen als großes Plus angeführt, welches optisch ansprechende Präsentationsfolien mit wenig gestalterischem Aufwand verbindet. Der letzte Punkt kann vorsichtig mit einem Fragezeichen versehen werden, da er dem Prinzip „Simplify your Slides" widerspricht.

Gerade bei Studenten erfreut sich der Präsentationsmodus von Powerpoint großer Beliebtheit, bei dem die Präsentation auf einem externen Bildschirm angezeigt wird und am Notebook eigene Notizen und die nächste Folie einsehbar sind (vgl. Abb. 9.8). Bei guter Vorbereitung sollte diese Hilfestellung kaum benötigt werden und kann bei Tagungen unter den gegebenen Umständen nicht immer genutzt werden.

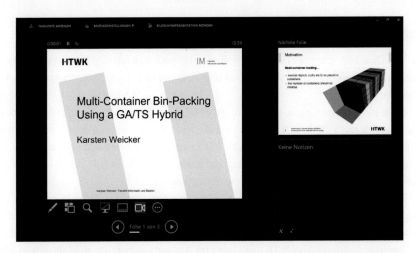

Abb. 9.8 Der Präsentationsmodus von Powerpoint zeigt dem Sprecher Notizen und die nächste Folie während des Vortrags an

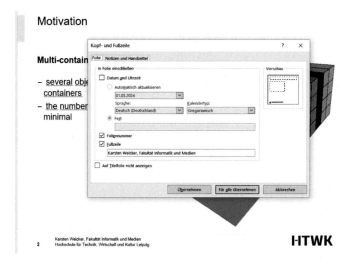

Abb. 9.9 Die Konfiguration der Fußzeile ermöglicht in Powerpoint die Anzeige der Foliennummer auf den Präsentationsfolien. Links unten ist die Nummer der aktuellen Folie zu erkennen

Office-Lösungen: Nummerierte Folien

Über die konfigurierbare Fußzeile kann in Powerpoint auf sehr einfache Art eine Nummer auf jeder Folie angezeigt werden. Die entsprechenden Einstellungen findet man in der Menüleiste „Einfügen" unter dem Punkt „Kopf- und Fußzeile". Das Fenster mit den Einstellmöglichkeiten ist in Abb. 9.9 dargestellt.

Office-Lösungen: Bilder aufbauen

Sollen Grafiken schrittweise in den Folien aufgebaut werden, um Konzepte besser einzuführen oder Ergebnisse hervorzuheben und auszuwerten, bietet Powerpoint zwei Mechanismen.

Erstens kann die Grafik über mehrere Folien verteilt werden. Eine Folie mit der Ausgangsgrafik wird dupliziert und die neuen Elemente werden auf dem Duplikat hinzugefügt. Dies hat den Vorteil, dass auch als PDF exportierte Folien den schrittweisen Aufbau enthalten. Nachträgliche Änderungen sind jedoch oft mühsam, da Inhalt und Platzierung auf mehreren Folien synchronisiert werden müssen.

Zweitens kann der Mechanismus der Animationen für dieses Einsatzszenario genutzt werden. Mehrere grafische Elemente werden dabei auf der Folie platziert und dadurch das Endergebnis komponiert. Die einzelnen Bestandteile werden über „Animation hinzufügen" registriert (Abb. 9.10 links) und im Animationsbereich so konfiguriert, dass sie durch Weiterschalten der Folie (Klicken) erscheinen (Abb. 9.10 rechts). Dies ermöglicht auch viele andere Animationen, wie Überblendungen oder Hineinzoomen. Allerdings ist

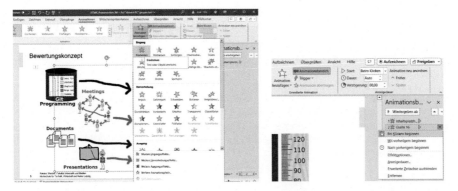

Abb. 9.10 In Powerpoint sollen die großen Pfeile (mit den rechts überdeckten Elementen) erst in einem zweiten Schritt erscheinen. Im linken Bild wird das entsprechende Grafikelement zur Animation hinzugefügt. Im rechten Bild wird eingestellt, dass der zweite Teil der Animation erst nach einem Klick erscheint

man bei der Präsentation selbst auf Powerpoint angewiesen, da die Animationen beim Export in eine PDF-Datei verloren gehen.

Andere in wissenschaftlichen Präsentationen übliche Bestandteile eines Vortrags werden von Powerpoint nur unzureichend unterstützt. So gibt es keinen einfachen und komfortablen Mechanismus für eine Überblicksfolie. Diese ist am einfachsten manuell erstellt, indem die Folientitel aus der „Gliederungsansicht" kopiert und in eine Folie eingefügt werden. Das Zoom-Feature in Microsoft 365 erlaubt einen automatischen Überblick mit Vorschaubildern, der für wissenschaftliche Präsentationen nicht gut geeignet scheint. Auch gibt es kein Standard-Feature, welches die Gliederung und den Fortschritt auf allen Folien anzeigt.

LATEX mit der Beamer-Klasse   Wenn ein Autor seine wissenschaftliche Arbeit in LATEX verfasst hat, bietet es sich an, die Präsentation ebenfalls direkt mit LATEX zu erstellen. Eine Vielzahl von Paketen wurde zur Unterstützung entwickelt. Ab den 2010er Jahren hat sich die Beamer-Klasse durchgesetzt, die intensiv weiterentwickelt wird und fast keine Wünsche offen lässt (Voß, 2012, S. 1). Analog zum wissenschaftlichen Schreiben bietet LATEX auch bei der Foliengestaltung mehr Unterstützung für einen durchgängig einheitlichen Satz als Office-Pakete. Andererseits ist für die gezielte Platzierung von Elementen wie Grafiken eine Portion LATEX-Trickserei nötig, die den Anfänger überfordern kann.

LATEX: Beamer-Folien beschreiben

Listing 9.1 zeigt den Anfang einer LATEX-Datei für einen Präsentationsfoliensatz.

Die Dokumentenklasse `beamer` bestimmt, dass es eine Präsentation wird und stellt die LATEX-Makros zur Beschreibung der Folien zur Verfügung. Das Argument `14pt` wählt die

Listing 9.1 Folienerstellung in LATEX mit der Beamer-Klasse: Anfang der Datei mit den ersten Folien

```
1   \documentclass[14pt]{beamer}
2   \usetheme{Copenhagen}
3   \setbeamertemplate{headline}{}
4   \title[Multi-Container Bin-Packing]{Multi-Container Bin-Packing ←
        Using a GA/TS Hybrid}
5   \author{Karsten Weicker}
6   \institute{HTWK University of Applied Sciences Leipzig, F  IM}
7   \date{30.04.2023}
8
9   \begin{document}
10  \frame{\titlepage}
11
12  \section*{Motivation}
13  \frame{
14    \frametitle{Motivation}
15    \begin{block}{Multi-container loading\ldots}
16      \begin{itemize}
17      \item several objects (colli) are to be placed in
18        containers
19      \item the number of containers should be minimal
20      \end{itemize}
21      \begin{center}
22        \includegraphics[width=0.5\textwidth]{Gruppenb.jpg}
23      \end{center}
24    \end{block}
25  }
26
27  \frame{
28    \frametitle{Motivation}
29    \begin{block}{\ldots with non-convex 3D shapes\ldots}
30      \begin{itemize}
31      \item individually formed colli that may be
32        understuffed
33      \end{itemize}
34    \end{block}
35    \begin{block}<2>{\ldots using real-world data}
36      \begin{itemize}
37      \item commercial product
38      \item designed for handling constraints and
39        non-convex colli
40      \item originally for a German truck manufacturer
41      \end{itemize}
42    \end{block}
43  }
44
45  \frame{\frametitle{Outline}\tableofcontents}
46
47  \section[Problem]{How is the problem exactly defined?}
```

Schriftgröße. Mit den folgenden beiden Kommandos wird das wesentliche Aussehen der Folien bestimmt. Es gibt mehrere sog. *Themes*, aus denen ein passendes gewählt werden kann – im Beispiel Copenhagen. Zusätzlich wird dort die Kopfzeile als leer konfiguriert, um möglichst viel Platz für den Inhalt der Folien zu haben. Die Makros \title, \author, \institute und \date sind selbsterklärend und ihre Angaben werden auf der Titelfolie sowie der Fußzeile jeder Folie benutzt.

Jede Folie wird mit einem \frame-Makro beschrieben und besitzt einen per \frametitle gesetzten Folientitel. Innerhalb einer Folie können Inhalte mit der LaTeX-Umgebung block gruppiert werden, die ebenfalls über eine Titelzeile verfügt.

Der LaTeX-Befehl \frame{\titlepage} erzeugt die Titelfolie. Die Folien können mit dem schon aus dem Schreiben eines Papers bekannten Makro \section in Abschnitte zusammengefasst werden. Diese Abschnitte werden dann in einer Übersichtsfolie aufgeführt. Diese kann mit dem Befehl

```
\frame{\frametitle{Outline}\tableofcontents}
```

erzeugt werden. Sowohl die Titelfolie als auch die Übersichtsfolie kann an beliebiger Stelle im Foliensatz platziert werden. Abb. 9.11 zeigt die zu Listing 9.1 gehörenden Folien in der linken Spalte.

LaTeX: Foliennummern

Die Nummerierung der Folien kann auf verschiedene Arten konfiguriert werden. Einige Beamer-Themes enthalten dies standardmäßig. Die Fuß- und Kopfzeilen können auch manuell konfiguriert werden. Wenn das Theme eine Fußleiste hat, kann als einfachste Möglichkeit die folgende Zeile in den Header der LaTeX-Datei eingefügt werden.

```
\setbeamertemplate{page number in head/foot}[↩
    totalframenumber]
```

Das Ergebnis ist in Abb. 9.11 rechts oben zu sehen.

LaTeX: Navigationsleiste

Navigationsleisten sind der größte Vorteil des LaTeX-Ansatzes gegenüber Powerpointfolien. Viele vorkonfigurierte Themes sind bereits mit einer Navigationsleiste ausgestattet. Sie kann auch direkt am oberen Rand der Folie beispielsweise mit folgendem Befehl konfiguriert werden.

```
\useoutertheme[subsection=false]{smoothbars}
```

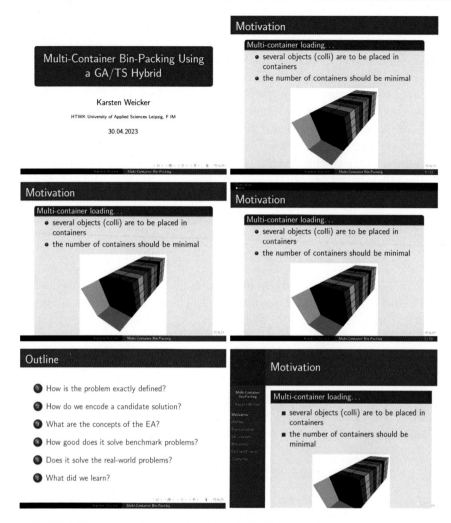

Abb. 9.11 Mit LATEX erzeugte Präsentationsfolien: in der linken Spalte mit einem einfachen Theme, rechts oben mit Seitennummer, rechts in der Mitte mit einer Navigationszeile und rechts unten mit einer Navigationsleiste am linken Rand

Abb. 9.11 zeigt das Ergebnis in der mittleren Abbildung der rechten Spalte. Weitere vorkonfigurierte Möglichkeiten zur Darstellung der Übersicht über die Präsentation auf jeder Folie sind verfügbar. So kann beispielsweise durch ein anderes Theme \usetheme{Berkeley} die Variante in Abb. 9.11 rechts unten erzeugt werden.

ᴌᴬTᴇX: Bilder aufbauen

Grundsätzlich ermöglicht die Beamer-Klasse mit den Makros \uncover und \only, Folieninhalte phasenweise unsichtbar zu halten oder erst ab einer bestimmten Folie einzufügen. Ein Argument in spitzen Klammern gibt den Schritt an, in dem aufgedeckt oder eingefügt wird. So wird im Beispiel

```
A\uncover<2->{B}C\only<3>{D}E
```

im ersten Schritt „A CE", im zweiten Schritt „ABCE" und im dritten Schritt „ABCDE" gezeigt. Damit können auch für den schrittweisen Aufbau vorbereitete Abbildungen nacheinander angezeigt werden:

```
\only<1>{\includegraphics{a1.jpg}}\only<2>{\
    includegraphics{a2.jpg}}
```

Der Mechanismus mit den spitzen Klammern kann auch nach \item verwendet werden, um die Punkte einer Liste schrittweise aufzudecken. In Listing 9.1 markiert ein <2> in Zeile 35 einen Block, der beim Weiterschalten der Folie aufgedeckt wird, während der erste Block bereits zuvor sichtbar ist.

ᴌᴬTᴇX: Notizen im Modus mit zwei Bildschirmen

Sprecher, die auf einen Präsentationsmodus wie in Powerpoint nicht verzichten wollen, finden im User-Guide der Beamer-Klasse unter dem Stichwort „Specifying Which Notes and Frames Are Shown" einen ähnlichen Mechanismus für ᴌᴬTᴇX-Folien.

Lösungen für Markdown-Texte Vortragsfolien können analog zum Text der schriftlichen Ausarbeitung aus Markdown über den Umweg ᴌᴬTᴇX erstellt werden. In der einfachsten Form werden dabei Markdown-Überschriften der ersten Ebene als Überschrift einer neuen Folie interpretiert, sodass einfache Folien sehr schnell mit der üblichen Markdown-Syntax erstellt werden können.

Markdown: Einfache Folien im ᴌᴬTᴇX-Beamer-Stil

Listing 9.2 zeigt den Anfang eines Foliensatzes. In einer kurzen Präambel werden die Informationen für die Titelseite sowie das grundsätzlich zu verwendende Beamer-Theme gesetzt. Danach schließt sich die Beschreibung der Folien an. Mit jeder Überschrift beginnt eine neue Folie, die Überschriften der zweiten Ebene („##") werden als Block auf der Folie gesetzt.

Listing 9.2 Beginn eines Foliensatzes in Markdown

```
 1   ---
 2   title:
 3   - Multi-Container Bin-Packing Using a GA/TS Hybrid
 4   author:
 5   - Karsten Weicker
 6   theme:
 7   - Copenhagen
 8   date:
 9   - 30.04.2023
10   ---
11
12   # Motivation
13   ## Multi-container loading...
14   - several objects (colli) are to be placed in containers
15   - the number of containers should be minimal
16
17   ![](Gruppenb.jpg){ width=70% }
18
19   # Motivation
20   ## ...with non-convex 3D shapes...
21   - individually shaped colli
22   - with outstanding overhangs whose space underneath can be    ↩
         used
23
24   ## ...using real-world data
25   - commercial product
26   - designed for handling constraints and non-convex colli
27   - originally for a German truck manufacturer
28
29   # Main results
30   ## Take Home Messages
31   > - the algorithm combines a placement algorithm with    ↩
         phenotypic mutations for fine-tuning
32   > - mixed to competitive results on benchmark problems
33   > - able to reliably solve problems with irregular colli
```

In der letzten Folie werden die Listeneinträge der Take-Home-Messages mit „> -" statt
„-" eingeführt, was in der Notation von Markdown dazu führt, dass die einzelnen Listeneinträge schrittweise in den PDF-Folien aufgedeckt werden.

Der folgende Befehl erzeugt die Folien im PDF-Format.

```
pandoc -t beamer --slide-level 1 bspfolien.md -o    ↩
    bspfolien.pdf
```

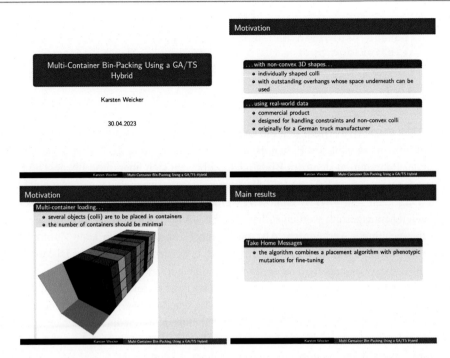

Abb. 9.12 Präsentationsfolien, die mittels pandoc aus einer Markdown-Datei erzeugt wurden

Abb. 9.12 zeigt die ersten vier resultierenden Folien. Es ist kein großer Unterschied zu den direkt per LaTeX erzeugten Folien in Abb. 9.11 zu erkennen. Die vierten Folie zeigt nur den ersten Punkt der Take-Home-Message – die weiteren Punkte kommen auf den folgenden zwei hier nicht dargestellten Folien dazu.

Soll eine Navigationsleiste benutzt werden, wird eine Gliederungsebene über den einzelnen Folien benötigt. Daher verschieben sich die Überschriften: Die erste Ebene sind die größeren Abschnitte, die zweite Ebene sind die Folientitel und die dritte Ebene entsprechen der Überschriften der Blocks. Beim Übersetzen mit pandoc wird dann über -slide-level 2 angegeben, dass sich die Folientitel in der zweiten Ebene befinden. Soll eine Übersichtsfolie genutzt werden, kann in der Präambel über toc: true der zugehörige Schalter umgelegt werden.

Markdown: Powerpoint-Folien generieren

Die schlanke und sehr einfach gehaltene Notation von Markdown kann benutzt werden, um die beschriebenen Folien in das Powerpoint-Format zu exportieren. Mit dem folgenden Befehl

```
pandoc bspfolien.md -o bspfolien.pptx --reference-doc
einevorlage.pptx
```

wird die grundsätzliche Konfiguration aus einer Vorlagedatei auf den neuen Foliensatz
übertragen.

Prezi Seit etwa 2010 erfreut sich die Online-Präsentationssoftware Prezi[2] großer Beliebtheit. Im Prinzip werden dort Folien, Bilder und Inhalte in einer 2D-Ebene angeordnet und
der in der Präsentation sichtbare Bildausschnitt bewegt sich über diese Ebene. Die Besonderheit dabei ist, dass in Bilder oder Teile einer Folie nahezu beliebig hineingezoomt werden
kann. Dies kann sehr effektiv eingesetzt werden, wenn Details aus großen Grafiken oder
Beispielen herausgestellt werden sollen. Auch das Big-Picture lässt sich oft geschickt mit
Detailbetrachtungen verknüpfen. Als sehr schönes Einsatzszenario kann Zusatzinforma-
tion außerhalb der sichtbaren Präsentation platziert werden, zu der in einer Diskussion ggf.
manuell von der passenden Stelle der Präsentation navigiert wird.

Die Grundfunktionalität von Prezi ist derzeit kostenlos, viele weitergehende Funktionen
sind jedoch kostenpflichtig. Zudem kommt der mögliche Mehrwert dieser Präsentationsform
in den meisten Fällen nicht zum Tragen. Vielmehr entsteht durch die Möglichkeit, auf einen
kleinen Punkt zu zoomen, hinter dem sich die weiteren Präsentationsfolien verbergen, ein
Achterbahngefühl, das nicht bei allen Zuhörerinnen gut ankommt.

9.4   Präsentieren des Vortrags

Wenn die Präsentationsfolien gut vorbereitet sind und der Vortragende sich im Vorfeld intensiv mit seinem Auftritt auseinandergesetzt hat, sind eigentlich alle Voraussetzungen für die
wichtigste Zutat einer guten Präsentation gegeben: ein entspannter Start in den Vortrag
(Anholt, 1994, S. 29), um möglichst natürlich und authentisch zu wirken. Letztlich ist es
meist die Persönlichkeit des Vortragenden, die aus einem Routinevortrag einen erinnerungs-
würdigen Vortrag macht – durch den wirkungsvollen Einsatz von Stimme, Augenkontakt,
Körperhaltung, Gestik und der eigenen Begeisterung (Anholt, 1994, S. 152). Die folgenden
Absätze geben dazu einige Tipps.

Freies Reden Der Vortrag sollte weder auswendig gelernt noch abgelesen werden, sondern
der Redner formuliert frei und auf den Punkt – mit einem klaren Bild aus der Vorbereitung,
was man sagen will und wie man es sagen möchte. Dabei erfüllen die Folien die Rolle,
den Vortragenden zu unterstützen. Er darf den Folieninhalt bei seinen Erläuterungen nicht
voraussetzen (Deininger et al., 1992, S. 47), sondern sollte zu jedem Punkt auf einer Folie
etwas sagen (Dupré, 1998, S. 500) und durch die Folie führen. Wenn Formeln enthalten

---

[2] https://prezi.com/

sind, müssen sie im Vortrag für jeden verständlich in natürlicher Sprache erläutert werden (Dupré, 1998, S. 497).

Falls ein Vortragender ein Sicherheitsnetz benötigt, können ein einseitiger Spickzettel oder einige Karteikarten mit Stichworten zum Einsatz kommen. Im Idealfall reicht deren Vorbereitung und Existenz aus, sodass sie im Vortrag nicht benötigt werden. Für extrem nervöse Vortragende kann es eine Option sein, die ersten Sätze von einem Spickzettel abzulesen; wenn man dadurch in den Fluss des Vortrags kommt, legt sich die Nervosität meist schnell (Anholt, 1994, S. 30).

Sprechweise Der Vortrag sollte weder hektisch noch einschläfernd wirken, sondern eher den Charakter eines anregenden, normalen Gesprächs haben (Anholt, 1994, S. 162 f.). Im besten Fall wird eine dynamische Sprechweise in normalem Tempo mit einem gewissen Enthusiasmus kombiniert, der die Zuhörerinnen begeistert oder wenigstens bei der Stange hält.

Aus den Probedurchläufen der Vortragsvorbereitung sollte der Vortragende ein gutes Gefühl dafür haben, mit welcher Ruhe er seinen Vortrag beginnen kann. Das Wissen, dass man sich beeilen muss, um durchzukommen, setzt den falschen Impuls – der zu lang konzipierte Vortrag oder die nicht auf den Punkt formulierte mündliche Erläuterung führt dann zu einem zu hektischen Vortrag. Aus seiner Vorbereitung heraus sollte sich der Vortragende bewusst sein, dass er die Zeit hat, jedes Wort deutlich und mit Blickkontakt zum Publikum auszusprechen (Anholt, 1994, S. 159).

Redner befürchten oft, dass ihr Vortrag zu langweilig und langatmig wirkt. Wie oben ausgeführt, ist eine erhöhte Geschwindigkeit keine Lösung. Stattdessen kann ein zu monotoner Vortragsstil durch folgende Maßnahmen aufgebrochen werden (Anholt, 1994, S. 165 ff.):

- Die Lautstärke wird leicht variiert,
- Pausen werden so gesetzt, dass sie die Aufmerksamkeit erhöhen oder den Raum schaffen, unmittelbar zuvor vermittelte Informationen zu verarbeiten und
- Sätze oder Worte mit wichtigen Aussagen werden wiederholt („Gebremst wird die Leistung des Algorithmus durch mangelhafte Branch-Prediction …Branch-Prediction, die durch geschickte Codeoptimierung umgangen werden kann.").

Wohlgesetzte und geplante Pausen sind wichtig in einem Vortrag. Aber auch Pausen, die sich aus einem kurzen Blackout des Vortragenden ergeben, nimmt das Publikum meist dankbar an, da es das Gehörte in der Pause verarbeiten kann. Deshalb sollte man ungewollte Pausen oder das eigene Ringen um die richtigen Worte nie mit einem „Äh" oder ähnlichen Lauten überbrücken, sondern die kurze Stille bewusst in Kauf nehmen (Anholt, 1994, S. 170). Auch das Ende eines Satzes sollte deutlich markiert und betont werden (Anholt, 1994, S. 159 ff.) – einen Satz mit nachlassender Stimme ausklingen zu lassen, lässt die Zuhörerinnen in einem Zustand des Wartens und verhindert eine aktive Auseinandersetzung.

Nonverbale Kommunikation Blickkontakt und Körpersprache sind wichtige Mittel, um während des Vortrags Selbstbewusstsein auszustrahlen. Dazu gehört eine aufrechte Körperhaltung in Verbindung mit einer gewissen Beweglichkeit, um nicht erstarrt und steif zu wirken (Anholt, 1994, S. 173). Auch Gesten sind hilfreich und sollten klug eingesetzt werden; zu viel davon kann schnell irritierend wirken (Dupré, 1998, S. 502). Während zielgerichtete Gestik wünschenswert ist, sollten unbewusste Ticks und Eigenheiten erkannt und möglichst abgestellt werden (Anholt, 1994, S. 178), z. b. das Herumschwingen eines Zeigestocks oder das ständige Klopfen mit der Hand auf den eigenen Körper.

Zur nonverbalen Kommunikation gehört auch der Blickkontakt mit dem Publikum. Die vielen fragenden oder manchmal auch unaufmerksamen Gesichter der Zuhörerinnen können den Vortragenden jedoch verunsichern. Als wirksames Gegenmittel kann sich der Vortragende zwei interessierte oder wohlwollende Zuhörerinnen in verschiedenen Ecken des Publikums aussuchen und diese immer wieder direkt adressieren, was auch für das restliche Publikum eine Wirkung entfaltet. Sind wiederum wichtige Personen im Raum, z. B. Prüferinnen oder berühmte Wissenschaftlerinnen, sollte deren Anwesenheit ausgeblendet werden (Parberry, 1988).

Ein kritischer Faktor für viele Redner sind die Hände, die einem selbst wie riesige Flossen vorkommen, und für die es während des Vortrags einfach keinen guten Platz zu geben scheint. Schlechte Lösungen sind laut Anholt (1994, S. 178): hinter dem Rücken (wirkt distanziert), verschränkt (wirkt abweisend) oder in den Hosentaschen (wirkt respektlos). Stattdessen gehören die Hände in der Grundstellung gut sichtbar vor die Körpermitte. Dort sind sie frei für jegliche Gestik (Anholt, 1994, S. 178 ff.). Insbesondere sehr nervöse Vortragende können diese Grundstellung nutzen, um unauffällig den Daumen der einen Hand in die Innenfläche der anderen Hand zu legen – dort befindet sich mit dem sog. Notfallpunkt ein Akupressurpunkt, der gedrückt oder leicht massiert gegen Stress und Panik wirkt. Wenn das alles dem Vortragenden nicht genug Sicherheit gibt und er zwingend die Hosentasche benötigt, weist Dupré (1998, S. 502) darauf hin, dass mindestens eine Hand für die Gestik frei bleiben muss und die Hand in der Tasche auf keinen Fall mit einem Schlüssel herumspielen darf.

Projektionstechnik beim Beamer Insbesondere in kleineren Räumen muss der Vortragende gut darauf achten, dass seine Position niemandem den Blick auf die Leinwand verstellt (Dupré, 1998, S. 502). Daher sollte er vor Beginn des Vortrags prüfen, welchen Bereich er neben der Leinwand als Bewegungsfläche zur Verfügung hat. Während des Vortrags sollte immer das Publikum Ziel der Ansprache sein und nicht zur Leinwand gesprochen werden (Anholt, 1994, S. 173). Bei der Interaktion mit der Technik sollte die Aufmerksamkeit beim Publikum bleiben – es bietet sich ein sog. Presenter als kabellose Fernbedienung für den Folienwechsel an.

Das Zeigen von Details auf den Präsentationsfolien wirkt dynamisch und belebt den Vortrag – insbesondere wenn hierfür die Hand oder ein Zeigestock benutzt wird. Nur in Ausnahmefällen, z. B. in großen Räumen oder bei zu hoch angebrachter Leinwand, sollte man auf einen Laserpointer ausweichen. Bei großer Nervosität verstärkt der Laserpointer eine zitternde Hand unverhältnismäßig stark, was man dadurch auffangen kann, dass man mit kreisenden Bewegungen auf der Leinwand die gewünschten Details zeigt. Grundsätzlich gilt für einen neben der Leinwand stehenden Vortragenden, dass er mit dem Arm, welcher der Leinwand zugewandt ist, auf die Leinwand zeigt – zeigt er mit dem anderen Arm, muss er über seinen eigenen Körper hinweg zeigen und wendet dabei dem Publikum den Rücken zu (Dupré, 1998, S. 502). In jedem Fall wird nach dem Zeigen auf die Leinwand wieder der Blickkontakt mit dem Publikum hergestellt (Anholt, 1994, S. 173).

Medienwechsel Steht bei einem Vortrag eine Tafel oder ein Flipchart zur Verfügung, kann dies genutzt werden, um die Aufmerksamkeit durch einen Medienwechsel hoch zu halten. Die Tafel geht jedoch mit dem Problem einher, dass man beim Schreiben dem Publikum den Rücken zuwendet: Umso mehr muss immer wieder der Kontakt zum Publikum gesucht werden (Deininger et al., 1992, S. 46). Alternativ ist es auch möglich, die Tafel oder das Flipchart im Voraus vorzubereiten, um flüssiger darauf zugreifen zu können. In diesem Fall sollte man sich allerdings vergewissern, dass der vorbereitete Anschrieb auch während des Vortrags gut lesbar ist und die Sicht nicht durch eine gedämpfte Beleuchtung oder eine dann ausgerollte Leinwand behindert wird (Anholt, 1994, S. 136 f.). Mathematiker nutzen die Tafel gerne für kleine Beweise und die Arbeit mit Formeln – in der Informatik ist dies allerdings selbst für theoretische Inhalte eher unüblich (Parberry, 1988). Die Tafel ist gut für Beispiele oder Diagramme geeignet, die an mehreren Stellen des Vortrags verwendet werden oder eine wichtige Referenz für das Publikum darstellen (Anholt, 1994, S. 136). Ist ein Medienwechsel vorgesehen, sollte der Vortragende den zeitlichen Ablauf der Präsentation noch genauer planen, da die Wechselzeiten oft stark unterschätzt werden.

Requisiten Analog zum Medienwechsel können auch Requisiten eingesetzt werden, um einen Vortrag abwechslungsreicher zu gestalten. Geschickt eingesetzte Requisiten sind zudem so außergewöhnlich, dass der Vortrag bei den Zuhörerinnen in Erinnerung bleibt (Anholt, 1994, S. 128). Allerdings sollte man laut Deininger et al. (1992, S. 46) darauf verzichten, Details an den Requisiten zu zeigen – unabhängig von der Größe des Raums wird das Detail für die hinteren Reihen nicht erkennbar sein. Dupré (1998, S. 498) rät auch davon ab, die Requisiten ins Publikum zu geben und dort herumreichen zu lassen, da dies zu viel Unruhe führt und viele Zuhörerinnen dem Vortrag nur noch halbherzig folgen.

Zeitmanagement Oberstes Gebot beim Halten eines Vortrags ist es, nie die zur Verfügung stehende Zeit zu überschreiten. Bei Tagungen beraubt man sich der anschließenden Diskussion und damit des wertvollen Austauschs mit Fachkollegen – oder stiehlt im Extremfall sogar einem anderen Vortragenden Zeit. Auch im studentischen Kontext wirkt ein zu langer Vortrag sehr schlecht vorbereitet.

Transparenz ist die Folge guten Zeitmanagements. Dazu gehört, durch kurze Wiederholungen oder Pausen die Zuhörerinnen einzusammeln, damit alle auf demselben Stand sind

(Deininger et al., 1992, S. 48) – in konstantem Tempo auf das Vortragsende als Ziel zuzu-
rasen, wäre eine schlechte Einteilung und Nutzung der verfügbaren Vortragszeit. Springt
ein Vortragender zu viel zwischen den Folien hin und her, kann das Publikum nicht folgen.
Das ist insbesondere relevant, wenn man vergisst, etwas zu sagen (Anholt, 1994, S. 72 ff.):
Ein Zurückspringen verwirrt oft mehr und hinterlässt keinen guten Eindruck. Stattdessen
hat man die Wahl, auf diese Information ganz zu verzichten und einfach so weiterzumachen
oder sie an geeigneter Stelle nachzuliefern.

Zeitmanagement ist vor allem gegen Ende des Vortrags wichtig, um pünktlich fertig zu
werden. Bei Tagungen erhält man in der Regel entsprechende Signale von der Moderato-
rin der Session. Falls nicht, kann eine Person des Vertrauens diese Aufgabe übernehmen
oder man setzt auf technische Lösungen wie einen Presenter mit einem Timer, die eigene
Smartwatch, eine entsprechende App auf dem Smartphone oder auf eine Erweiterung des
Powerpoint-Präsentationsmodus wie z. B. TalkTime. Erkennt man, dass die Zeit für die restlichen Folien knapp wird, ist es keine akzeptable Lösung, schneller zu sprechen. Vielmehr
kommen dann die in der Planung vorgesehenen Abkürzungen zum Einsatz (Deininger et al.,
1992, S. 48). Dies geht am unauffälligsten und elegantesten, indem man auf ein Beispiel,
einen Sonderfall, einen Teilaspekt oder die Details eines Beweisschrittes verzichtet. Allerdings sollte man sich Erklärungen nach dem Motto „Die 14 Folien zum Beispiel und die
Einordnung des Ergebnisses muss ich aus Zeitgründen überspringen." verkneifen, da sonst
der unprofessionelle Eindruck einer schlechten Vorbereitung entsteht.

Ende Der Vortragende muss das Ende seines Vortrags deutlich betonen (Parberry, 1988;
Anholt, 1994, S. 87 ff.). Dies kann recht unspektakulär mit einer eigentlich überflüssigen
Folie geschehen – frei nach dem Motto „Dank und Diskussion". Schöner ist es, prägnant
mit dem wichtigsten oder auch umstrittensten Ergebnis zu enden und mit dieser Abschlussfolie in die Diskussion überzuleiten. Anholt (1994, S. 89) beschreibt den Showdown des
Präsentationsendes mit den Worten: „A single gunshot, one glamorous crescendo, one maje-
stic moment – then silence." Damit ist eine klare Abschlussaussage gemeint, die nachhallt,
bestenfalls in Erinnerung bleibt und in jedem Fall den Ton für die Diskussion vorgibt.

Zwischenfragen und Diskussion Es ist schwieriger, einen Vortrag im Vorfeld zu planen
und ihn dann in der zur Verfügung stehenden Zeit pünktlich zu beenden, wenn Zwischenfragen möglich oder sogar erwünscht sind. Grundsätzlich hat der Vortragende die Autorität
darüber, wann er welche Zwischenfragen zulässt, sie beantwortet oder auf die anschließende
Diskussion verschiebt (Anholt, 1994, S. 184). Keller und Mandischer (1994) unterscheiden
drei Kategorien von Fragestellern, auf die unterschiedlich reagiert werden sollte:

- Fragen von Interessierten sind konstruktiv und können für das Verständnis sogar uner-
  lässlich sein – solche Fragen sollten während des Vortrags willkommen sein und sofort
  kurz beantwortet werden.

- Fragen von Erbsenzählern zielen auf wesentlich tiefer gehende Details ab, die über den geplanten Vortragsinhalt hinausgehen – hier wäre die Empfehlung, die Frage sogar in der Diskussion abzublocken und auf die entsprechende Literatur zu verweisen.
- Fragen von Profilneurotikern zielen weniger auf den Vortragsinhalt als auf die Person des Fragenden selbst ab, z. B. durch Fragen, auf die die Fragende die Antwort kennt, und mit denen sie sich profilieren will. Eine solche Frage sollte auf keinen Fall während des Vortrags beantwortet werden, sondern auf die anschließende Diskussion verschoben werden. Lässt sich der Vortragende auf den Impuls des Profilneurotikers ein, besteht die Gefahr, dass der weitere Verlauf des Vortrags eine ungeplante Richtung nimmt.

Handouts Bei wissenschaftlichen Präsentationen in der Informatik sind Handouts mit Kopien der Folien oder der Vortragsstruktur eher unüblich und können sogar zu Verwirrung führen. Dupré (1998, S. 498) führt an, dass vorab ausgeteilte Handouts dazu führen, dass viele Zuhörerinnen dem Vortrag nicht mehr ihre volle Aufmerksamkeit schenken. Dies ist anders bei Vorträgen in einem Schulungs- oder Lehrkontext: Dort können Handouts den Zuhörerinnen vorab zur Vorbereitung übermittelt werden (Anholt, 1994, S. 133 f.) oder sie sind so konzipiert, dass die Zuhörerinnen damit arbeiten, Beispiele ergänzen etc. In anderen Situationen ist es allenfalls sinnvoll, am Ende der Präsentation ein Handout zu verteilen, verbunden mit dem frühzeitigen Hinweis, dass keine Notizen gemacht werden müssen (Dupré, 1998, S. 498). Dies ist jedoch im Rahmen eines wissenschaftlichen Vortrags ebenso unüblich wie Zusatzmaterial, das über den eigentlichen Vortrag hinausreicht (Anholt, 1994, S. 133 f.).

9.5   Typische Fehler

Dieser Abschnitt bietet eine Zusammenfassung der typischen Fehler, die man bei wissenschaftlichen Präsentationen erleben kann. Die möglichen Gegenmaßnahmen verweisen auf zuvor präsentierte Techniken und Grundsätze.

Fehler 1: „Der Stoffumfang passt nicht zur Vortragszeit!" Es ist eine beliebte Taktik, Probleme auf äußere Schwierigkeiten zu schieben: „Das ist so komplex, dass es niemand in 25 min erklären kann." bzw. „Das Vortragsthema gibt da einfach nicht mehr her." Das sind leider nur faule Ausreden, denn jedes zu umfangreich wirkende Thema lässt sich in einen beliebig kurzen Vortrag packen, indem man den Fokus richtig einstellt und bestimmte Details abstrahiert. So kann eine Doktorarbeit, an der ein Promovend fünf Jahre geforscht und geschrieben hat, im Kolloquium zu einem 20-minütigen Vortrag führen, von dem erwartet wird, dass er die ganze Breite und Tiefe repräsentiert. Eine zu geringe Stofffülle liegt nur dann vor, wenn die Literaturrecherche nicht breit genug angelegt ist und der Blick ins Detail gescheut wird. Die Lösung liegt in der richtigen Perspektive und dem Detaillierungsgrad der Darstellung.

Fehler 2: Die Motivation wird vernachlässigt Ein Vortragender verliert sein Publikum schon direkt am Anfang, wenn es ihm nicht gelingt, eine gute, vielleicht sogar emotionale Verbindung zwischen seinem Vortragsthema und den Zuhörerinnen zu etablieren. Dies ist beispielsweise nicht der Fall, wenn ein Vortragender zu schnell in die technischen Tiefen seines Themas einsteigt. Stattdessen muss die Motivation, sei es durch ein Beispiel, eine Analogie oder die Einordnung des Hauptresultats, zu Beginn im Mittelpunkt stehen und den Zuhörerinnen die Relevanz für sie persönlich oder die „Welt" verdeutlichen.

Fehler 3: Die Take-Home-Message bleibt unklar Selbst ein beeindruckender Vortrag, bei dem viele Ideen und Kreativität in die Gestaltung der Folien und geschicktes wissenschaftliches Erzählen geflossen sind, verliert seine Kraft, wenn die Kernbotschaft nicht klar genug herausgestellt wird oder in einer Ansammlung vieler Nebensächlichkeiten verloren geht. Man muss sich immer wieder bewusst machen, dass nicht jeder Satz und jede Information bei jeder Zuhörerin direkt so ankommt, wie es der Redner formuliert. Daher muss die Take-Home-Message an mehreren Stellen und aus verschiedenen Blickwinkeln im Vortrag wiederholt werden.

Fehler 4: Zu viel Vorwissen wird vorausgesetzt Als Zuhörerin hat sicher jeder schon einmal die Situation erlebt, dass ein vom Thema her spannend klingender Vortrag rasch in elfenbeinturmartige Höhen entschwindet und man selbst verloren zurückbleibt. Dies kann selbst erfahrenen Vortragenden und guten Wissenschaftlern passieren, wenn sie das Vorwissen ihres Publikums falsch einschätzen. Der Vortrag sollte daher gut auf das Zielpublikum abgestimmt sein. Am Ende kostet der Halbsatz und die kurze Erläuterung nicht viel Zeit, mit der die Zuhörerinnen erreicht und mitgenommen werden.

Fehler 5: Sich im Fachjargon verlieren Wenn man sich intensiv mit einem Thema beschäftigt hat, sind die Fachbegriffe und die dazugehörigen Abkürzungen verinnerlicht. Beim Vortrag ist Vorsicht geboten, wenn man unbedacht seinen Fachjargon benutzt. Je nach Zielpublikum sollten die relevanten Begriffe entweder eingeführt oder ganz vermieden werden.

Fehler 6: Eine Stichwortsammlung wird zur Gliederung des Vortrags Wenn der Vortrag mehr Pflichtprogramm als Herzensangelegenheit ist, startet man oft ohne klares Konzept und Gliederung in seine Planung. Eine Stichwortsammlung wird zur Agenda, reiht im Vortrag verschiedene Informationen aneinander, aber es fehlt der rote Faden, der aus den Stichworten eine wissenschaftliche Geschichte macht. Ein Hilfsmittel kann dabei die Zoom-In/Zoom-Out-Technik sein, die vom großen Gesamtbild über den betrachteten Gegenstand zu den Detailinformationen führt und anschließend die Schlussfolgerungen wieder zum Gesamtbild zurück propagiert. So lässt sich ein roter Faden in den gesammelten Stichworten finden, wenn man sie den verschiedenen Brennweiten des Zooms zuordnet und dem Pfad des Zoomens in der erzählten Geschichte folgt.

Fehler 7: Vortragsstruktur = Gliederung der Ausarbeitung Gerade bei studentischen Arbeiten ist häufig zu beobachten, dass die mühsam erarbeitete Gliederung einer schriftlichen Arbeit als Gliederung eines Vortrags herhalten muss – auch wenn die Rahmenbedingungen des Vortrags eigentlich eine ganz andere Struktur erfordern. Das geschieht aus Zeitmangel oder Mangel an anderen Ideen. Hier können Kreativitätstechniken wie die Kopfstandtechnik helfen: Man kann sich zunächst fragen, wie man den größten Zweifel an den eigenen Ergebnissen kommunizieren kann. Daraus lassen sich andere Schwerpunkte und Zugänge zum Thema und damit zu einer Vortragsstruktur ableiten.

Fehler 8: Der mündliche Vortrag wird improvisiert Häufig wird bei der Vorbereitung eines Vortrags wesentlich mehr Zeit in die Gestaltung der Präsentationsfolien als in das gesprochene Wort investiert. Da jedoch die Kombination aus Visualisierung und mündlicher Erläuterung den größten Lern- und Aha-Effekt bei den Zuhörerinnen erzielt, sollte mindestens ebenso viel Zeit in die Vorbereitung des mündlichen Vortrags investiert werden. Dabei sucht der Vortragende nach der elegantesten, kürzesten und eingängigsten Formulierung, um einen Sachverhalt zu vermitteln. Und der Schlüssel dazu ist vielfaches Probehalten des Vortrags, um verschiedene Varianten auszuprobieren und die beste Möglichkeit zu verinnerlichen.

Fehler 9: Folieninhalt wird vorgelesen Das extremste Erlebnis dieser Art war ein Referent auf einer Fachtagung 1997, der sein Vortragsmanuskript als Folie auf den Overheadprojektor legte und vorlas. Die Gefahr, den Zuhörerinnen ein ähnlich langweiliges Erlebnis zu bieten, kann dadurch gebannt werden, dass man nur Stichworte und Bilder auf den Folien hat. Bei jedem Vortrag sollte der Redner mehr zu sagen haben als das, was auf den Folien steht.

Fehler 10: Animationen und Effekte überdecken inhaltliche Schwächen Wenn ein Vortragender beeindrucken will und es ihm nicht durch inhaltliche Brillanz gelingt, versucht er es manchmal mit Powerpoint-Skills. Das ist ein fragwürdiger Weg, der beim inhaltlich gefestigten Publikum nicht gut ankommt. Jede Animation und jedes Gimmick muss den Inhalt unterstützen, sonst hat es in einem wissenschaftlichen Vortrag keine Berechtigung.

9.6   Wissenschaftliche Posterpräsentationen

Posterpräsentation haben auf vielen Fachtagungen den Beigeschmack der Zweitklassigkeit: Es sind die wissenschaftlichen Arbeiten, die es zwar in den Tagungsband, nicht aber in das eigentliche Vortragsprogramm geschafft haben. Vor diesem Hintergrund sind sie vor allem eine Gelegenheit für Nachwuchswissenschaftler, erste Zwischenergebnisse ihres Promotionsvorhabens vorzustellen.

Meine persönliche Sichtweise ist von der Haltung und den Grundwerten der reinen Posterkonferenz „Parallel Problem Solving from Nature" (PPSN) geprägt. Dort werden alle akzeptierten wissenschaftlichen Arbeiten in Poster-Sessions präsentiert – aus dem einfachen Grund, dass diese Präsentationen interaktiver sind und die Vortragenden mehr Feedback zu ihrer Arbeit erhalten als in einer Vortrags-Session. Dies gilt grundsätzlich auch für andere Tagungen und Gelegenheiten zur Posterpräsentation, wenn das Poster gut gemacht ist. Deshalb, so Anholt (1994, S. 140) sollte jede Posterpräsentation eher als Gelegenheit zum Dialog denn als reine Informationsvermittlung verstanden werden.

Funktionsweise eines Posters Die Rahmenbedingungen einer Posterpräsentation sind im Worst-Case: Mittagszeit, ein riesiger Tagungsraum und 80 andere Poster (neben einem Fingerfood-Buffet) als Konkurrenz. Wer sich als Präsentierender darauf verlässt, dass das Poster für sich spricht und viele Interessierte mit Detailfragen auf ihn zukommen, wird wahrscheinlich enttäuscht werden. Das Thema, der Titel oder eine interessante konzeptuelle Grafik kann die Aufmerksamkeit der Teilnehmer erregen, die sich den Inhalt allerdings kaum selbstständig erschließen wollen oder können, da sie durch die vielen Themen der anderen Poster kurz vor dem Information-Overflow stehen. Daher sollte der Vortragende einen ein- bis dreiminütigen Kurzvortrag (Pitch) vorbereitet haben, um die wichtigsten Aspekte und Erkenntnisse den Interessierten direkt am Poster zu erläutern. Poster sollen ähnlich zur erweiterten Kurzfassung Aufmerksamkeit erregen, das behandelte Problem gut veranschaulichen und die Ergebnisse mit ihrer Bedeutung aufzeigen – und das alles in einer Form, welche den möglichst kurzen Pitch visuell bestmöglich unterstützt.

Organisation des Posters Für die Präsentation eines Posters gelten ähnliche Einschränkungen wie für einen Vortrag – insbesondere kann ein Poster keine vollständige Abschlussarbeit oder einen ganzen Konferenzbeitrag abhandeln (Cranor, 1996). Stattdessen ist eine klare und leicht verständliche Kernaussage erforderlich, die einfach zu verstehen ist und die Eigenschaften des potenziellen Zielpublikums berücksichtigt (Gemayel, 2018). Wie schon der Vortrag soll das Poster eine Geschichte erzählen (Anholt, 1994, S. 142). Grundsätzlich gilt: Weniger ist mehr, wobei die dargestellten Schlussfolgerungen klar durch Ergebnisse und Beobachtungen untermauert werden (Gemayel, 2018).

Inhaltlich gehören nur diejenigen Informationen auf ein Poster, die für die erzählte Geschichte wichtig sind (Anholt, 1994, S. 143). Daher sollte der Vortragende bei der Vorbereitung ein klares Ziel vor Augen haben, auf das er seine Inhalte abstimmt (Gemayel, 2018). Das behandelte Problem, eine kurze Beschreibung des Lösungsansatzes bzw. der Methodik sowie eine Zusammenfassung aller Ergebnisse müssen auf dem Poster dargestellt werden (Cranor, 1996). Die linke obere Ecke ist dabei dem Nutzen oder Bedeutung der Arbeit (Krausman & Cox, 2018; Anholt, 1994, S. 142) vorbehalten. Laut Anholt (1994, S. 142) kann dies durch eine Einführung und Motivation ergänzt werden. Die auf den Punkt formulierten Schlussfolgerungen stehen üblicherweise in der Ecke rechts unten (Anholt, 1994, S. 142).

Das Poster sollte durch klare Überschriften gegliedert werden, die im Gegensatz zu einer schriftlichen Arbeit als allgemeine, generische Überschriften leichter zu erfassen sind. Gemayel (2018) empfiehlt als Beispiel die folgenden Überschriften:

1. Ziel oder Motivation
2. Ausgangspunkt
3. Methodik
4. Ergebnisse
5. Zusammenfassung oder Schlussfolgerung
6. Konsequenzen oder Ausblick
7. ggf. Referenzen – vor allem auf das Paper selbst und eigene Vorarbeiten

Abb. 9.13 zeigt ein Poster, das durch vier allgemeine Überschriften gegliedert ist. Das Poster in Abb. 9.14 folgt der oben vorgeschlagenen Gliederung relativ eng, wobei Konzept und Methodik in der mittleren Spalte mit spezifischen Überschriften eingeführt werden.

Insgesamt sollten die Elemente eines Posters sehr gewissenhaft geprüft und evtl. in ihrer Darstellung angepasst werden. Abbildungen müssen klar die Information vermitteln, die das Publikum sehen soll (Krausman & Cox, 2018). Bezüglich der Ergebnisse muss die Posterpräsentation auch die Qualität der Daten und die Zuverlässigkeit der Methodik aufzeigen (Gemayel, 2018).

Gestaltung Während die ästhetischen Ansprüche bei einer schriftlichen Arbeit untergeordnet sind, sind sie bei einem Poster im Vergleich zu den Vortragsfolien nochmals deutlich höher. So ist laut Anholt (1994, S. 140) eine ansprechende und klare Gestaltung das wichtigste Grundprinzip. Dazu gehören auch genügend Leerraum und Abstände (Gemayel, 2018), um die einzelnen Elemente und ihre Beziehung zueinander erfassen zu können. Ein Poster, das mit zu vielen Elementen überladen ist, lädt nicht zum Lesen ein. Krausman und Cox (2018) empfehlen ein ausgewogenes Verhältnis von Text, ansprechenden Grafiken und Leerraum, Gemayel (2018) misst Abbildungen und Grafiken eine noch größere Bedeutung bei. Anholt (1994, S. 142) erklärt die Einfachheit zum Erfolgsrezept der Postergestaltung.

Wie beim Vortrag spielt beim Poster die Narrativität eine große Rolle: Die einzelnen Segmente sollten visuell so gestaltet sein, dass sich der Erzählfluss bestenfalls automatisch ergibt bzw. leicht zu erkennen ist (Gemayel, 2018). Dies kann auch mit Farben unterstützt werden, um die Aufmerksamkeit des Lesers auf die wichtigsten Elemente zu lenken (Cranor, 1996). Im Poster in Abb. 9.13 zeigt eine gelbe Signalfarbe der Zwischenüberschriften die Struktur an, die sich bei üblicher Leserichtung von links nach rechts als Motivation+Konzept, technische Lösung, Aufgaben und Diskussion ergibt. Klare Überschriften (Gemayel, 2018) helfen ebenso wie ein eher stichwortartiger Text und ein klarer Textfluss (Krausman & Cox, 2018).

Die Schrift auf dem Poster sollte noch aus einer Entfernung von ca. 3m lesbar sein (Krausman & Cox, 2018), weswegen Cranor (1996) eine Schriftgröße von 30–60pt, mindestens

Abb. 9.13 Beispiel für ein mit Powerpoint erstelltes Poster im Hochformat zur Veröffentlichung von Müller et al. (2019)

jedoch 16pt, empfiehlt. Damit passen maximal 500–1500 Wörter eines englischsprachigen Textes (Cranor, 1996) auf ein Poster – die Werte erscheinen aus heutiger Sicht allerdings zu groß, so bleibt z. B. das Poster in Abb. 9.13 deutlich unter den 500 Wörtern deutschsprachigen Textes. Weniger Text passt auf ein Poster, wenn man den Empfehlungen folgend mit Stichpunktlisten statt ganzen Sätzen arbeitet und Text kreativ durch Bilder und Grafiken ersetzt (Gemayel, 2018). Insgesamt geht der Trend in den letzten Jahren hin zu Postern mit einem geringeren Textanteil: Gemayel (2018) empfiehlt Abbildungen und Grafiken für 70–80 % des Posters; McEvoy und Tume (2022) propagieren für den Pflegebereich ein neues

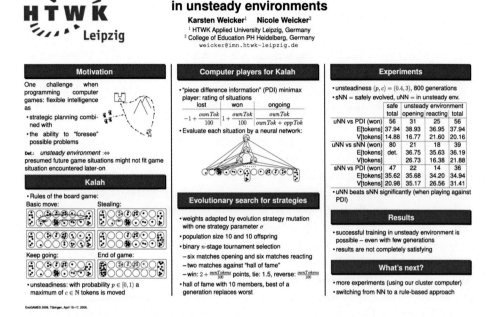

Abb. 9.14 Beispiel für ein mit LATEX erstelltes Poster im Querformat zur Veröffentlichung von Weicker und Weicker (2009a)

Posterformat mit sehr wenig Text, der Kernaussage in einer überproportional großen Textbox und einem QR-Code zum Abrufen weiterer Informationen.

Die Farbgestaltung des Posters sollte mit Bedacht und einer klaren Idee erfolgen (Cranor, 1996). Es wird empfohlen, sich auf zwei bis drei Farben zu beschränken (Krausman & Cox, 2018), die gut aufeinander abgestimmt sein sollten (Gemayel, 2018). Als Hintergrund hat sich ein heller Farbton (Anholt, 1994, S. 141; Krausman & Cox, 2018) bewährt, damit die dunkle Schrift gut lesbar ist. Bei der Farbwahl sollte insbesondere auf ein einheitliches Farbschema in den Gestaltungselementen des Posters und den Grafiken und Bildern geachtet werden. Eine konsequente und einheitliche Farbgestaltung der Grafiken erleichtert deren Lesbarkeit (Cranor, 1996).

Poster sollten in wenigen Minuten erklärbar sein und im Idealfall auch einer vorbeigehenden Konferenzbesucherin einen Eindruck vom Inhalt vermitteln, um ggf. ihr Interesse zu wecken. Folglich sollte man Bilder, Grafiken und Tabellen einfach halten und immer nur eine Idee transportieren – insbesondere sind die Abbildungen aus Abschlussarbeiten oder einer schriftlichen Ausarbeitung meist zu detailreich und sollten vereinfacht werden (Krausman & Cox, 2018). Auch komplizierte Gleichungen verwirren eher und Quelltextfragmente sollten höchstens mit sehr wenigen Zeilen Eingang auf dem Poster finden (Cranor, 1996).

Poster können im Hochformat (engl. *portrait*) oder im Querformat (engl. *landscape*) erstellt werden. Oft wird das Querformat bevorzugt, da dort mehr Personen um das Poster herum stehen können. Bei manchen Tagungen ist die Stellwand jedoch nur für das Hochformat A0 groß genug – das Querformat müsste dann in der halben Größe A1 gedruckt werden. Daher sollte vorab geklärt werden, wie groß die Stellwände sind. In jedem Fall ist es ratsam, vorher einen Probedruck im Format A4 oder A3 zu machen, um zu prüfen, ob die Schriftgröße groß genug ist, die Farben passen, das Poster nicht zu unruhig wirkt und die Kernaussage heraussticht (Krausman & Cox, 2018).

Werkzeuge für die Postererstellung Die Postergestaltung ist der einzige Arbeitsschritt im wissenschaftlichen Arbeiten und Schreiben, bei dem Desktop-Publishing-Programme (DTP) ihre Vorteile ausspielen können und somit ihre Berechtigung haben. So bieten Hochschulen und Forschungseinrichtungen häufig entsprechende Postervorlagen für die Software Adobe InDesign an, die das Corporate-Design der Organisation bereits ansprechend umsetzen. Alternativ gibt es meist Postervorlagen für Powerpoint, sodass das Poster mit den gängigen Office-Lösungen gestaltet werden kann. Die Möglichkeit, Elemente frei zu platzieren, ist ein klarer Vorteil dieser Art der Postererstellung. Abb. 9.13 zeigt ein Beispiel mit dem Corporate-Design der Hochschule HTWK Leipzig. Auch für wissenschaftliche Arbeiten, die mit L*A*T*E*X erstellt wurden, ist dies eine gangbare Alternative, bei der dann ggf. die in L*A*T*E*X gesetzten Formeln als Bild integriert werden müssen – der Anteil der Formeln auf dem Poster sollte nach den obigen Vorgaben eher gering sein.

Grundsätzlich gibt es zahlreiche Möglichkeiten, mit L*A*T*E*X ein Poster zu gestalten. Abb. 9.14 zeigt ein Beispiel, das mit einer damals aktuellen L*A*T*E*X-Klasse `sciposter.cls` erstellt wurde. Soll das Poster eine klare Struktur mit mehreren Spalten umsetzen, sind diese Lösungen praktikabel. Kreativere Ideen, wie mehrere Textblöcke, die sich um eine große Grafik in der Mitte anordnen, erfordern wesentlich mehr Aufwand in L*A*T*E*X als in den DTP- und Office-Lösungen. Vorteilhaft ist der Ansatz mit L*A*T*E*X, wenn massiv Gestaltungstechniken aus L*A*T*E*X (Formeln, innerhalb L*A*T*E*X erstellte Bilder, Tabellen etc.) auf dem Poster Eingang finden sollen und dafür mittels L*A*T*E*X passend aufbereitet werden. Negativ ist das fehlende Corporate-Design, das gegebenenfalls selbst auf dem Poster umgesetzt werden muss.

L*A*T*E*X: Aktuelle Postertemplates

Das Angebot an unterschiedlichen Lösungen und Konzepten in L*A*T*E*X ist auch für die Gestaltung von Postern sehr groß. Daher sollen hier nur zwei unterschiedliche Ansätze kurz erwähnt werden. Für eher traditionelle Poster gibt es mit dem Paket `beamerposter` eine Erweiterung der Beamer-Klasse (Shang, 2012). Damit können Poster mit denselben L*A*T*E*X-Makros beschrieben werden, wie sie bei der Gestaltung von Vorträgen benutzt werden. Für moderne Poster mit QR-Code und großer Kernaussage gibt es Pakete wie `betterposter`[3].

Markdown: Schema F

Markdown-Lösungen funktionieren nach demselben Schema wie bei der Erzeugung von PDF-Papers: Eine bestehende Lösung z. B. aus der LATEX-Welt wird benutzt, die einfache Markdown-Syntax erweitert oder mit anderer Semantik versehen und wir erhalten in der Kombination eine funktionierende Lösung für Markdown-Texte. Konkret kann hier beispielsweise das pandoc-Template lazar-poster[4] benutzt werden, um die LATEX-Lösung mit `beamerposter` aus Markdown heraus zu nutzen.

Postervortrag Posterpräsentationen sollten in erster Linie als gute Gelegenheit gesehen werden, mit anderen über die eigene Forschung ins Gespräch zu kommen und dabei neue Ideen für die Weiterentwicklung der eigenen Arbeit zu sammeln (Cranor, 1996). Zum Gesprächseinstieg dient ein gut geübter Kurzvortrag (Pitch) von 1–3 min zur Erläuterung des Posters und der eigenen Arbeit (Krausman & Cox, 2018). Wie bei jeder Präsentation ist ein gewisses Maß an Enthusiasmus hilfreich (Gemayel, 2018). Wer explizites Feedback wünscht, sollte auch entsprechende Fragen vorbereiten und einstudieren, mit denen man seine Zuhörerinnen zu Stellungnahmen anregen kann (Gemayel, 2018).

Das Gespräch am Poster sollte man immer als Dialog verstehen, freundlich bleiben, den Besucherinnen für ihr Interesse danken und sie ggf. noch mit einer Visitenkarte oder weiteren Informationen versorgen (Krausman & Cox, 2018). Auf Fragen, die am Poster gestellt werden, sollte so kurz und informativ wie möglich geantwortet werden – Gemayel (2018) schlägt eine 60-Sekunden-Regel für die Antwort vor. Dabei kann es hilfreich sein, die Antwort auf eine Frage in fünf Sätze nach folgendem Schema zu gliedern (Gemayel, 2018), um in jeder Antwort einen Erzählbogen zu realisieren:

1. Was ist das Problem bzw. die wissenschaftliche Frage?
2. Was ist der Ausgangspunkt?
3. Was fehlt?
4. Was ist mein Beitrag?
5. Warum sind die Ergebnisse wichtig?

Auch das Beantworten von Fragen am Poster ist eine Situation, die im Vorfeld geübt werden kann, um im Ernstfall reaktionsschnell zu sein und die richtigen Formulierungen parat zu haben.

Letztlich zählt die gute Vorbereitung, um eine Posterpräsentation zu einem erfüllenden Erlebnis zu machen. In jedem Fall sollte man etwas zum Schreiben dabei haben, um

---

[3] https://github.com/rafaelbailo/betterposter-latex-template
[4] https://github.com/opentox/lazar-poster

Kontakte, wichtige Anmerkungen, unklare Stellen mit vielen Rückfragen etc. zu notieren (Gemayel, 2018).

E-Poster In der jüngsten Vergangenheit halten technologische Neuerungen bei den Posterpräsentationen Einzug, die hier mit ihren Vor- und Nachteilen kurz diskutiert werden sollen. Die Verfügbarkeit von kostengünstigen großformatigen Smartboards oder Präsentationsbildschirmen sorgt dafür, dass Poster nicht mehr ausgedruckt zur Tagung mitgebracht werden müssen. Vielmehr kann das Poster in digitaler Form entweder zentral oder direkt am Präsentationsbildschirm eingespeist werden[5].

Dies hat den positiven Nebeneffekt, dass die Poster interaktiv gestaltet werden können, dass es möglich ist, in Details hineinzuzoomen und sogar Videos einzubinden (Venkatesan & Coskun, 2019). Die Poster können auch besser archiviert und später über die Konferenzwebseite zur Verfügung gestellt werden.

Solange der Charakter einer Postersession mit seiner hohen Interaktivität zwischen Vortragendem und Publikum erhalten bleibt, sind diese Neuerungen durchweg begrüßenswert. Etwas kritischer sehe ich Entwicklungen, bei denen der Posterpitch vorab aufgezeichnet wird und das E-Poster gemeinsam mit dem Pitch rund um die Uhr an Präsentationsbildschirmen abrufbar ist. Dadurch verliert der Vortragende den Kontakt zu seinem Publikum und das dialogbetonte Format der Posterpräsentation wird durch einen einseitigen Kurzvortrag ersetzt.

---

[5] z. B. bei der ACM-Tagung MMSys 2022, https://mmsys2022.ie/authors/presentation-guidelines, zuletzt eingesehen am 24.4.2024.

Literatur

Allman, M. (2008). Thoughts on reviewing. *Computer Communication Review (ACM SIGCOMM)*, *38*(2), 47–50.

American National Standards Institute (ANSI) and National Information Standards Organization (NISO) (1997). ANSI/NISO Z39.14-1997: Guidelines for abstracts. National Information Standards Organization, Bethesda, MD, USA.

Anholt, R. R. H. (1994). *Dazzle 'em with style: The art of oral scientific presentation*. Freeman.

Bäck, T. (1994). *Evolutionary algorithms in theory and practice*. Doktorarbeit, Universität Dortmund, Fakultät für Informatik, Dortmund.

Balzert, H., Schäfer, C. P., Schröder, M., & Kern, U. (2008). *Wissenschaftliches Arbeiten*. w3l, Herdecke, Witten.

Berndtsson, M., Hansson, J., Olsson, B., & Lundell, B. (2008). *Thesis projects: A guide for students in computer science and information systems* (2. Aufl.). Springer.

Böhner, D., Stöber, T., Teichert, A., Preuß, K., Neubauer, L., Tietze, K., Rahm, S., Behrendt, J., Podschull, S., & Lemke, D. (2022). Literaturverwaltungsprogramme im Vergleich – 9. Aktualisierung. Techn. Bericht, Technische Universität München, Universitätsbibliothek, https://mediatum.ub.tum.de/1316333.

Borchert, C., Cozatl, R., Eichler, F., Hoffmann, A., Putnings, M. (2023). Automatic XML extraction from Word and formatting of e-book formats: Insight into the open source academic publishing suite (OS-APS). Publications 11(1):1. https://www.mdpi.com/2304-6775/11/1/1.

Bos, J. W., McCurley, K. S. (2023). LaTeX, metadata, and publishing workflows. CoRR abs/2301.08277.

Bowman, D., & Kinnan, S. (2018). Creating effective titles for your scientific publications. *VideoGIE, 3*(9), 260–261.

Bremermann, H. J. (1962). Optimization through evolution and recombination. In M. C. Yovitis & G. T. Jacobi (Hrsg.), *Self-organizing systems* (S. 93–106). Spartan.

Brischoux, F., & Legagneux, P. (2009). Don't format manuscripts. *The Scientist, 23*(7), 24.

Brockhaus (2002). *Brockhaus in achtzehn Bänden* (Bd. 15). Brockhaus.

Busch, C. (1995). Metaphern in der Informatik – Theorie, Besonderheiten und Beispiele. Techn. Bericht FS II 95–105, Technische Universität Berlin, Veröffentlichungsreihe der Abteilung Organisation und Technikgenese des Wissenschaftszentrums Berlin für Sozialforschung.

© Der/die Herausgeber bzw. der/die Autor(en), exklusiv lizenziert an Springer-Verlag GmbH, DE, ein Teil von Springer Nature 2025
K. Weicker, *Wissenschaftliches Schreiben in der Informatik*, Studienbücher Informatik,
https://doi.org/10.1007/978-3-662-69872-3

Bütemeyer, W. (1995). *Wissenschaftstheorie für Informatiker*. Spektrum Akademischer Verlag.

Cohen, J. (1981). Garbage collection of linked data structures. *ACM Computing Surveys, 13*(3), 341–367.

COPE Council (2017). COPE Ethical guidelines for peer reviewers. https://doi.org/10.24318/cope. 2019.1.9.

Cormode, G. (2008). How not to review a paper: The tools and techniques of the adversarial reviewer. *SIGMOD Record, 37*(4), 100–104.

Cortes, C., & Lawrence, N. D. (2021). Inconsistency in conference peer review: Revisiting the 2014 NeurIPS experiment. CoRR abs/2109.09774.

Cranor, L. F. (1996). Research posters 101. XRDS: Crossroads. *The ACM Magazine for Students, 3*(2):13–16.

Cummings, R. E. (2008). What was a Wiki, and why do I care? A short and usable history of Wikis. In R. E. Cummings & M. Barton (Hrsg.), *Wiki writing: Collaborative learning in the college classroom* (S. 1–16). The University of Michigan Press.

De Jong, K. A. (1975). An analysis of the behavior of a class of genetic adaptive systems. Doktorarbeit, University of Michigan, Department of Computer and Communication Sciences, Ann Arbor, MI.

Deininger, M., Lichter, H., Ludewig, J., & Schneider, K. (1992). *Studien-Arbeiten: ein Leitfaden zur Vorbereitung, Durchführung und Betreuung von Studien-, Diplom- und Doktorarbeiten am Beispiel Informatik*. vdf.

DeMarco, T., & Lister, T. (1987). *Peopleware: Productive projects and teams*. Dorset House Publishing Company.

Denning, P. J., Comer, D. E., Gries, D., Mulder, M. C., Tucker, A., Turner, A. J., & Young, P. R. (1988). Report of the ACM task force on the core of computer science. Techn. Bericht 201880, ACM Press, New York

Denning, P. J., Comer, D. E., Gries, D., Mulder, M. C., Tucker, A., Turner, A. J., & Young, P. R. (1989). Computing as a discipline. *Communications of the ACM, 32*(1), 9–23.

Deutsche Forschungsgemeinschaft (DFG) (2013). *Sicherung guter wissenschaftlicher Praxis*. Wiley-VCH Verlag.

Deutsche Forschungsgemeinschaft (DFG) (2023). Statement by the executive committee of the Deutsche Forschungsgemeinschaft (DFG, German Research Foundation) on the influence of generative models of text and image creation on science and the humanities and on the DFG's funding activities, https://www.dfg.de/resource/blob/289676/89c03e7a7a8a024093602995974832f9/230921-statement-executive-committee-ki-ai-data.pdf. Zugegriffen: 29. Dez. 2023.

Diekert, V., & Hertrampf, U. (2009). Komplexität der Geographie. In: Diekert et al. (2009) (S. 119–132).

Diekert, V., & Rozenberg, G. (1995). *The book of traces*. World Scientific.

Diekert, V., Weicker, K., & Weicker, N. (Hrsg.). (2009). *Informatik als Dialog zwischen Theorie und Anwendung*. Vieweg+Teubner.

Dupré, L. (1998). *Bugs in writing: A guide to debugging your prose*. Addison Wesley.

Eiben, A. E., Bäck, T., Schoenauer, M., & Schwefel, H. P. (Hrsg.). (1998). *Parallel problem solving from nature – PPSN V*. Springer.

Endres, A., & Rombach, D. (2003). *A handbook of software and systems engineering: Empirical observations, laws and theories*. Pearson.

Ernst, N. A., Carver, J. C., Méndez, D., & Torchiano, M. (2021). Understanding peer review of software engineering papers. *Empirical Software Engineering, 26*(5), 103.

Fernandez-Reyes, K. (2018). How to use Pandoc to produce a research paper. https://opensource.com/article/18/9/pandoc-research-paper. Zugegriffen: 28. März 2024.

Fogel, D. B. (1992). *Evolving artificial intelligence*. Doktorarbeit, University of California, San Diego, CA.

Fogel, L. J., Owens, A. J., & Walsh, M. J. (1965). Artificial intelligence through a simulation of evolution. In: M. Maxfield, A. Callahan, & L. J. Fogel (Hrsg.), Biophysics and cybernetic systems: Proceedings of the 2nd cybernetic sciences symposium, Spartan Books, Washington, D.C. (S. 131–155).

Friedberg, R. M. (1958). A learning machine: Part I. *IBM Journal of Research and Development, 2*(1), 2–13.

Friedberg, R. M., Dunham, B., & North, J. H. (1959). A learning machine: Part II. *IBM Journal of Research and Development, 3*(3), 282–287.

Friedman, G. J. (1956). *Selective feedback computers for engineering synthesis and nervous system analogy.* Masterarbeit, University of California, Los Angeles, CA.

Gemayel, R. (2018). How to design an outstanding poster. *The FEBS Journal, 285*, 1180–1184.

Gesellschaft für Informatik (GI) eV (2016) Empfehlungen für Bachelor- und Masterprogramme im Studienfach Informatik an Hochschulen, Empfehlung Nr. 58. https://dl.gi.de/items/0986c100-a3b9-47c8-8173-54c16d16c24e.

Glass, R. L. (1998). *Software runaways: Lessons learned from massive software project failure.* Prentice Hall.

Goldberg, D. E. (1999). Technical writing for fun & profit. Techn. Bericht IlliGAL 99020, University of Illinois, Urbana, IL.

Gondek, V. (2007). Dokumentvorlagen zur Erstellung digitaler Hochschulschriften mit LaTeX. In: C. Wolff, A. Oßwald, & M. Stempfhuber (Hrsg.), Open innovation, UVK Verlagsgesellschaft, Konstanz (S. 465–468). Tagungsband der 13. Jahrestagung der IuK-Initiative Wissenschaft Köln.

Gruber, J. (2004a). Dive into Markdown. https://daringfireball.net/2004/03/dive_into_markdown. Zugegriffen: 28. März 2024.

Gruber, J. (2004b). Markdown. https://daringfireball.net/projects/markdown/. Zugegriffen: 28. März 2024.

Gunasekara, L., & Vidanage, K. (2019). UniOntBot: Semantic natural language generation based API approach for chatbot communication. In: 2019 National information technology conference (NITC), IEEE (S. 1–8).

Guttag, J. (1977). Abstract data types and the development of data structures. *Communications of the ACM, 20*(6), 396–404.

Haagsman, M., Snoek, B., Peeters, A., Scager, K., Prins, F., & van Zanten, M. (2021). Examiners' use of rubric criteria for grading bachelor theses. *Assessment & Evaluation in Higher Education, 46*(8), 1269–1284.

Hilbert, D., & Ackermann, W. (1928). *Grundzüge der theoretischen Logik.* Julius Springer.

Hindel, B., Hörmann, K., Müller, M., & Schmied, J. (2006). *Basiswissen Software-Projektmanagement* (2. Aufl.). dpunkt.verlag.

Hoare, C. A. R. (1975). Recursive data structures. *International Journal of Parallel Programming, 4*(2), 105–132.

Hoeren, T. (2023). Rechtsgutachten zum Umgang mit KI-Software im Hochschulkontext. In J. Leschke & P. Salden (Hrsg.), *Didaktische und rechtliche Perspektiven auf KI-gestütztes Schreiben in der Hochschulbildung.* Ruhr-Universität Bochum, Universitätsbibliothek.

Holmes, D. T., Mobini, M., & McCudden, C. R. (2021). Reproducible manuscript preparation with RMarkdown application to JMSACL and other Elsevier journals. *Journal of Mass Spectrometry and Advances in the Clinical Lab, 22*, 8–16.

Hopcroft, J. E., & Ullman, J. (1979). *Introduction to automata theory, languages, and computation.* Addison-Wesley.

ISO (2021). *Information and documentation – Guidelines for bibliographic references and citations to information resources (ISO 690:2021(e)).* ISO.

Johnston, P. (2016). Jatdown: A markdown language for writing JATS. In: *Journal article tag suite conference (JATS-Con) proceedings 2016*, National Center for Biotechnology Information, Bethesda.

Jones, H. F. (Hrsg.). (1912). *The note-books of Samuel Butler*. A. C. Fifield.

Kaden, L., Weicker, N., & Weicker, K. (2011). The role of selective pressure when solving symmetric functions in polynomial time. In: H. G. Beyer & W. B. Langdon (Hrsg.), *FOGA'11 proc. of the 2011 ACM/SIGEVO Foundations of genetic algorithms XI* (S. 105–118). ACM.

Keller, R. E., & Mandischer, M. (1994). Hinweise zur Vortrags- und Foliengestaltung. Universität Dortmund. http://ls11-www.cs.tu-dortmund.de/_media/teaching/style.pdf. Zugegriffen: 28. März 2024.

Knauff, M., & Nejasmic, J. (2014). An efficiency comparison of document preparation systems used in academic research and development. *PLOS ONE, 9*(12), e115069.

Knuth, D. E. (1984). *The TeXbook*. Addison-Wesley.

Knuth, D. E. (1986a). Efficient balanced codes. *IEEE Transactions on Information Theory, 32*(1), 51–53.

Knuth, D. E. (1986b). *The TeXbook*. Addison-Wesley.

Knuth, D. E. (1997). *The art of computer programming: Volume 1. Fundamental algorithms* (3. Aufl.). Addison-Wesley.

Knuth, D. E. (2003). Robert W Floyd, in memoriam. *ACM SIGACT News, 34*(4), 3–13.

Kopp, O., Armbruster, A., & Zimmermann, O. (2018.). Markdown architectural decision records: Format and tool support. In: N. Herzberg, C. Hochreiner, O. Kopp, & J. Lenhard (Hrsg.), *Proceedings of the 10th Central European workshop on services and their composition, CEUR-WS.org, Aachen* (S. 55–62).

Kornmeier, M. (2007). *Wissenschaftstheorie und wissenschaftliches Arbeiten: Eine Einführung für Wirtschaftswissenschaftler*. Physica-Verlag.

Krausman, P. R., & Cox, A. S. (2018). Effective poster presentations. *The Journal of Wildlife Management, 82*(5), 887–888.

Kurka, J. (2014). *What drives the grades of bachelor theses?* Bachelorarbeit, Charles University in Prague, Faculty of Social Sciences.

Lamport, L. (1985). *Latex: A document preparation system: User's guide reference manual*. Addison-Wesley.

Langford, J., & Guzdial, M. (2015). The arbitrariness of reviews, and advice for school administrators. *Communications of the ACM, 58*(4), 12–13.

Lee, J. Y. (2023). Can an artificial intelligence chatbot be the author of a scholarly article? *Journal of Educational Evaluation for Health Professions, 20*(6):PMC10033224.

Leveson, N. G., & Turner, C. S. (1993). Investigation of the Therac-25 accidents. *Computer, 26*(7), 18–41.

MacFarlane, J. (2023). Pandoc user's guide. https://pandoc.org/MANUAL.pdf. Zugegriffen: 28. März 2024.

Mackensen, L. (1970). *Gutes Deutsch in Schrift und Rede*. Bertelsmann Ratgeberverlag.

Mao, R., Chen, G., Zhang, X., Guerin, F., & Cambria, E. (2023). GPTEval: A survey on assessments of ChatGPT and GPT-4. *CoRR abs/2308.12488*.

McCluskey, E. J. (1962). *Survey of switching circuit theory*. McGraw-Hill.

McEvoy, N. L., & Tume, L. N. (2022). Creating a conference poster: Out with the old and in with the new, moving from the traditional to the improved modern poster format. *Nursing in Critical Care, 27*, 619–622.

McGeoch, C. C., & Moret, B. M. E. (1999). How to present a paper on experimental work with algorithms. *ACM SIGACT News, 30*(4), 85–90.

Meyer, B. (2009). *Touch of class: Learning to program well with objects and contracts*. Springer.

Milner, R. (1980). *A calculus of communicating systems*. Springer.

Moorhead, A. V. (2021). Is LATEX use correlated with the number of equations in a manuscript? *Scientometrics, 126*(10), 8259–8273.

Müller, E., Schwarzer, F., & Weicker, K. (2019). Geocatch - Upsizing von geometrischen Konstruktionsaufgaben mithilfe einer Android-App. In N. Pinkwart & J. Konert (Hrsg.), *DeLFI 2019 – Die 17. Fachtagung Bildungstechnologien* (S. 301–302). Gesellschaft für Informatik.

Nature. (2023). Editorial: Tools such as ChatGPT threaten transparent science; here are our ground rules for their use. *Nature, 613*, 612.

Nissen, M. (2012). Plagiaterkennung und Plagiatvermeidung an Universitäten und Bibliotheken. *Bibliothek Forschung und Praxis, 36*(2), 200–206.

Nissen, V. (1994). *Evolutionäre Algorithmen*. Deutscher Universitätsverlag.

Nowottny, D. (1999). *Mathematik am Computer*. Springer.

Offutt, J. (2018). Editorial: Do we need to teach ethics to PhD students? *Journal of Software: Testing Verification and Reliability, 28*, e1659.

Olderog, E. R., Meyer, R. (2009). Automata-theoretic verifications based on counterexample specifications. In: Diekert et al. (2009) (S. 216–225).

Parberry, I. (1988). How to present a paper in theoretical computer science: A speaker's guide for students. *ACM SIGACT News, 19*(2), 42–47.

Parberry, I. (1994). A guide for new referees in theoretical computer science. *Information and computation, 112*(1), 96–116.

Patashnik, O. (1998). BibTEX 101. *TUGBoat, 19*(2), 204–207.

Peyton Jones, S. L., Hughes, J., & Launchbury, J. (1993). How to give a good research talk. *ACM SIGPLAN Notices, 28*(11), 9–12.

Pfeifer, W. (1997). *Etymologisches Wörterbuch des Deutschen*. dtv.

Preißner, A. (2012). *Wissenschaftliches Arbeiten*. Oldenbourg Wissenschaftsverlag.

Raibert, M. H. (1985). Good writing. http://www.cs.cmu.edu/~pausch/Randy/Randy/raibert.htm. Zugegriffen: 23. Aug. 2023.

Rat für deutsche Rechtschreibung. (2018). Regeln und Wörterverzeichnis. https://www. rechtschreibrat.com/DOX/rfdr_Regeln_2016_redigiert_2018.pdf. Zugegriffen: 28. März 2024.

Rath, M. (1995). *Leitfaden zur Erstellung von Studien- und Diplomarbeiten*. Institut für Wirtschaftsinformatik, Universität Koblenz-Landau.

Rechenberg, I. (1973). *Evolutionsstrategie: Optimierung technischer Systeme nach Prinzipien der biologischen Evolution*. frommann-holzboog.

Reynolds, J., Smith, R., Moskovitz, C., & Sayle, A. (2009). BioTAP: A systematic approach to teaching scientific writing and evaluating undergraduate theses. *BioScience, 59*(10), 896–903.

Schefer-Wenzl, S., & Miladinovic, I. (2022). A structured process for supervising students' final theses and projects in computer science. *International Journal of Advanced Corporate Learning, 15*(1), 75–85.

Schneider, W. (1984). *Deutsch für Profis*. Goldmann.

Schwefel, H. P. (1977). *Numerische Optimierung von Computer-Modellen mittels der Evolutionsstrategie*. Birkhäuser.

Shang HL (2012) Writing posters with beamerposter package in LATEX. *The PracTEX Journal* (1).

Shieber, S. M. (2014). Why scholars should write in Markdown. http://blogs.harvard.edu/pamphlet/files/2014/08/markdownpost-amsart.pdf. Zugegriffen: 28. März 2024.

Smith, A. J. (1990). The task of the referee. *Computer, 23*(4), 65–71.

Soergel, D., Saunders, A., & McCallum, A. (2013). Open scholarship and peer review: a time for experimentation. In: *Peer reviewing and publishing models: A workshop in conjunction with the 30th international conference on machine learning (ICML 2013)*.

Sotomayor-Beltran, C., Barriales, A. L. F., Lara-Herrera, J. (2021.) Work in progress: The impact of using LaTeX for academic writing: A Peruvian engineering students' perspective. In: C. da Rocha Brito, M. M. Ciampi (Hrsg.), *2021 IEEE world conference on engineering education (EDUNINE)*, IEEE (S. 1–4).

Spillman, B., & Parberry, I. (2000). How to present a paper: A speaker's guide. https://ianparberry.com/pubs/NAMSSpeakersGuide.pdf. Zugegriffen: 28. März 2024.

Sun, W. (2018). A comparison of some markdown publishing systems. https://wusun.name/blog/2018-07-16-markdown-publishing/. Zugegriffen: 28. März 2024.

Tuhls, G. O. (2022). *Wissenschaftliche Arbeiten schreiben mit Microsoft Word 365, 2021, 2019, 2016, 2013*. mitp.

van den Hove, G. (2015). On the origin of recursive procedures. *Computer Journal, 58*(11), 2892–2899.

Venkatesan, M., & Coskun, A. F. (2019). Digital posters for interactive cellular media and bioengineering education. *Communications Biology, 2*, 455.

Voß, H. (2012). *Presentations with LATEX*. Lehmanns Media.

Waldschmidt, K. (2009). Assoziativspeicher und eine erste Skizze von Konrad Zuse aus dem Jahre 1943. In: Diekert et al. (2009) (S. 5–16).

Wang, F. Y., Miao, Q., Li, X., Wang, X., & Lin, Y. (2023). What does ChatGPT say: The DAO from algorithmic intelligence to linguistic intelligence. *IEEE/CAA Journal of Automatica Sinica, 10*(3), 575–579.

Waßmann, M., & Weicker, K. (2012). Maximum flow networks for stability analysis of lego structures. In L. Epstein & P. Ferragina (Eds.), *Algorithms – ESA 2012* (pp. 813–824). Springer.

Weber-Wulff, D., & Wohnsdorf, G. (2006). Strategien der Plagiatsbekämpfung. *Information – Wissenschaft & Praxis, 57*(2), 90–98.

Weicker, K. (2005). Analysis of local operators applied to discrete tracking problems. *Soft Computing, 9*(11), 778–792.

Weicker, K. (2016). A metric-based point system for grading individual performance in software engineering projects. In G. Hagel & J. Mottok (Hrsg.), *European conference on software engineering education ECSEE* (S. 231–244). Shaker Verlag.

Weicker, K. (2022). Individuelle Benotung von Teamprojekten: Lessons Learnt. In V. Thurner, B. Kleinen, J. Siegeris, & D. Weber-Wulff (Hrsg.), *Software Engineering im Unterricht der Hochschulen, SEUH 2022* (S. 75–85). Gesellschaft für Informatik.

Weicker, K. (2023). Optimisation of seat reservations on trains to minimise transfer distances. *Operational Research, 23*, 49.

Weicker, K., & Weicker, N. (2009a). Evolving strategies for non-player characters in unsteady environments. In M. Giacobini, A. Brabazon, S. Cagnoni, G. A. Di Caro, A. Ekart, A. I. Esparcia-Alcazar, M. Farooq, A. Fink, & P. Machado (Hrsg.), *Applications of evolutionary computation* (S. 313–322). Springer.

Weicker, K., Mitterer, A., Fleischhauer, T., Zuber-Goos, F., Zell, A. (2000). Einsatz von Softcomputing-Techniken zur Kennfeldoptimierung elektronischer Motorsteuergeräte. *at – Automatisierungstechnik, 48*(11):529–538.

Weicker, N., & Weicker, K. (2009b). Analyse des Kompetenzerwerbs im Softwarepraktikum. In A. Schwill (Hrsg.), *Hochschuldidaktik der Informatik, HDI 2008-3* (S. 93–104). Workshop des GI-Fachbereichs Ausbildung und Beruf/Didaktik der Informatik: Universitätsverlag Potsdam, Potsdam.

Weisbach, C. R. (2001). *Professionelle Gesprächsführung* (5. Aufl.). Deutscher Taschenbuch Verlag.

Wolpert, D. H., & Macready, W. G. (1995). No free lunch theorems for search. Techn. Bericht SFI-TR-95-02-010, Santa Fe Institute, Santa Fe, NM.

Xie, Y., Allaire, J. J., & Grolemund, G. (2019). *R Markdown: The definitive guide*. CRC Press.

Zinkula, J. & Mok, A. (2023). ChatGPT may be coming for our jobs. Here are the 10 roles that AI is most likely to replace. https://www.businessinsider.com/chatgpt-jobs-at-risk-replacement-artificial-intelligence-ai-labor-trends-2023-02. Zugegriffen: 1. März 2024.

Zinsser, W. (2021). *On writing well: The classic guide to writing nonfiction* (6th ed.). HarperCollins.

Zobel, J. (1997). *Writing for computer science*. Springer.

Zscheyge, O., & Weicker, K. (2016). Werkzeugunterstützung bei der Vermittlung der Grundlagen wissenschaftlichen Schreibens. In A. Schwill & U. Lucke (Hrsg.), *Hochschuldidaktik der Informatik – HDI 2016* (S. 57–68). Universitätsverlag Potsdam.

Stichwortverzeichnis